Hans Georg Siegler
Der heimatlose Arthur Schopenhauer

Hans Georg Siegler

Der heimatlose Arthur Schopenhauer

Jugendjahre zwischen Danzig · Hamburg · Weimar

Droste

Bildnachweis

Abb. 1, 4, 6, 13, 14, 18, 25–28, 30, 34, 35, 37: Archiv Hans Georg Siegler

Abb. 2, 3, 29: Gerhard Jeske

Ab. 5, 10, 11, 17, 19: Mit freundlicher Genehmigung des
Verlages Waldemar Kramer, Frankfurt/Main, entnommen
dem Ausstellungskatalog zum 200. Geburtstag Schopenhauers:
»Die Schopenhauer-Welt«

Abb. 15, 16, 24, 31, 32: Historia-Photo

Abb. 37: Danziger Verlagsgesellschaft Paul Rosenberg, Kiel-Klausdorf

Alle anderen Abb.: Verlagsarchiv

Schutzumschlag nach einem Gemälde von Gerhard von Kügelgen, 1802

Die Deutsche Bibliothek – CIP-Einheitsaufnahme

Siegler, Hans Georg:
Der heimatlose Arthur Schopenhauer: Jugendjahre zwischen
Danzig, Hamburg, Weimar / Hans Georg Siegler. - Düsseldorf:
Droste, 1994
ISBN 3-7700-1018-3

© 1994 Droste Verlag GmbH, Düsseldorf
Schutzumschlagentwurf: Helmut Schwanen
Gesamtherstellung: Clausen & Bosse, Leck
ISBN 3-7700-1018-3

Inhalt

5

VI. Der heimatlose Arthur Schopenhauer

VII. Gotha und Weimar

Die früheste Kindheit ist ein schwieriges Kapitel;
es wundert mich eigentlich, daß so wenige Dichter
ihre volle Aufmerksamkeit auf jene ersten Jahre richten,
wo man aus dem Unbekannten kommt
und wo die Welt uns übernimmt.

Hans Carossa, aus unveröffentlichten Tagebüchern,
17. Juni 1915

I. Herkunft

An einem jungen Menschen ist es in intellektueller und auch in moralischer Hinsicht ein schlechtes Zeichen, wenn er im Tun und Treiben der Menschen sich recht früh zurechtzufinden weiß, sogleich darin zu Hause ist und wie vorbereitet in dasselbe eintritt: es kündigt Gemeinheit an. Hingegen deutet in solcher Beziehung ein befremdetes, ungeschicktes oder verkehrtes Benehmen auf eine Natur edlerer Art.

Arthur Schopenhauer

Der Landsitz in Ohra

Die Zeit der Hochblüte und der Meisterwerke bürgerlicher Gartenbaukunst erreichte Danzig in den letzten Jahrzehnten seiner republikanischen Unabhängigkeit, als bekannte Künstler und Schriftsteller der Stadt ihre Reverenz erwiesen. Bei dem Besuch seiner Vaterstadt schildert Daniel Chodowiecki 1773 mit Feder und Zeichenstift in seinem Reisetagebuch »Von Berlin nach Danzig« die unaufdringliche Pracht des Rottenburgschen Gartens in Strieß. Nur wenige Jahre später erlebt der Schweizer Gelehrte und Reiseschriftsteller Johannes Bernoulli Danzig bei zwei Besuchen und beschreibt in seinen Aufzeichnungen viele der Danziger Landsitze und ihre Gartenanlagen, wie es vor ihm Ogier und nach ihm Johann Friedrich von Abegg getan hatten. Schon in dem vorangegangenen Jahrhundert war für die Danziger Bürgermeister und Senatoren, die Handelsherren und Bankiers eine Sommerresidenz in der näheren oder auch weiteren Umgebung der Stadt ein selbstverständlicher Teil großbürgerlicher Existenz.

Das Haus auf dem Lande war nicht nur eine ertragreiche Vermögensanlage, sondern diente auch der Erholung und der Repräsentation seines Besitzers, der, nach der Erfüllung seiner geschäftlichen und politischen Verpflichtungen innerhalb der Mauern der Stadt, sich der Muße hingeben mochte. Einer Muße, die außer der Entspannung auch der Beschäftigung mit geistigen Dingen, der Literatur und der Philosophie dienen sollte. Mit seinem Landhaus und den von klassischen Skulpturen nach römischen Vorbildern künstlerisch ausgestalteten Gärten wollte der Danziger Patrizier nicht zuletzt auch seinen Bildungsanspruch bekunden.

Auch in Ohra, einem südlich von Danzig gelegenen Dorf am Mottlaufluß, hatten zur damaligen Zeit reiche Handelsleute aus der Stadt Landgüter. Eines davon besichtigte Bernoulli an einem Sommerabend. Es ist das von Herrn Schopenhauer, der seinen Garten für die Öffentlichkeit geöffnet hatte, was ihm das Lob des Reiseschriftstellers einträgt, dies sei in dessen Charakter »ein schöner Zug, daß er seinen Garten als öffentlich will angesehen haben, und ohne Ausnahme einem jeden in demselben zu spazieren erlaubt. Wir trafen auch wirklich eine Menge selbst von den gemeinsten Leuten hier an, die sich die Güte des Besitzers zu Nutze machten, der Garten ist sehr groß, unregelmäßig und hat einige angenehme Partien.«

Aber auch Reiseschriftsteller können irren. Im folgenden Band, nach seinem zweiten Besuch in Danzig im Jahr 1778, berichtigt Bernoulli sich in vielen Punkten und eben auch in diesem von der Freizügigkeit des Schopenhauerschen Gartens in Ohra und meint dazu »...daß nicht eigentlich der Garten selbst öffentlich ist, sondern die an diesen angrenzenden Grundstücke, auf welchen, da sie Herrn Schopenhauer ebenfalls zugehörten, er zwei Alleen anlegte, von denen eine die andere unter rechten Winkeln durchschneidet. An dem Ende der einen hat er eine Art von Grotte angelegt, welche alle Sonntage offensteht, und an der Seite ein kleines Gebüsch. Diese Alleen, die zum allgemeinen Spaziergang offenstehen, dienen nicht bloß zum Vergnügen, sie verkürzen auch den Weg von der Stadt bis in die Ohra um ein Beträchtliches.«

Von diesem, dem Gemeinwohl zumindest zu einem Teil gewidmeten Garten bei Schopenhauers Landhaus in Ohra, ist zuletzt nur noch die mit dem Namen ihres Gründers bezeichnete Allee geblieben. Die in Richtung Ohra über »Stadtgebiet« weiterführende stattliche Allee parallel der Chaussee ist vom Großvater Arthur Schopenhauers, dem »Danziger Fugger« Andreas Schopenhauer, angelegt worden und führte vom Leege Tor zu seinem in Ohra gelegenen Landhaus. An der Stelle dieses Sommersitzes wurde später das Gasthaus »Zur Ostbahn« errichtet. Dem Bau dieser Eisenbahnlinie ist dann auch die schöne Schopenhauersche Allee geopfert worden. Der Ohraer St. Georgs-Kirche [1] hatte der kunstliebende Großvater des Philosophen Fenster mit Glasmalerei gestiftet.

Am 4. Januar 1928 bringen die »Danziger Neueste Nachrichten« lapidar eine sensationelle Meldung. Es ist die Nachricht von einer Entdeckung im Danziger Staatsarchiv: »13 unbekannte Briefe Schopenhauers, die dieser in den Jahren 1832 bis 1839 an seinen Danziger Vermögensverwalter, den Kaufmann C. W. Labes, gerichtet hatte, wurden in Danzig entdeckt. Sie sollen im 15. Jahrbuch der Schopenhauer-Gesellschaft veröffentlicht werden.«

Und so geschah es auch. Sie wurden aufgefunden und herausgegeben von dem Danziger Archivar und Bibliothekar Hermann Hassbargen, der es als einen glücklichen Zufall bezeichnete, in sehr zurückhaltender Bescheidenheit ausgedrückt, daß zum 140. Geburtstag Schopenhauers »das Danziger Staatsarchiv 13 Briefe zugänglich machen konnte, die zu den uns erhaltenen und bekannt gewordenen eine willkommene Ergänzung bilden.«

Sie betreffen allesamt die besagten Ohraschen Ländereien aus der Erbmasse des Großvaters Andreas, beziehungsweise des Vaters Heinrich Floris.

Arthur Schopenhauer erinnert sich seiner Kinderzeit in einem Brief, den er an den Danziger Großkaufmann Labes richtet, den er bevollmächtigte, seine Einkünfte aus den vom Vater geerbten Ohraschen Ländereien einzuziehen. Das große Gut war nach dem Tod des Großvaters, 1793, an 40 Bauern verpachtet worden. Nachdem bei einem früheren Bevollmächtigten finanzielle Unregelmäßigkeiten aufgetreten waren, sollte ein entfernter Vetter Arthurs, C. W. Labes, dessen Bruder Eduard zugleich ein Freund Arthurs war, nun diese Geldangelegenheit in Ordnung bringen.

Aus Arthurs Kinderjahren in Danzig berichtet uns die Mutter, Johanna Schopenhauer, in ihren bekannten und wiederholt neu aufgelegten Lebenserinnerungen von Aufenthalten im Landhaus Pelonken bei Oliva und auf der Stadtdomäne Stutthof, die ihr Vater einige Zeit bewirtschaftete, doch keine Zeile über einen Besuch bei seinem Großvater väterlicherseits, Andreas, in Ohra.

Erst durch einen mehr beiläufigen Satz in dem an Labes [2] gerichteten Brief Arthurs vom 7. April 1832 erfahren wir, wie er sich an dessen Namen erinnert, eben im Zusammenhang mit der Einziehung der Ohraschen Pacht- und Zinsgelder. »Mein Interesse kann in keinen besseren Händen sein als in den Ihrigen, da schon von meinen frühesten Kinderjahren an und alle Lebensalter hindurch Ihr Name stets als der befreundetste in meinen Ohren geschallt hat...« Lassen wir es dahingestellt sein, ob dieses sehr frühe Erinnern allein der Person des Briefempfängers galt, oder ob es auch die Ohraschen Ländereien einschließen könnte. Aber es gibt heute noch einen erhalten gebliebenen Park in Ohra, den Hoenischen, über den der französische Gesandtschaftssekretär Ogier berichtete, der 1635/36 als Legationsrat im Gefolge des französischen Parlamentsabgeordneten *Claude des Mesmes, Grafen d'Avaux* an den Waffenstillstandsverhandlungen zwischen Polen und Schweden in Stuhmsdorf teilnahm. Ogier schildert den Ort und Park in einer so lebendigen Art, daß man lauschend meinen könnte, die murmelnden Bäche zu vernehmen, »die verschiedene Teiche füllten, auf denen zwei schneeweiße Schwäne schwammen, stolze Pfauen hochmütigen Blicks umherwandelten, an einem Ort, der dank seiner Lage und der anmutigen, uns umschmeichelnden Natur ringsum sehr reizvoll schien, mit den im Park sanft ansteigenden Hügeln, ragendem Wald, breiten Wiesen und blühenden Bäumen und Blumen ringsum.

Noch niemals seit unserer Abreise aus Frankreich hatte auch unser Gesandter sich je in so beglückender, wohliger Muße behaglich gefühlt, wie an diesem Tage. Jedes Eckchen, jeden Winkel besuchten wir im Garten, jeden Durch- und Umblick genossen wir. Es fehlte jenem so ergötzlichen Garten auch nicht an besonderer Kultur und Pflege. Nur weil die Natur die Kunst jederzeit übertrifft, lobte ich zuerst die natürliche Anmut dieses Orts, aber es waren auch Plätze mit Blumenbeeten da, Säulenhallen, Wandelgänge, Seitenwege, Labyrinthe, künstliche und natürliche, unter den Bäumen viel gepfropfte und okulierte Obstbäume, da gabs ferner Quellen in poliertem Stein gefaßt, verborgene Fontänen, die mit neckischem Strahl den Nichteingeweihten plötzlich benäßten.

Gleichsam um die Natur zu zwingen, waren an einem langen

hölzernen Spalier an der Süd- und vollen Sonnenseite Reben-
schößlinge gepflanzt, denn sonst pflegt die Natur hier in diesem
Klima Weinreben nicht zu dulden, wenn schon auch die Menschen diesem Wein gegenüber bescheiden und nachsichtig
sind.

Hier im Garten aber standen um uns herum im Grase Fla-
schen mit spanischem, französischem, Ungar- und Rheinwein,
und wir lagen hier auf dem Rasen weicher und wohliger als auf
seidenen Daunenkissen, ich sang bacchische Kantilene, einige
von unseren lustigen, französischen Trinkliedern, eifrig
horchte Constantia und begleitete sie mit ihrer von Varenne
gelernten kunstmäßigeren Weise. Nicht polnisch, nicht deutsch
sang sie, nur französisch, tausend Vögel saßen rings um sie, die
Schwäne reckten die langen Hälse und lauschten und die
Pfauen taten sogar ihren Hochmut ab und traten zur Sängerin,
wie zu ihrer Juno. So lang auch der Tag bei schönem Wetter
hier sogar im Norden ist, so reichte er doch nicht aus für die
harmlose Jugendfreude, erst die hereinbrechende Nacht rief
uns wieder in die Stadt zurück.«

Unter blühenden Kastanien erschloß der Weg von Danzig
vorüber an den Weinbergen von Petershagen über die Vorstadt
Altschottland am Radaunekanal wie auf einem erhöht über der
eigentlichen Landstraße liegenden Deich das Dorf Ohra.

Bei Ohra standen im flachen Niederungsland der Mottlau,
die von Nobel und Krampitz an Ohra-Niederfeld vorüber nach
Danzig fließt, wo sie mit ihren beiden Flußarmen die Speicherinsel bildet, noch uralte Windmühlen in einer Landschaft, die
an Flandern erinnert mit ihren Wassergräben, von Weidenbäu-
men gesäumt, und mit unzählig vielen Brücken. Auf den Bau-
ernhäusern nahmen Storchennester zwischen den weiten Feldern und saftigen Wiesen den Blick des Betrachters gefangen.
Wir wissen nicht, wie oft Arthur mit seinen Eltern den Großvater Andreas besucht und diese Grachten, die das Landschaftsbild prägten, gesehen haben mag und später glaubte, in Holland gewesen zu sein, den Traum in sich bergend, seine Vorfahren seien Holländer gewesen...

*1 Tor zum Hoenepark. »Aus der Mitte des vorigen
Jahrhunderts, als aus handwerklicher Tradition heraus noch
vieles Gute entstand, stammt das hölzerne Tor zum
Hoenepark. Gegenüber der Einfachheit, die uns sonst bei den
wenigen noch in Danzig erhaltenen alten Gartentoren begegnet,
erscheint seine formale Durchbildung schon als
außergewöhnlicher Aufwand«*

Der Hoenepark

*Mein Garten Eden war der Hoenepark,
gelegen zwischen Ohra und Sankt Albrecht,
wo die Radaune sprudelt an Alleen,
die einst ein Schopenhauer pflanzte.*

Mein Garten Eden, den Ogier besungen
als er den Liedern der Sirenen lauschte,
den Nachtigallenklängen über Grotten,
der Brunnen Stille und der Bäume Rauschen.

Der Park von Ohra war Constantias Garten,
dem sie französisch sang die Kantilene.
Des Reisenden Bernoullis Lob und Preis
galt der Botanik Sehenswürdigkeit.

Der seine Spuren in den Knospen findet,
im Kranz der Hügel, in der Gräser Spiel,
den Wasserrosenblüten auf dem Teich,
der sacht bewegt wird von der Fische Pflügen.

Mein Garten Eden war der Hoenepark –
sein Name wechselte im Gang der Zeiten –
der Czierenberg[3] gehörte, Solly auch,
und Groddecks Namen trug, des Bürgermeisters.

Verklungen, ach, sind Plaudern und Gelächter.
Verweht sind die Gesänge und Versprechen.
Verglommen in den Fenstern ist das Leuchten
des Gartenhäuschens, das im See sich spiegelt.

Mein Garten Eden war der Hoenepark.
Das Schwert des Engels hat sein Tor verschlossen,
wo die Radaune sprudelt an Alleen,
im Kranz der Hügel, in der Gräser Spiel.

Weiter südlich von Ohra lag seit 1222 das Benediktinerkloster St. Albrecht, in dessen Waldkapelle der von den Pruzzen erschlagene Märtyrer Adalbert seine erste Ruhestätte gefunden haben soll, unweit des Kapellenberges, auf dem Adalbert vor seiner Bekehrungsreise durch das heidnische Pruzzenland gepredigt hatte.

Etwa eineinhalb Meilen von Danzig entfernt, aber noch vor der Abtey Oliva bemerkt Bernoulli von seiner Postkutsche aus ein schönes Landgut eines reichen Danziger Kaufmanns, der hier eine Pottaschensiederei hat. Es war eines der Güter des Andreas Schopenhauer, dessen Gast Bernoulli bei seinem diesjährigen Aufenthalt in Danzig zum erstenmal sein wird. In dem Bericht über seine zweite Reise nach Danzig, 1788, erfahren wir, daß diese Aschensiederei in der Nähe des Vororts Oliva mit der Zisterzienser-Abtei, auf einem anderen Landgut Andreas Schopenhauers errichtet wurde.

An einem Sonntag, es ist der 6. Juli und ein milder Sommerabend, besucht er mit dem Wagen eines befreundeten Danzigers das Dorf Ohra. Natürlich ist er auch bei Herrn Schopenhauer eingeladen, »einem der angesehendsten Handelsmänner. In dem Landhause sah ich eine Menge Gemälde, unter welchen sich einige recht gut auszeichneten, als ein Seestück, deren hier viele sind, die Porträts einiger Reformatoren von den besten Malern ihres Zeitalters, ein Porträt aus Rembrandts Schule u. s. w. noch war eines von dem russischen Monarchen, Peter II. vorhanden, das sehr ähnlich sein soll, und in welchem ich auch sogleich die Physiognomie erkannte, die des *Ric de Tiregalle Medailles de L'Empire de Russie*, mit dem Profil unseres Königs, auf einer und derselben Medaille einen so auffallenden Kontrast macht.«

Ein heftiges Gewitter unterbricht den Genuß der ländlichen Idylle und der Gastfreundschaft im Haus Andreas Schopenhauers in Ohra, aber gelehrte Gespräche setzen die gastliche Visite fort.

Friedrich der Große, dem nach der 1. Polnischen Teilung vom 5. 8. 1772 das westpreußische Umland zugefallen war, ließ die Stadt von Land und See her blockieren, um ihren Handel, den eigentlichen Lebensstrom Danzigs, an der Wurzel zu treffen.

Die den Stolz der Danziger auf ihre reichsstädtische Freiheit verletzende Blockade zog sich über 20 Jahre hin, bis die Stadt mit der Zweiten polnischen Teilung 1793 Preußen einverleibt wurde.

In diese Blockadezeit fällt die immer wieder aufgegriffene Episode im Gestüt des Schopenhauerschen Ohraer Landsitzes. Der Kommandeur des preußischen Expeditionsheeres, von Raumer, war hier einquartiert, »bei dem Vater eines der angesehendsten Danziger Handelsherrn..., welcher in diesem der Stadt sehr nahegelegenen freundlichen Flecken in seinem ehemaligen Landhause von einem arbeitsvollen Leben in stiller Zurückgezogenheit ausruhte«.

Das Angebot, Fourage für das Gestüt für den Fall eines auftretenden Mangels durch die Blockade bereitstellen zu wollen, vielleicht ein Zeichen des Dankes des einquartierten Offiziers, lehnt Heinrich Floris, unwirsch seine republikanische Gesinnung ausspielend, mit dem Affront ab, eher seine Pferde totstechen zu lassen, als eine Gunstbezeigung des Preußen zu akzeptieren.

Im Todesjahr Andreas Schopenhauers, 1793, wird die Stadt preußisch.

»Park und Schlößchen lagen auf dem Gelände des heutigen Kinos ›Kosmos‹. Von dort führte eine alte Lindenallee nach Osten, und zwar mit Sicherheit nahe am heutigen »Haus der Kultur« vorbei. Vielleicht stand sogar im 18. Jahrhundert das Haus direkt an dieser Stelle, von der Gartenpfade nach allen Richtungen ausgingen, vorbei an üppig blühenden Gewächsen, an Skulpturen und Springbrunnen.«

Im 19. Jahrhundert wechselte das Besitztum häufig seinen Besitzer und wurde schließlich von Kaufmann August Hohnfeld erworben. »Der Ausbau der Eisenbahnlinie von Dirschau nach Danzig verursachte dann eine totale Zerstückelung der räumlichen Konstruktion des Parks. Im Innern des von Grund auf umgebauten Schlößchens richtete Hohnfeld sehr bald ein Luxusrestaurant ein, und in dem immer noch sorgfältig gepflegten Garten begann zur Freude des wohlhabenden Publikums die Fontäne wieder zu plätschern, und im Teich schwammen munter die Goldfischlein.«

»Die Erinnerung an die Schopenhauers, die in der heutigen Zeit in der Mottlaustadt ein würdiges Gedenken nicht erwarten konnten, ist völlig erloschen. Der nahebei gelegene evangelische St. Georgs-Friedhof, wo Arthurs ehrwürdiger Großvater eine letzte Ruhe gefunden hatte, wurde in den sechziger Jahren gedankenlos eingeebnet. Aus den zertrümmerten Grabsteinen, die zum Teil barocke Formen aufwiesen, auf denen noch einzelne Worte lesbar sind, wurden stattliche Sandkästen für Kinder gebaut.«[4]

Petershagen, ein Werderdorf

Unweit der Kreisstadt des Großen Werders, Tiegenhof, liegt das langgestreckte Straßendorf Petershagen an dem kleinen Flüßchen Tiege. Die Chaussee nach Petershagen war nichts als ein Sandweg, der in der Regenzeit fast unpassierbar im Schlamm versank. Von Tiegenhof aus erreichte man zuerst den Zimmermannschen Bauernhof. Zwischen der Tiege und der Dorfstraße reihten sich mit ihren großen Gärten die Bauernhäuser dicht aneinander.

Viele der Vorfahren dieser Bauern, die sich Hofbesitzer nannten, waren aus Friesland, Flandern und Holland eingewandert. Manche waren Mennoniten, die, ihres Glaubens wegen vertrieben, hier heimisch geworden waren.[5] Sie wurden mit offenen Armen aufgenommen und konnten mit manchen Privilegien rechnen, denn ihre Deichbaukünste waren ebenso geschätzt wie ihre Erfahrungen aus dem heimatlichen Tiefland mit den Künsten der Entwässerung. Auch das Danziger Werderland liegt unter dem Meeresspiegel und war einst ein weiter Sumpf im Nogat-Weichseldelta. In wenigen Generationen verwandelten die Einwanderer ihre neue unwirtliche Heimat in ertragreiches, blühendes Acker- und Weideland, von Entwässerungsgräben schachbrettartig durchzogen und von Kopfweiden gesäumt. Schöpfwerke, Zugbrücken und Windmühlen bestückten überall das Tiefland, deren bizarre Architektur bald zu dem charakteristischen Symbol der Werderlandschaft wurde.

2 Weichsellandschaft.
Holländische Brücke nördlich Stutthofs mit Windmühle

Eine Ähnlichkeit mit dem Landschaftsbild der Niederlande war unverkennbar und auf den ersten Blick wähnte man sich in den endlosen grünen Weiten Hollands und der Holländer, deren Muttersprache bald in ein breites werderaner Plattdeutsch überging. Unter den Familiennamen fanden sich immer wieder die der Schulze, Zimmermann, Theißen, Wiehler, Regier oder auch der Schopenhauer...

Das Dorf war kein Kirchdorf. Die Mennoniten orientierten sich zur Mennonitenkirche nach Tiegenhagen. Die Kirche lag hinter dem Damm, Petershagen direkt gegenüber. Für Kirchgänger wurde sonntäglich eine Schwimmbrücke ausgefahren, der sogenannte Kirchensteg, um den Petershagener Kirchgängern den weiten Umweg über Land zu ersparen.

Die Petershagener waren ihrer Pferdezucht wegen bekannt. Auf den Weiden sah man die schwarzweiß gefleckten Rinder. Schön wurde es hier im Sommer, wenn die Wiesen blühten und das Getreide auf den weiten Feldern in goldenen Wogen reifte.

An den Sonntagnachmittagen wurden vor die Kutsche die temperamentvollen Rappen, Schimmel oder Schecken gespannt, zu einem Besuch im Nachbardorf oder zu einer Fahrt über die Feldwege der unendlich am Horizont sich verlierenden Fluren...

Obwohl der Familienname Schopenhauer im Niederungsland des Weichsel-Nogat-Deltas geläufig war, hat Arthur Schopenhauer über seine wahre Abstammung keine, es sei denn abwegige Kenntnisse gehabt. In einem an einen Holländer gerichteten Brief behauptet er: »Mein Großvater war noch in Holland geboren, aber jung nach Danzig gekommen, wo er die Tochter des Herrn Soermans, Holländischen Residenten bei der Freien Stadt heiratete. Mein Vater, Heinrich Floris, sprach noch sehr gut holländisch, aber ich gar nicht. In Deutschland lebt meines Wissens kein einziger meines Namens; aber in Holland werden deren wohl noch sein.«

Im Danziger Stadtarchiv und in der Stadtbibliothek lagern Urkunden und Aufzeichnungen, in welchen der Name Schopenhauer erwähnt wird. In einem Bürgerbuch aus dem Jahr 1427, also noch unter der Herrschaft des Deutschen Ritterordens, ist als Ältermann des Goldschmiedegewerks ein Erasmus Schopenhauer eingetragen.

Aufzeichnungen der Familienchronik der Hofbesitzer und Schulzen Schopenhauer künden wiederholt von »Deichgeschworenen«, Gestalten, die an Theodor Storms »Schimmelreiter« erinnern, im Werder- und Stromland, wenn nach der Schneeschmelze der Eisgang einsetzte und in manchem Jahr das Land überschwemmte und Felder, Haus und Hof unter den Wassermassen begrub.

Das Danziger Sagenbuch von der Stadt und ihrer Umgebung weiß davon mit großer Anschaulichkeit zu berichten:

»Einst im Frühjahr kam, wie oft, die ungeheure Masse des Wassers und des Eises aus der 140 Meilen langen Weichsel und ihren zahlreichen mächtigen Nebenflüssen unerwartet mit furchtbarer Gewalt herab und bedrohte an vielen Stellen zunächst die Ufergegenden, und dann auch weiter entfernte, mit

Überschwemmung. Das Üble ist nämlich, daß fern im Süden oft schon ein völliges Auftauen des vereisten Stromes eintritt, während die nördlichen Teile noch in Winterlage ruhn, und dann hier durch das immer stärker andringende Eis und die immer höher anschwellenden Wassermassen ein gewaltsames Aufreißen des liegenden Eises und ein Zerstören auch der stärksten Dämme eintreten muß.

So ritt einst der Deichgeschworene in der Zeit höchster Gefahr auf einem prächtigen Schimmel auf dem Damme längs der unaufhörlich steigenden Flut des Stromes hin und her, die Arbeiten am Damm überwachend und hie und da Befehle und Weisungen erteilend. Aber so zweckmäßig diese auch sein mochten, und so eifrig und gewissenhaft sie auch zur Ausführung gebracht wurden, im Kampfe gegen das wilde, unaufhaltsame Element unterliegt immer wieder und oft genug auch die noch so stark angestrengte Menschenkraft.

Durch eine kleine Öffnung im Damme, wozu oft schon ein Otternloch Veranlassung gegeben hat, schuf sich die ungeheure Wassermasse einen Ausweg in die breite Niederung, um durch Überflutung schreckliche Verwüstung in den gesegneten Ländereien anzurichten. Mit Entsetzen sah jener Deichgeschworene alle seine Bemühung und die von Tausenden vereitelt; er klagte sich, wiewohl mit Unrecht, des Mangels an Umsicht an, daß er auf jene Stelle nicht genügend Acht gegeben, daß durch seine Schuld das blühende Land verwüstet und solche Zerstörungen gemacht seien. Von Verzweiflung übermannt gab er einem edlen Tiere die Sporen, und mit jähem Sprunge stürzten Roß und Reiter in die schäumenden brausenden Wogen hinab, die sich gleichgültig über ihnen schlossen. Das Volk, voll von Bewunderung solcher Tat, kann den Deichgeschworenen immer noch nicht vergessen; es behauptet, er habe keine Ruhe gefunden und lasse sich namentlich bei gefährlichem Eisgange immer wieder sehen, indem er bei Nachtzeit mit seinem Schimmel in jener Gegend dort in schnellem Trabe oder Galopp den Damm auf- und niederspränge.«[6]

Woher die Schopenhauers kamen

»Urkundlich erwähnt wird das Dorf Fürstenau erstmalig durch den Elbinger Chronisten Peter Himmelreich im Jahre 1332. ›Vurstenow‹ oder ›Fyrstenaw‹ wie es damals genannt wurde, gehörte zum Landkreis Elbing...

1401 verordnete ein ehrbarer ›rath‹, daß die ›werderischen elbingschen Dörffer auff zehn jahr lang nach hubenzahl zu bauung der kirchen zu mauszdorf scharwerken solten.‹ Zu diesen Lasten kam noch für die stillen Walddörfer im grünen Werder die ständige Bedrohung durch die Fluten der Weichsel. Trotz umfangreicher Deichbauten wird im Jahre 1412 die Wassersnot schließlich so groß, daß die Bewohner Fürstenaus und der Nachbardörfer ihre Heimat verlassen und in den höher gelegenen Landesteilen Schutz suchen. Land und Wohnstätten liegen verödet, und es wäre wohl niemand zurückgekehrt, wenn sich nicht der Elbinger Rat an den damaligen Hochmeister, Herrn Heinrich von Plauen, gewendet hätte. Der erteilt den strengen Befehl, die Entlaufenen aufzuspüren und mit Gewalt in ihre Dörfer zurückzuführen...

Aber auch auf politischem Gebiete brechen alle Dämme. Wladislaws Truppen haben dem Ritterorden und damit dem Deutschtum bei Tannenberg den tödlichen Schlag versetzt, und lange Kriegsjahre brechen mit allen ihren Schrecken über das westpreußische Land herein und lassen auch Fürstenau nicht verschont. 1577, in der Fehde zwischen Danzig und Elbing, wird Fürstenau erneut Kriegsschauplatz. Nach kurzer Friedenszeit durchtobt der schwedisch-polnische Erbfolgekrieg von 1655 bis 1660 das Werder.

Als Vertreter des Dorfes werden die Kirchenväter Salomo Schopenhauer, Thomas Ziegenhagen und Michel Dahlweide erwähnt. Überliefert sind uns außer den letztgenannten auch die Namen Jakobsen und Grunau. Alle diese alteingesessenen Dorfgeschlechter hatten ihren festen Platz im Kirchenschiff und – nach ihrem Heimgang – unter den großen, steinernen Grabplatten im Gang zwischen den grauen Sitzreihen...«[7]

3 Die Kirche St. Hedwig zu Fürstenau wurde im 14. Jahrhundert erbaut. Einer der Kirchenväter war Salomo Schopenhauer, dessen Vorfahren zu den alteingesessenen Dorfgeschlechtern zählten. Die hölzerne Toranlage vom Hof Jesion, 1786 von Jakob Harecki hergestellt, wurde erst 1967 nach Fürstenau überführt

Salomos Sohn Simon zog es in das Nachbardorf Petershagen. Der Ur-ur-Großvater führt in zweiter Ehe, »als er ungefähr mit fünfzig Jahren Witwer gewesen«, mit Sara Hintz aus dem Werderdorf Rückenau die Linie der bäuerlichen Vorfahren fort. Dessen Sohn, Johann I., in Petershagen 1630 geboren, wird, wie sein Vater, Hofbesitzer und Dorfschulze. Er heiratete die Elbingerin Maria Pfeiler. Diese Verbindung mit einer Kaufmannstochter unterbricht die Reihe der ackerbauenden Vorfahren, denn den Sohn, Johann II., zieht es in die große Handelsstadt Danzig an der Mündung der Weichsel.

In einem der vielen Handelskontore erlernt er den Beruf eines Kaufmanns im Großhandel. Mit Johann II. Schopen-

hauer, Danziger Bürger und Pächter der Stadtdomäne Stutthof,[8] wird ein neues Kapitel in der Familiengeschichte der
Schopenhauers aufgeschlagen. Mit der Heirat hat er es nicht
eilig. Die Chronik berichtet über eine ihm auferlegte Buße von
40 Florin, einer Art Junggesellensteuer, die er an die Stadt-
kasse zahlen muß, weil er nicht innerhalb eines Jahres nach
dem Erwerb der Bürgerrechte heiratet. Aber er denkt noch
nicht an die Gründung einer Familie. Wichtiger ist ihm sein
beruflicher Werdegang und wirtschaftlicher Erfolg. Bis er auf
eigenen Füßen stehen kann, entrichtet er diese Buße Jahr für
Jahr bis 1706. Dann ehelicht er im Alter von 36 Jahren die
Kaufmannstochter Maria Elisabeth Lessing aus der Danziger
Altstadt. Aber mit den hochzuachtenden Prinzipien der Stan-
des- und Bürgerordnung nimmt er es immer noch nicht so genau. Nach der geltenden »Hochzeitsordnung« hat er sechs Gäste zuviel eingeladen. Dafür erlegt ihm die Stadt eine Strafe von
48 Florin auf. Er kann es sich wohl auch leisten und zahlt lieber,
als sich an die in mancher Hinsicht wohl übertriebene Konvention zu halten. Das opulente Hochzeitsmahl und die Buße an
die Stadt sind auch sozusagen die Ouvertüre für die Schulden,
die er sich mit der Pacht der Stadtdomäne Stutthof auflädt. Für
den Pachtzins von 5000 Talern jährlich muß er zunächst ein
Darlehen aufnehmen, in der Hoffnung, daß der Wirtschaftser-
trag der Domäne zur Tilgung von Schuld und Zins ausreicht.
Der frühere Pächter ist an der schwierigen Aufgabe einer
klugen wirtschaftlichen Kalkulation schließlich gescheitert.
Johann II. Schopenhauer aber ist als gelernter Kaufmann und
Bauernsohn zuversichtlich, das zehn Hufen große Gut mit
Schnapsbrennerei, Bierbrauerei, Gestüt, Vieh- und Feldwirt-
schaft, mit Fleiß und Energie zu bewirtschaften, um in wenigen
Jahren ein Vermögen zu machen.

Dieser Urgroßvater Arthurs ist es, der den Wohlstand, ja,
den Reichtum der Familie begründet, die Grundlage für ein
unabhängiges Leben des zukünftigen Philosophen, der allein
von den Zinsen der ererbten Ländereien und aus dem angelegten Kapital existieren kann, um sich ganz dem Nachdenken

über das Leben zu widmen, das in seinen Augen nichts als ein »mißlich Ding« ist.

Das »Rotehus uf de Nerie«

Der Orden der Deutschritter legt, wie überall im neugewonnenen Land, das er im Jahr 1248 von den pomoranischen Fürsten – einschließlich des Werders, zwischen den Strömen der Weichsel und der Nogat, mit der Burg Zantir – erworben hatte, den Grund für eine große Anzahl von Ordenshöfen. Einer dieser Höfe auf der Landzunge der Frischen Nehrung, die das Land von der See trennt, war das »Rotehus uf de Nerie«. Der Name leitet sich von der Farbe der roten Ziegel der Wirtschafts-, Wohngebäude und Ställe ab. Auf dem aus acht Gebäuden bestehenden Hof unterhielt der Orden auch ein großes Gestüt, den Stutenhof, der dem Nehrungsort seinen späteren Namen übertrug.

Dieses Nehrungsdorf mit dem Hofgut erwarb die Stadt Danzig, als sie mit dem Niedergang des Ordens nach der verlorenen Schlacht von Tannenberg (1410) auch dessen Erbe hier antrat. Das Gestüt versorgte den großen Fuhrpark der Stadt mit mehr als dreihundert Pferden.

Am 15. November 1708 pachteten die Gebrüder Johann II. und Simon Schopenhauer das städtische Gut Stutthof mitsamt dem Vorwerk Ziesewald und der Maternkampe als Nachfolger des Majors Hans Matis v. Glasow. Die Pacht schloß die sich auf 300 Mark belaufenden Fischereieinkünfte mit allen Rechten und Scharwerksleistungen oder die entsprechende Geldablösungen vom Rat der Stadt Danzig ein, soweit die im Winkel des Haffs fischereiberechtigten Stutthöfer Nachbarn in Frage kamen. Der Pachtvertrag galt von 1709 bis 1714 und belief sich auf einen jährlichen Pachtzins von 5000 fl.

Am selben Tage pachteten die Brüder ebenfalls die bei Stutthof gelegene Korn- und Windmühle samt Mahlrecht für Mehl und Roggen. Bei gleicher Pachtdauer wie Stutthof betrug der Pachtzins für die Mühle 100 fl. jährlich.

Als die Brüder die Pacht antraten, waren die Aussichten gar nicht günstig für sie. Ihr Vorgänger in der Pacht erklärte dem »Nehrungschen Amt« seine Freude darüber, daß sich für den Stutthof ein anderer Pächter zu 5000 fl. gefunden habe, da er, der leichtfertig dasselbe geboten habe, ruiniert worden sei. Er übergab eine Aufstellung über bisher uneintreibbare Schulden von Einsassen der Nehrung für Scharwerke, Fischgelder und Bierlieferungen in Höhe von 3475 fl. Zugleich stellte er aus seinem Kontrakt heraus gegen das Nehrungsche Amt eine Gegenforderung von 5420 fl. auf. Man habe seinen Privilegien entgegen andere Krüge konzessioniert und entstandene Baukosten ihm nicht ersetzt. Einquartierungskosten und enorme Wasserschäden durch Weichseldurchbrüche seien ihm entstanden und auch noch nicht vergütet.

Wie aus der zweimaligen Pachtverlängerung zu folgern sein dürfte, scheint jedoch Johann II. Schopenhauer, Bruder Simon starb bald nach Pachtabschluß, keinen Grund zur Klage gehabt zu haben.

Offenbar hat er doch Wert darauf gelegt, die Pachtung zu behalten. Allerdings, als der Rat der Stadt eine dritte Pachtverlängerung mit Johann II. Schopenhauer im Frühjahr 1724 erwog und mit ihm wegen einer Erhöhung der Pachtsumme in Verhandlungen eintrat, lehnte er es ab, mehr als 5000 fl. jährlich zu zahlen. Ebenso wenig ließ er sich auf eine Änderung der Scharwerkspflichten der Nehrungschen und Scharpauschen Dörfer ein, als der Rat der Stadt unter Beibehaltung des alten Pachtschillings wenigstens diese zu seinen Gunsten erstrebte. So ließ Schopenhauer es im Mai 1724 zur öffentlichen Ausbietung der Pachtung Stutthof kommen, bei der ganze 100 fl. mehr von dem neuen Pächter Bieberstein erzielt wurden.

Aus der Pachtzeit Johann II. Schopenhauers wäre noch zu erwähnen, daß er 1715 und 1716 im nordischen Kriege »zur moskowitischen Kontribution« dem Schulzen von Stutthof Hans Hoffmann 600 fl. vorgeschossen hatte und diese im Jahre

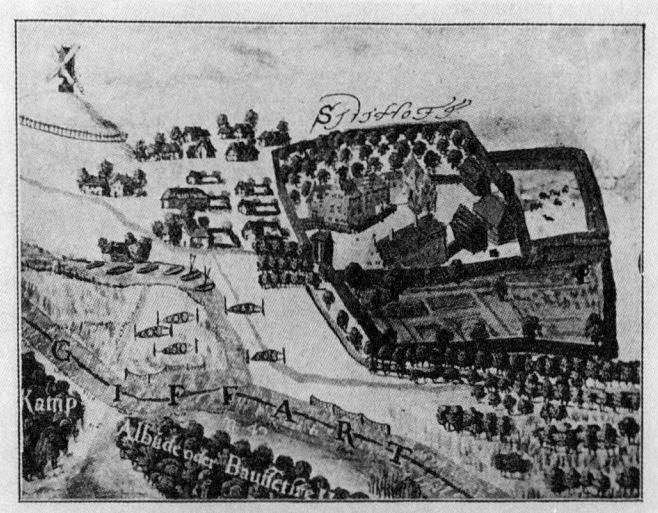

Stutthof im Jahre 1600.
300 PK. VII. Nr. 6.

Stutthof vor 1734.
300 PK. II. 312.

4 Der Stutthof 1600/1734

1718 schließlich einklagen mußte. Im selben Jahre verklagte er die Tiegenorter Nachbarn, die sich unterstanden hatten, im Budenwinkel bei Stutthof, der zur Amtsgutarende gehörte, zu fischen, mit der Behauptung, sie zahlten ja dafür jährlich 43 fl. Fischgeld. Schopenhauer hielt dagegen, daß diese Fischgelder sich nicht auf die Fischerei im Winkel des Haffs bezögen, sondern daß mit ihnen die Lieferung der wöchentlichen Tafelfische für das Amtshaus abgelöst worden sei.

Auch gegen andere Dorfschaften und einzelne Nachbarn mußte Johann II. Schopenhauer bei dem Nehrungschen Amt Beschwerde führen wegen nicht geleisteter Scharwerksdienste, Fischgelder, vorgeschossener moskowitischer Kontributionsgelder und ähnlicher Ansprüche, wie unerlaubten Bier- und Branntweinausschanks, unerlaubten Brotbackens und Mehlhandels. Außerdem hatte er eine Reihe von Kapitalien in Stutthof und Steegen und auf andere Dörfer und Höfe der Nehrung, »zu Pfennigzins ausgegeben und versichert stehen«. Doch wohl auch ein Zeichen dafür, daß er in der Stutthöfer Pachtung sein gutes Auskommen gehabt hat.

Während der Pachtzeit Johann II. Schopenhauers hielt sich Zar Peter I. in Danzig auf und war im Stutthof mit seiner Gemahlin eine denkwürdige Nacht Gast des Domänenpächters. In Danzig kursierte alsbald die Anekdote:

»Die Perücke des Bürgermeisters[9]

Oft erzählt ist die Anekdote über den Besuch des Zaren Peter I. in Danzig: Nachdem er im nordischen Krieg Danzig viel Schlimmes zugefügt hatte, wünschte er, dort mit seinem Bundesgenossen, König August von Polen, zusammenzutreffen.

Vom Ganskrug, an der Weichsel gelegen, kam er in die Stadt, logierte im Gasthof ›Die Hoffnung‹ am Krebsmarkt und später bei dem reichen Seidenfärber van Eiken. Er zeigte sich dem Volk herablassend und freundlich gesonnen und nahm mit lebhaftem Interesse öffentliche Gebäude, aber auch Kirchen, Fabriken und Volksbelustigungen in Augenschein.

In dem Gasthaus ›Zur krummen Linde‹, auf Neugarten, fei-
erte er die Vermählung seiner Nichte mit einem Herzog von
Mecklenburg. In der Pfarrkirche St. Marien, so will es die in
dem Danziger Sagenbuch aufgenommene Geschichte, wurde es
ihm während einer Predigt zu kalt; da griff er ohne Umstände
nach dem Kopf seines Nachbarn, des regierenden Bürgermei-
sters, der ihn zum Kirchgang begleitet hatte, setzte sich dessen
Perücke auf und ließ ihn unbedenklich mit entblößtem Haupt
dasitzend frieren und sich erkälten. Ob wohl der Herrscher al-
ler Reußen wirklich zuletzt gesagt habe: ›Danke schön, Herr
Bürgermeister?‹«

Die Perückengeschichte von Zar Peter I. hat auch Johanna
Schopenhauer in ihre Lebenserinnerungen übernommen und
eine Anekdote angefügt, die sich auf der Stadtdomäne Stutthof ereignet haben soll, als Peter der Große mit seiner Gemahlin auf der Durchreise dort bei dem Urgroßvater Arthurs,
Johann II. Schopenhauer, übernachtete.

»Der Kaiser und seine Gemahlin durchzogen das Haus und
wählten ein nicht großes Zimmer, in dem weder ein Ofen noch
Kamin bei der grimmigen Winterkälte hinreichenden Schutz
hätten bieten können. Der alte Herr Schopenhauer aber ließ
sich etwas außergewöhnliches einfallen, was die illustren Gäste,
die von der exzentrischen Idee begeistert waren, mit großem
Beifall aufnahmen: Mehrere Fässer voll Branntwein wurden
herbeigeschafft, auf den mit holländischen Fliesen ausgelegten
Boden geschüttet und angezündet. Jauchzend vor Freude
blickte der Zar in das zu seinen Füßen wogende Feuermeer,
während alle erdenklichen Anstalten getroffen wurden, um die
weitere Verbreitung desselben zu verhindern. Sobald es ausge-
brannt war, begab er in dem glühendheißen, mit Qualm und
Dunst erfüllten kleinen Raum mit seiner Gemahlin sich zur
Ruhe...«

Alleinerbe Johann II. Schopenhauers ist der in Danzig geborene Sohn Andreas, nachdem seine beiden Geschwister, der
Bruder Johann Leo und die Schwester Adelgunde früh verstor-

ben waren. Johann Leo hatte noch zwei Jahre vor seinem Tod einen Hof in Steegen, einem nahe bei Stutthof gelegenen Nehrungsdorf erworben. Auch dieser Hof und andere zu Pfennigzins versicherte Kapitalien wurden in dieser Zeit auf Andreas als einzigen Überlebenden umgeschrieben.

Der »Danziger Fugger«

Andreas erlernt, wie sein Vater Johann, den Beruf eines Kaufmanns im Danziger Handelskontor seines Großvaters Lessing. Seine Lehrzeit wird mit einer der üblichen Bildungsreisen abgeschlossen. Im Alter von 25 Jahren schließt er eine Ehe, die den ererbten Wohlstand vermehren wird. Seine Auserwählte ist die vieltugendsame und ehrbare Jungfrau Anna Renata Soermans, Tochter eines holländischen Einwanderers, der in Danzig bald vermögend wurde und dem die Gesandtschaft für die Niederlande als Ministerresident angetragen wird. Deren Großvater war ein Prediger in Holland, an den sich bei seiner Reise durch die Niederlande Arthur erinnern wird. Er ist also auch holländischer Abstammung, wie er mit einigem Stolz behauptet hat, jedoch nicht in der väterlichen Linie.

Der jungvermählte Andreas tritt als befähigter und kein Risiko scheuender Kaufmann in die nun um seinen Namen bereicherte Großhandelsfirma »Soermans & Schopenhauer« ein, die über weitverbreitete Handelsverbindungen im In- und Ausland verfügt. Die Danziger Stadtarchive bewahren eine Aufstellung über Waren aus dem fernen Westindien, also Mittel- und Südamerika, in der sich auch der Name Schopenhauer befindet. Prozeßakten geben Auskunft über Klagen gegen Schiffer, Reeder und Handelscompagnien aus Petersburg und Bordeaux, und gegen den polnischen Zoll, der sich an Schopenhauers »Pipenstäben« schadlos halten möchte.

Als 30jähriger übernimmt er die Firma allein. Für seinen Weitblick spricht, daß er dem Rat mit gutem Erfolg handelspolitische Verbesserungsvorschläge machen kann. Es gelingt ihm, die Ausfuhr ermländischer Wolle von Pillau nach Danzig zu ziehen.

Nicht immer blieb der tüchtige Kaufherr in gutem Einvernehmen mit dem Rat. Wir kennen den Spruch, der Friedrich dem Großen und seinem Münzmeister galt:

Von außen schön, von innen schlimm,
Von außen Friedrich, von innen Ephraim.

Damals machte man Inflation nicht mit Papier, sondern mit minderwertigem Metall. Aber damals wie heute, besser gesagt, gestern, verstanden die Gerissenen das allgemeine Unglück zu ihren Gunsten auszunutzen. Als die allgemeine Münzverschlechterung auch in Danzig drückend bemerkbar wurde, war Andreas Schopenhauer nicht untätig. Die betroffene breite Masse klagte, daß der Wert des vorigen guten Silbergeldes auf eine ebensolche Quantität Messing gesetzt werden dürfe. Andreas Schopenhauer klagte nicht. Er entfaltete eine fieberhafte Tätigkeit. Er wurde zum Münzhändler und Bankier. Kein Einfuhrverbot des Rats hinderte ihn, schlechte Münzen in Massen aufzukaufen und an den Mann zu bringen. Aus den Wettakten (des Handelsgerichts) erfahren wir Einzelheiten. Bald hat er französische und polnische gute Münzen aufgekauft und versandt, bald nicht wardierte Tymphe in Zahlung gegeben oder sächsische Dütchen oder bayerische Groschen in Massen eingeführt. Immer hat er Entschuldigungen und weiß der Vorratkammer, der Kontrollstelle, geschickt zu entgehen.

Schließlich aber wird die Sache ernst. Andreas wird wiederum beschuldigt, große Summen in Rubeln unerlaubt versandt zu haben. Die Tatsache der Versendung gibt er zu; die Summe zu nennen, verweigert er. Man droht mit Beugehaft. Er läßt sich verhaften. Zwei Tage wird er auf dem Rathaus festgehalten. Wieder fordert man ihn auf, seine Geschäftsbücher vorzulegen. Jetzt ist er dazu bereit. Aber, so heißt es in den Akten, »bei gehaltener Revision fand das Wettgericht dessen rescontre ziemlich castrieret und das Copey-Buch nur von diesen letzten drei Monaten.« Schließlich gab Schopenhauer 70 000 Rubel zu. Die zunächst beantragte Strafe von 20 000 Talern wurde in 40 000 fl. gemildert. Genau diese Summe schuldete ihm damals die Stadt. Die Geschäftsbilanz des Bankiers Schopenhauer geriet durch diese, allerdings unfreiwillige Abgabe nicht ins Wanken.[10]

Schließlich ging der Rat mit positiven Maßnahmen der Münzverwirrung zu Leibe. Man prägte neue Münzen mittleren Wertes. Die Beschaffung des Silbers wurde einem »Entrepreneur« übergeben. Und dieser »Unternehmer« war – der »ehrenveste« Andreas Schopenhauer. Eine uns zufällig erhaltene Aufrechnung seiner Silberlieferungen an die Münze schließt mit 550 000 fl. ab. Zudem schuldete ihm die Stadt damals weitere 200 000 fl. So scheint Andreas Schopenhauer auf den Titel eines Danziger Fuggers einigen Anspruch zu haben.[11]

In einem Schriftstück wendet er sich, als Fabrikant von Pottasche, gegen den Vorwurf eines Konkurrenten, er habe das »Merk« widerrechtlich copiert mit einem Plädoyer, in dem man der Argumentation seines Enkels Arthur zu begegnen meint: »Meinem Bedünken nach ist es ein sehr merklicher Unterschied, ob ein Vogel einem oder zwei Köpfe hat, der Abdruck mag auch so grob sein, wie er will. Überhaupt aber würde es bei den vielen und wenig bekannten ›Merken‹ des Herrn Berichters fast schwer oder ein Glück sein, einen ›Merk‹ zu wählen, worinnen derselbe nicht einige Ähnlichkeit mit einem von den seinigen sollte finden können. So führt zum Beispiel der Herr Berichter auch das ›Merk‹ von ein paar Pistolen. Gesetzt nun, meine Wahl wäre auf eine Kanone gefallen, so hätte er sich wohl auch beklagen können, weil beides zum Schießgewehr oder Ammunition gehört, beides auch einen Lauf, mithin Ähnliches hat.«

Noch nicht einmal sechzig Jahre alt, etwa einige Monate nach dem zweiten Besuch Bernoullis, zieht Andreas Schopenhauer sich ganz von den Handelsgeschäften und seinen vielen anderen Unternehmen zurück und beschließt seinen Lebensabend auf dem Ohraer Landgut. Auch die beiden Stadthäuser mit den Kunstsammlungen, Schiffe und Speicher, gehen über in die Hände der Gebrüder Schopenhauer, des 1746 geborenen Heinrich Floris und des ein Jahr später zur Welt gekommenen Johann Friedrich. Noch viele Jahre lang aber gehörte Andreas Schopenhauer dem Vorstand des Kinderwaisenhauses in Danzig an und führte zweimal im Jahr dessen Verwaltung.

Die Mutter des Philosophen

Arthur Schopenhauers Mutter Johanna wurde am 9. Juli 1766 als Tochter des Christian Heinrich Trosiener geboren. Drei Jahre zuvor waren zwei Kriege zuende gegangen, von denen die blühende Seehandelsstadt Danzig unberührt blieb. Der Friede zu Hubertusburg beendete den Krieg zwischen Österreich, Sachsen und Preußen. England, Frankreich und Spanien schließen den Frieden von Paris: Frankreich verliert Kanada und den indischen Besitz an England, Louisiana an England und Spanien; Spanien verliert Florida an England. In Johannas Geburtsjahr veröffentlicht Wieland als ersten deutschen Bildungsroman die »Geschichte des Agathon« und Lichtenberg beginnt seine umfangreiche und vielseitige Aphorismensammlung niederzuschreiben. Die Barock-Kreuzkirche in Ottobeuren wird vollendet und Louis Antoine de Bougainville beginnt seine Weltreise, erreicht Tahiti, die Salomonen und Neuguinea bis 1769.

In der Langgasse Nr. 12 erbaute der Danziger Patrizier Johann Uphagen[12] sein Stadthaus, das als einzigartiges Museum altdanziger Wohnkultur im Zweiten Weltkrieg zerstört wurde und nach einer bewunderungswürdigen Rekonstruktion die Lebenswelt der Danziger Patrizier der Rokokozeit mit einer Vergegenwärtigung der großen Vergangenheit der alten Kaufmannstadt wiedererstehen läßt *(Manfred Lotsch Kulturpolitische Korrespondenz 836)*. Ein Jahr nach Johannas Geburt

5 *Miniaturaquarell von Christian Heinrich Trosiener*
(1730–1797), Arthurs Großvater mütterlicherseits

eröffnen die Danziger Kaufleute Kabrun und de la Motte die ersten Zuckerraffinerien. Ein weiteres Jahr danach wird in Danzig der Dichter und Menschenfreund Johann Daniel Falk geboren. Er ist bekannt geworden als Verfasser der Weihnachtsliedes »O du fröhliche...« In Weimar gründete er eine Erziehungsanstalt, die als Falksches Institut zu den ersten ihrer Zeit zählte, und traf im Goethekreis mit Johanna Schopenhauer gesellschaftlich zusammen. Im gleichen Jahr beginnt die Bepflanzung der Doppelallee vom Olivaer Tor nach Langfuhr mit 1416 holländischen Linden. In dieser Zeit entstehen auch die »Prospecte von Dantzig«, 50 Stadt-Ansichten im Querfilio von Matthäus Deisch.

Kaum siebenjährig empfindet Johanna Trosiener ein Gefühl von Weltschmerz, als der Vater zu ganz ungewohnter Stunde am frühen Morgen aufs Rathaus gerufen wurde und eine aufgeregte Menschenansammlung auf der Heiligengeistgasse zusammengelaufen war. Die Mutter ist ganz außer sich und vor Schrecken todbleich, als ein Freund des Hauses behauptet, der Vater trüge seinen Mantel auf beiden Achseln. Was war geschehen, daß die *Kasche*, die Kinderfrau Johannas, das alle Welt so in Zorn bringende Ereignis ein Unglück nannte? »Ein Unglück für alle, freilich, ein großes!«

Dieses Unglück aber war nichts anderes als die Tatsache, daß der Preuße über Nacht gekommen war...

So jedenfalls empfanden die Danziger den schmerzlichen Verlust ihrer mehr als dreihundertjährigen republikanischen Selbständigkeit und die nun sich anschließende zwanzig Jahre lang fesselnde Beengung des Verkehrs und Gewerbes (1772–1793).

In ihren Lebenserinnerungen schreibt Johanna über diesen Tag: »Nur auf einzelne Stunden kam der Vater den Tag über vom Rathause, mit einem so finstern Gesicht, daß ich mich mit meiner Schwester Lotte gleich zu meinen Puppen retirierte, sobald ich nur von ferne ihn sah.

Der Zorn der Bürger, den das Gefühl ihrer Ohnmacht bis zu verzweiflungsvoller Wut erhöht hatte, wandelte, als der erste

6 Schopenhauers Großmutter mütterlicherseits:
Elisabeth Trosiener, geb. Lehmann

Schrecken überstanden war, in verbissenen Ingrimm, in immer tiefer eingreifenden Haß gegen Preußen und alles was preußisch war, sich um, der bald in den festen Entschluß überging, zur Verteidigung des letzten armseligen Scheines ehemaliger Freiheit, der ihnen geblieben war, alles daranzusetzen, Leib und Leben, Hab und Gut.«

Die preußische Blockade

Mit der ersten polnischen Teilung vom 5. August 1772 erhielt Preußen auch das Ermland, das Netzegebiet und die Woiwodschaften Marienburg, Kulm und Pommerellen. Mitte September erreichten die ersten preußischen Truppen die Grenzen des Danziger Stadtgebiets und schnürten die Stadt durch Einrichtung von Zollschranken wirtschaftlich ab.

Das galt besonders auch für den Danziger Hafen, den Preußen als Besitztum des Zisterzienserklosters Oliva betrachtete, das durch den Teilungsvertrag an Preußen gefallen war. Die bisher an Danzig erstatteten Hafenabgaben, das Pfahlgeld, wurden jetzt von Preußen beansprucht. Auch wurde der Tabakhandel in Richtung Polen ganz unterbunden.

Der Salzhandel ging völlig ein. Wolle, Flachs, Hanf und Garn brachte man vorteilhafter nach Königsberg und Elbing. Von den vielen Danziger Aschesiedereien waren nur fünf auf dem Danziger Gebiet verblieben. Einer der betroffenen Aschbudenbesitzer war Arthurs Großvater, Andreas Schopenhauer, der auch eine Aschensiederei in Neuschottland bei Langfuhr betrieb. Auch sie war wie die anderen unter preußische Besetzung gekommen. Auch durften die auf diese Weise unfreiwillig preußisch gewordenen Fabriken sich ihre Fässer und Tonnen, deren sie bisher jährlich an 24000 gebraucht hatten, nicht länger von den Danziger Böttchern anfertigen lassen. Die schon vor der preußischen Besetzung in der Umgebung Danzigs niedergegangene Wollmanufaktur ging fast ganz ein, nachdem die aus der Stadt ausgeführten Waren mit Abgaben belegt wurden, die zum Teil 75 Prozent ihres Wertes betrugen.

Die Danzig im Süden umgebenden Dörfer Stolzenberg, Altschottland, Schidlitz und Sankt Albrecht wurden von Preußen zu einer einheitlichen Verwaltung als die »Kombinierten Städte Stolzenberg« erhoben. Auch mit dieser Maßnahme wurde das Wirtschaftsgebiet der Stadt Danzig willkürlich zerrissen.

Der überall von preußischen Zollbuden umgebenen Stadt wurde jede Handelszufuhr erschwert. Auch in das gesellschaftliche Leben vieler Danziger Familien schnitten die Zollkontrollen ein.

Wollten die Danziger Bürger ihre in den Vororten Langfuhr, Oliva, Pelonken oder Ohra gelegenen Landhäuser oder Gärten besuchen, so mußte jeder Braten, jede Flasche Wein, mit der sie aus der Stadt hinausfuhren, versteuert werden. Die Visitation, die mit den Zollkontrollen einhergingen, wurde – da selbst Damen, auch bei schlechtem Wetter zum Aussteigen aus ihren Wagen gezwungen wurden, – so lästig, daß viele Familien auf den Genuß ihrer schönen Sommersitze lieber ganz verzichteten.

In seinen Reisebeschreibungen anläßlich seines Aufenthaltes in Danzig bezieht Bernoulli die Zollhäuser als von der Bevölkerung ›verschrien‹ mit ein:

». . . nach Tische gingen wir etwa eine halbe Stunde zu Fuß bis an die Weichsel, an den Ort, wo man sich nach der Weichselmündung einschiffen kann. Stündlich fähret dahin ein Schiff nach der Art der holländischen Treckschuyten, doch ohne Roof, übrigens bedeckt und reinlich. Man bleibt nicht lange auf der Weichsel selbst, sondern man kommt bald an einen Kanal, welcher beinahe bis an den Ort, wo man an das Land tritt, geht, und wegen der Krümmung, welche die Weichsel macht, einen ziemlichen Umweg erspart.

Der Ort, wo man an das Land steigt, ist mit schön angelegten Wirtshäusern besetzt, die gute Nahrung zu haben scheinen. Ehe wir aber in eins eintraten, begaben wir uns so gleich nach der ein paar Büchsenschüsse weiter gegen die See liegende Festung der Danziger, welche, nach ihrer Lage am Ausflusse der Weichsel in die See, Weichselmünde heißt.

Es sind manche Kupferstiche vorhanden, als Curickens ›Beschreibung von Danzig‹, Deischens Prospecten... auch ein augspurgischer nach Werners Zeichnung. Über den letzteren, den ich vor mir habe, und der um das Jahr 1730 gestochen sein mag, ist kurz zu bemerken, daß der auf der anderen, der linken Seite der Weichsel gezeichnete und bis an die See sich erstreckende Fichtenwald nicht mehr zu sehen ist. Auf diesem Platz ist jetzt ein großes, neu erbautes Haus, der Licent genannt, wahrzunehmen.

Es ist eines von den so verschrienen neuen preußischen Zollhäusern; man muß es mit einem andern auch an der Weichsel oberhalb Danzigs liegenden nicht verwechseln; dieses heißt Fordan. Während meines Aufenthalts in Danzig bezahlten polnische Juden an diesem einen Zoll von 18 000 Dukaten für eine Verschickung von Getreide, woraus man, wenn es nicht schon bekannt wäre, auf die Wichtigkeit dieses Kornhandels schließen kann. Eben so bekannt soll sein, daß diese Zollhäuser deswegen so verschrien sind, weil wider Wissen und Willen des Königs die Blutsauger von der unteren Klasse die größten und unvernünftigsten Unbilligkeiten begehen...«

Die preußische Blockade dauerte noch kein Jahr, als 1773 Chodowiecki nach dreißigjähriger Abwesenheit von seiner Vaterstadt Danzig erreichte, um Mutter und Geschwister wiederzusehen. Zwei Jahre zuvor hatte die Mutter den Wunsch ausgesprochen, von ihrem Sohn eine Zeichnung mit den Bildnissen der Kinder zu erhalten. Er erfüllte diesen mütterlichen Wunsch, indem er sich im Kreis seiner Familie in dem wohl bekanntesten Bild »Le cabinet d'un peintre« darstellt. Den schon seit längerer Zeit gehegten Gedanken, die Seinen und seine Heimatstadt wiederzusehen, setzte er bald in die Tat um. Am frühen Morgen des 3. Juni 1773 begab er sich hoch zu Roß auf die Reise nach Danzig. Am 11. Juni erblickte er Oliva am Horizont, das Meer mit vielen Schiffen und konnte den preußischen Schlagbaum an der Schildwache unkontrolliert passieren, als ein Untertan des preußischen Königs. Für die kleine Johanna aber sollte dieser illustre Besuch sich zu einem Glücksfall der Begegnung mit einem großen Künstler gestalten, der sich unauslöschlich in ihre kindliche Seele einprägte.

Chodowiecki porträtiert die siebenjährige Johanna

Auf der Künstlerfahrt zu Pferde von Berlin nach Danzig begleiten den Meister das auf französisch geführte Tagebuch und das Zeichenheft, in das der unermüdlich Beobachtende den ganzen Zauber und die eigentümliche Danziger Atmosphäre der Zopfzeit einträgt. Außer dem künstlerischen Wert der überlieferten Zeugnisse hansisch-bürgerlichen Lebens, fesselt und erfreut auch der kunstgeschichtliche Wert der leicht getönten Federzeichnungen.

In Danzig angekommen, zeichnet Chodowiecki zuerst die Hauptstraße, die Langgasse, eine von Passanten belebte Lindenallee mit ihren malerischen Balkonen und Treppen, den Beischlägen vor jedem Haus, dem reichen Schmuck ihrer steinernen Wandungen mit Reliefs religiöser, mythologischer und historischer Darstellungen.

In der Heiligengeistgasse steht das von einem Pelikan auf dem Rokokogiebel gekrönte Elternhaus, das er mit der dreifenstrigen Giebelfassade, dem Beischlag und den beiden davorstehenden Linden, die der Vater einst pflanzte, in sein Skizzenbuch aufnimmt. Gleich gegenüber auf der linken Gassenseite, in Richtung zum Wassertor, steht das Geburtshaus von Johanna Schopenhauer, geb. Trosiener, flankiert von dem Schiffergildehaus und der englischen Kirche[13], die »eigentlich nichts anderes als eine kleine, recht freundliche Hauskapelle ist, die nur höflicherweise Kirche genannt wurde und die sich in ihrer bürgerlichen Hausfassade von kaum einem der anderen Häuser unterscheidet«, erläutert Johanna.

43

*7 »Durch die Langgasse zur Heiligengeistgasse.« Im Haus
Nr. 114 wohnten Heinrich Floris und Johanna Schopenhauer
nach ihrer Heirat. Zeichnung von Daniel Chodowiecki in
»Künstlerfahrt von Berlin nach Danzig 1773«*

Im Elternhaus angekommen, wird Chodowiecki zuerst von
Schwester Luisa begrüßt. Ein weiträumiger Flur erwartet den
Eintretenden, die Danziger Diele, mit den typischen statt-
lichen Eichenschränken. Eine hölzerne Galerie umrahmt die
Diele in Höhe des ersten Stockwerks. In halber Höhe ist das
Innenfenster des Hängestübchens geöffnet.

Die Begrüßung der Mutter des Künstlers findet in der Kin-
derschule statt, die zugleich Wohn- und Schlafraum der Mutter
ist. Auf dem Hof fällt das Licht schräg durch ein großes Fenster, das die halbe Wand einnimmt. Außer einem Einzelbett,
Kommoden, Sesseln und einem kleineren Ofen sind zwei Reihen von Kinderstühlen mitten im Zimmer aufgestellt.

Hier porträtiert Chodowiecki die siebenjährige Johanna
Trosiener, die dieses erste künstlerische Erlebnis so tief beeindruckt, daß sie es später in ihren Memoiren beschreibt: »Die
düstere Schulstube mit ihren getäfelten Wänden... in der wir

44

dennoch so fröhliche Stunden verlebten, das große von mehr als hundert kleinen Scheiben zusammengesetzte Fenster stehen noch sehr lebhaft in meiner Erinnerung. In der Ecke thronte auf ihrem geräumigen Sorgenstuhl eine uralte Frau mit schneeweißen Haaren, in etwas fremdartiger, sehr sauberer aber einfacher Tracht.[14]

Mich hatte sie zu ihrem Liebling erkoren. Der Name dieser Frau wird in der Kunstgeschichte unserer Tage nie untergehen, denn sie war die Mutter des in seinem Fach bis jetzt noch unerreichten Chodowiecki...«

Sie sah beglückt dem fremden Besucher beim Zeichnen zu, wie die ganze Schulstube auf einem kleinen Blättchen vor ihren Augen entstand, »...das hätte ich mir nie als möglich gedacht! Der Atem verging mir darüber; ich dachte und empfand nichts, als das Glück, dergleichen schaffen zu können.«

Und von diesem Augenblick an ging all ihr Wünschen und Sinnen aufs Zeichnen aus. Als der Künstler sie selbst zeichnete und ihr das fertige Blatt reichte, fehlte nicht viel, »so wäre ich aus lauter Freude in Tränen ausgebrochen.«

Im Alter von zehn Jahren wird sie sich noch einmal an den überraschenden Besuch Chodowieckis in der Kleinkinderschule erinnern, denn, »in jener Stunde war die in meiner noch so unentwickelten Kinderseele tief schlummernde Neigung zur bildenden Kunst zu ersten Male erwacht...«.

Nach einem glücklich überstandenen schweren Nervenfieber litt Johanna in den anschließenden Wochen der Genesung unbeschreiblich an der quälendsten Langeweile. Aus diesem Zustand bösartiger Verzauberung erlöst sie ein zeitgenössisches Kunstbuch, das der Kandidat Kuschel, ihr Hauslehrer, ihr aus der von Zacharias Zappio gestifteten Bibliothek der St. Johanniskirche besorgt »um die Furie Langeweile mit köstlicher Unterhaltung zu verbannen«: ein Prachtexemplar von Lavaters »Physiognomischen Fragmenten«, in denen das Antlitz des Menschen als ein göttliches Gleichnis seines Charakters gedeutet wird.

Was die Kunst ist, erlernte sie zuerst mit dem mühseligen

Nachzeichnen der Kupfer von Raffs »*Naturgeschichte*«. Diese, sowie einige in einzelnen Büchern zerstreuten Bildchen und Chodowieckis allerliebste kleine Meisterstücke im »*Gothaer Kalender*«, die ihr väterlicher Freund, der Prediger der Englischen Kirche, Dr. Jameson, zu den Jahresanfängen schenkte, »waren fast alles was ich jemals an Kunstwerken gesehen.«

Mit dem Studium der herrlichen Fragmente Lavaters wird nun der entzündete Funke, »den Chodowieckis Besuch in der Schule vor einigen Jahren in meine kindliche Seele geworfen zu brennender Sehnsucht«.

Der ersten bitteren Erfahrung ihres jungen Lebens aber muß sie gewahr werden, als ihr ein glühender Wunsch versagt wird, den Vater auf einer Handelsreise nach Leipzig zu begleiten, um in Berlin bei Chodowiecki in die Zeichenlehre zu gehen. Der Vater reagierte wie alle Kaufleute, deren Söhne oder Töchter den kaufmännischen Beruf zu erlernen verschmähen und trotzig auf einem künstlerischen Lebensweg bestehen, mit Zorn und Hohn auf diesen abgeschmackten kindischen Einfall. Eine ähnliche Erfahrung wird einmal ihr Sohn Arthur machen, dem die Kaufmannslehre mit dem Versprechen einer längeren Kunstreise durch halb Europa abgetrotzt werden sollte. In ihrem späteren Leben aber griff sie, wenn auch nicht zum Pinsel, so doch zur Feder, »um mit der Feder auszuführen, was der Geist der Zeit, in der ich geboren ward, mit dem Griffel und dem Pinsel zu können mir verweigert hatte.«

Das Elternhaus mit der Schildkröte auf dem Giebel

Der Vater war wohlhabend, einer der angesehenen Danziger Kaufleute. Seine Handelsgeschäfte führten ihn nach Leipzig, Lyon und weit nach Rußland hinein, wo die eigentliche Quelle seines Handels sprudelte. Er war ein Charakter von unbeugsamem republikanischem Geist, mit einem Schuß oppositionellem Feuer im Blut, wie es sich ja auch für einen Ratsmann der

Dritten Ordnung der Kaufleute und Handwerker gehört, aus dem guten Mittelstand... In manchen politischen und gesellschaftlichen Stellungen hatte er sich in seinen Kreisen vorteilhaft ausgezeichnet. So auch als Quartiermeister des Fischerquartiers.[15]

Das Ehrenamt eines Kirchenvorstehers von St. Johann wird von Johanna in ihren Erinnerungen ebensowenig erwähnt wie das des Quartiermeisters, die doch einiges über das Ansehen Trosieners aussagen, das er bei seinen Mitbürgern genoß. Als Ratsherr der Dritten Ordnung, die als Vertretung des Mittelstandes der Regierung und den Schöffen als eine Art Opposition gegenüberstand, repräsentierte er durchaus das demokratische Gewissen der Stadt und der Bürgerschaft.

Aber Johannas Vater hatte auch eine Untugend. »Er ist jähzornig, und wenn die Kinder ihn nach Hause kommen hören, halten sie sich schön still, aus Angst, ihn zu reizen. Aber er ist im Grunde ein milder Patriarch, und bei Wutausbrüchen läßt er sich immer leicht durch seine Frau beruhigen. Ihr gegenüber ist er stets galant, bringt ihr von seinen Reisen etwas Nettes mit, zeigt sich gegenüber den Kindern nachgiebig und ist gerecht und freundlich zum Gesinde, wie es sich nach neuerer Hausvätersitte gehört, aufgeklärt im Sinne von Christian Fürchtegott Gellert, dessen Bücher fast in jedem bürgerlichen Haushalt gelesen werden.« (G. Dworetzki)

Die Mutter Elisabeth, geb. Lehmann, war nicht gerade hochgebildet, interessierte sich aber für Bücher und las unter anderm auch Gellerts Schriften und »*Sophiens Reise von Memel nach Sachsen*«.

Adam war der ehrliche, vieljährige Diener seines Herrn, in einer Person Haushofmeister, Kammerdiener, Kellermeister und Lakai, der es sich manchmal nicht versagte, seinen Herrn zu kritisieren, wenn er es für die Wahrung des das Haus beherrschenden liberalen Geistes für notwendig erachtete. Und wie Johannes Falk selbst einem Goethe widersprach, tat es Adam dann und wann auch schon einmal der alles überragenden Autorität Vater Trosieners gegenüber.

8 *Das Haus der Trosieners mit der Schildkröte auf dem Dach als Wetterfahne in der Heiligengeistgasse neben der englischen Kirche. Zeichnung von Daniel Chodowiecki in »Künstlerfahrt von Berlin nach Danzig 1773«*

Auch der Buchhalter Moser mit seiner Perücke und dem langen Haarbeutel, der den halben Rücken bedeckte, gehörte zu den guten Geistern des Hauses. Er war ein täglicher Tischgenosse der Familie, der auch gern polemisierte. Mit der Mutter Trosiener, die anhand der Gazetten eifrig die politischen Verhältnisse in den europäischen Kabinetten studierte, disputierte er heftig, Krieg und Frieden dabei nicht schonend.

Das Äußere war gravitätisch wie das eines in der Fülle seiner Lockenpracht daherstolzierenden Ratsmannes, den langen Degen schwingend. »An hohen Festen, zu Ostern und Pfingsten trug er einen scharlachroten Rock, sonst einen schlichtgrasgrünen, der überall, selbst um die Knopflöcher, mit goldenen Litzen besetzt war.«

Die Kinderfrau Kasche, eine verwitwete Polin aus der weiteren Umgebung der Stadt Thorn, lehrte die Vierjährige das Polnische wie ihre Muttersprache. Und weil die Kasche nicht lesen konnte, blieb es auch für Johanna dabei.

Abends beim Schlafengehen wiegte Kasche sie auf ihrem Schoß oder stellte sie mit gefalteten Händchen vor den Tisch und ließ sie beten, und während sie einschlief sang Kasche sie in den Schlaf mit dem schönen deutschen Lied: »Nun ruhen alle Wälder«, mit heller, tremolierender Stimme.

Die mit Rokoko- oder Renaissancegiebeln verzierten, von Statuen auf dem Dachfirst geschmückten Bürgerhäuser, deren Fassaden Skulpturen und andere Bildhauerarbeiten schmückten, ältere noch aus der Ordenszeit mit gotischen Treppengiebeln, verliehen der Stadt mit ihren Beischlägen etwas Dekoratives, einer Theaterbühne ähnlich. Eines dieser alten Patrizier- und Wohnhäuser, die einem Stadtpalais glichen und in denen oft polnische Könige über Wochen wohnten, wenn sie der mit der polnischen Krone verbundenen Stadt die Ehre ihrer Visite erwiesen, war das Haus ihres Großvaters Lehmann. Um es vor dem Abbruch durch einen neureichen Baulöwen zu bewahren, wurde es später, zur Preußenzeit, Stein für Stein abgetragen, in Lastkähne verladen und auf der Pfaueninsel bei Potsdam wiedererrichtet, wo es heute noch steht, von Wasser umgeben wie

9 Die für Danzigs Gassen typischen Beischläge bildeten breite Terrassen auf der Frontseite der Häuser. Dort traf man sich im Sommer unter schattigen Linden. Zeichnung von Daniel Chodowiecki in »Künstlerfahrt von Berlin nach Danzig 1773«

in Danzig, dem Ort seiner Herkunft. – »Und niemand, der die Verhältnisse näher kennt, wird bestreiten wollen, daß es sich dort bei weitem so gut nicht ausnimmt, als in seinen ehemaligen, ihm angemesseneren Umgebungen in der Brotbänkengasse...«, so Johanna.

Nachbar und Mentor: Dr. Jameson

»Als Kasche an einem recht hellen Sommertage mich zum ersten Mal in den Beischlag trug, um den neuen Ankömmling dem Herrn Nachbarn zu zeigen, nahm er mich freudig in die Arme. Als ich heranwuchs, wurde Jameson mein Lehrer, mein Führer, mein Berater, und blieb mir zur Seite, und wachte über meine junge Seele, und ließ nicht von mir, bis die Zeit herangekommen war, in welcher ein anderer die Verpflichtung, für mich Sorge zu tragen, mit meiner Hand am Altare übernahm.«

Ein Mädchen und Englisch lernen. Wozu in aller Welt sollte das ihr nützen. Johanna aber lernte spielend die weit verbreitete Sprache Shakespeares von ihrem väterlichen Freund und Nachbarn, Dr. Jameson, in seinem Hause. Von der Jungfer Konkordia, der ältlichen Haushälterin, wurde sie mit Bonbons und Apfelsinen verwöhnt und der schottische Hausherr selbst erfreute und überraschte sie mit allerlei Zauberkünsten, die er einer zierlichen Elektrisiermaschine mit viel Kunstfertigkeit entlockte. Der pechschwarze Kater Tamerlan und ein schneeweißes Hündchen namens Frei gehörten zu ihren unterhaltsamen Gespielen. Ja, wozu also Englisch lernen? Die Frage wurde fast täglich wiederholt, denn so etwas war damals in Danzig etwas Unerhörtes, wie etwa ein gelehrtes Frauenzimmer nur widerwillig akzeptiert wurde, weil die Rolle der Geschlechter von der Tradition bestimmt und die Emanzipation der Frau noch etwas Unvorstellbares, ja Unschickliches darstellte.

Die Gottschedin, die revolutionäres Theater anonym verfaßte, eine Danzigerin aus der Arztfamilie Kulmus, war in den Augen der Ewiggestrigen, denen alles Moderne als ein Greuel erschien, die einzige unrühmliche Ausnahme.

»Die Römer, die prächtigen Römer! Das waren meine Leute!« In einem alten Bücherschrank fand sie die »Römische Geschichte« Rollins in vier dicken Oktavbänden. Mucius Scävola, Brutus, Virginius, das waren ihre Helden. Auch Cicero gefiel ihr. Seine berühmte Rede gegen den gottlosen Catilina beeindruckte sie so sehr, daß sie sie auswendig lernte. Die größte Bewunderung aber zollte sie dem Cincinnatus, wie er im Triumphzug als Sieger in Rom einzog, »und dann still bescheiden zu seinem Pfluge und seinen Teltower Rübchen zurückkehrte...«

Die schöne Literatur der Deutschen wurde ihr in Ewald Kleists »Frühling« von ihrem Hauslehrer offenbart, der allerdings vorsorglich die Stellen mit Bleistift bezeichnete, die sie

51

nicht lesen sollte, weil sie mit ihren neun Lebensjahren noch viel zu jung sei, um sie zu verstehen. Dies hatte den Erfolg, daß sie vor allem diese unterstrichenen Sätze neugierig las und sich einprägte. Dr. Jameson brachte ihr indessen ein wenig die Kunde von den Sternenbildern bei. Am folgenden Morgen suchte sie eifrig die Sternenbilder aus seinem wunderbaren Himmelsglobus auf, um sie am folgenden Abend am nächtlichen Himmel als gute Bekannte wiederzufinden! Und da sie die englische Sprache dank der ständigen Konversation mit Dr. Jameson fließend beherrschte, unternahm sie auch Ausflüge in die englische Literatur. Von Youngs »Nachtgedanken« und Miltons »Verlorenes Paradies« las sie nur einiges, doch dann kam die alles überstrahlende Sonne am englischen Literaturhimmel. Shakespeare leuchtete in ihre Kinderwelt hinüber, der sie doch noch ganz angehörte, »mit ihren liebsten Spielgesellen Karl und Lottchen, Fritz und Louischen, denn keinesfalls wünschte sie ein Blaustrumpf zu sein, eines jener überspannten und verschrobenen Persönchens, so eine Art von gebildetem Frauenzimmer...«

Ausflüge in die französische Sprache hatte sie schon oft mit ihrem Vater unternommen, aber französisch fließend zu sprechen lernte sie mit anderen Danziger Teenagern bei Demoiselle Ackermann, die den jungen Damen in Teestunden, »Jours« und geselligem Beisammensein gesellschaftlichen Schliff beibrachte: »Eine Schule? Quelle horreur! Quelle platitude! Eine Sociĕtĕ des jeunes dames war es, die sie fünfmal in der Woche nachmittags bei sich empfing... Wir mußten immer französisch sprechen. Kein deutsches Wort durfte über unsere Zunge gleiten...«

Johannas Nachbar

Mag ja sein, daß Dr. Jameson,
Prediger der englischen
Gemeinde, auf einen Sprung
ins Nachbarhaus zur kleinen

Johanna kam (die Schildkröte
über dem Giebel zappelte
lustig im Wind), um ein paar
englische Vokabeln auszutauschen.

Englisch sprachen hier nicht nur
die Kaufleute in ihren
holzgetäfelten Kontoren
der schmalbrüstigen Giebelhäuser.
Auf gut deutsch verstand man sich
auch über die Brüstungen
der Beischläge hinweg, die ein
Haus vom andern trennten.

Über ausgetretene Sandstein
stufen führten geschwungene
Handläufe mit messingglänzenden
Knäufen auf die Terrasse
vor dem Haus. Wie eine einladende
Hand streckte die Wendel
treppe in die Diele sich
unter dem Hängestübchen aus.

Im Winter diente die Diele
den Kindern als Spielplatz,
wenn die Wasserspeier
den Tag verträumten
und weiße Muffe von Schnee
trugen und die entlaubten
Linden vor dem Haus Scheeren
schnitte vom schwarzem Geäst.

Von der Zwischenetage
blickten hochmütig-eichen
die schweren Dielenschränke
mit den dickbauchigen kobalt

blauen Delfter Vasen gleich
Amphoren auf ihrem Rücken.

Im Hängestübchen
auf dem Lesetisch
war die Lektüre ausgelegt.
Der Samowar summte
für eine Tasse Tee
zur english conversation.[16]

Der Auftritt Heinrich Floris Schopenhauers

Die Rolle eines postillon d'amour hatte das Schicksal Johannas Onkel Lehmann vorbehalten, der den Freierswünschen Heinrich Floris Schopenhauers hilfreich entgegenkam und auf diese Weise erfahren durfte, daß Johanna seine Hand nicht ausschlagen würde. So sprach sie alsbald in der Gegenwart ihrer Eltern das erbetene Ja aus und verzichtete selbstbewußt sogar auf die übliche Bedenkzeit von drei Tagen. »Ich meinte mit dem Leben abgeschlossen zu haben«, schreibt sie in ihren Lebenserinnerungen, mit dem Entschluß, einen zwanzig Jahre älteren Mann zu ehelichen. »Glühende Liebe heuchelte ich ihm ebensowenig, als er den Anspruch darauf machte, aber wir fühlten beide, wie er mit jedem Tage mir werter wurde. An das bedeutende Mißverhältnis zwischen achtunddreissig und achtzehn dachte ich kaum; es konnte keineswegs mir störend auffallen, war doch auch mein Vater fünfzehn Jahre älter als meine Mutter.«

Sie fügte sich also nicht nur in ihr Schicksal, sondern war stolz, einem Mann anzugehören, der die Liebe und das Vertrauen seiner Mitbürger in hohem Grade durch sein stets gleiches, redliches Betragen, seine warme Freiheitsliebe, seine ausgebreiteten merkantilen Kenntnisse und dank einer ungewöhnlichen geistigen Bildung erworben hatte. Die vielen Jahre seines Aufenthaltes im Ausland hatten ihn kosmopolitisch beeinflußt und seinen Blick geweitet. »Meine Eltern, alle meine Verwandten mußte meine Verbindung mit einem so bedeutenden Manne, wie Schopenhauer in unserer Stadt es war, für ein glückliches Ereignis nehmen.«

Der Brautstand währte nur wenige Wochen, die aber in dem Bewußtsein der Braut nicht zu den glücklichsten Tagen zählen konnten, denn der große Altersunterschied von zwanzig Jahren war auch ohne Vorurteil beängstigend. Wiewohl sie plötzlich in der Familie und in der Gesellschaft zu einer Hauptperson geworden war und die geschmackvollen und zum Teil sehr kostbaren Geschenke sie erfreuten, wie die duftenden Blumen, die sie bei jedem Erwachen begrüßten. Während ein Meer von Blumen um sie wogte, erstarrte die Natur in sibirischen Temperaturen in einem der grimmigsten Winter, da in den Monaten Januar und Februar die Vögel in der eisigen Luft bei Sonnenschein erfroren, hungrige Wölfe dicht vor den Toren der Stadt heulten und der Kälte wegen die Schildwachen auf den hohen, die Stadt umgebenden Wällen alle Viertelstunde abgelöst wurden. Noch bis in den April hinein konnte man nur mit dem Pferdeschlitten sich einen Weg durch die hoch im Schnee liegenden engen Gassen bahnen und die Weichsel war zu einem Schlittenweg geworden, auf dem man am Frischen Haff in sausender Fahrt bis Stutthof gelangte.

»Bänglich beklommen« gestand Johanna sich ein, »sah ich indessen dem Herannahen unseres Hochzeitstages entgegen«, und wahrlich, ein solches Ereignis vermochte durchaus »die myrthengekrönte Königin desselben im Voraus in Schrecken und Furcht zu versetzen«, nicht zuletzt vor den überkommenen altreichsstädtischen Gebräuchen und dem sich dabei in vollster Blüte entfaltenden altreichsstädtischen Prunk.

In dem sehr alten Kirchlein Aller Gottes Engel, vor dem Olivaer Tor, wurde sie Heinrich Floris Schopenhauer von Pfarrer Christian Teschke am 16. Mai 1785 angetraut. Vielleicht war es eine Flucht in die Ehe nach einer unerfüllt gebliebenen, leidenschaftlich aufwühlenden Jugendliebe. Im großen, elegant im

10 Johanna Schopenhauer. Ölporträt von Julius Oldach

Stil des Rokoko eingerichteten Stadthaus in der Heiligengeistgasse, unweit ihres Geburtshauses und auf dem luxuriös ausge-
statteten Sommersitz in Pelonken bei Oliva sollte sie sorglos die
ersten Ehejahre mit ihrem sie zärtlich umsorgenden Mann ver-
leben.

Vor dem Hochzeitshaus in der Heiligengeistgasse, die hier
unterhalb der wie ein rotes Gebirgsmassiv aufragenden Nord-
wand der Marienkirche einen Bogen schlägt und die Gasse zu
einem in die Länge gezogenen Platz erweitert, hat sich eine
große Menschenmenge versammelt. Die Gasse ist in helle Auf-
regung versetzt, denn wie ein Lauffeuer hat sich die Nachricht
von den bevorstehenden Hochzeitsfeierlichkeiten verbreitet.
Vor den Beischlägen der Nachbarhäuser und in den geöffneten
Fenstern stehen die Neugierigen, um in erregter Erwartung an
dem Schauspiel der pausenlosen Auffahrt von Kutschen und
Equipagen regen Anteil zu nehmen und die Braut aus dem
Hochzeitswagen steigen zu sehen. Johanna erinnert sich jenes
Aufzugs der schönsten Pferde, die mit schneeweißen Leinen
anstatt der gewöhnlichen ledernen Zügel geführt wurden, der
brillantesten Equipagen der Stadt, die bei solchen Gelegenhei-
ten von ihren Eignern den Gästen überlassen wurden, die der
Bräutigam alle von ihrem Haus abholen ließ, wie es die Zere-
monie vorschrieb. Kutscher und Bediente hatten ihre Gala-
livrée angelegt, »mit weißen Handschuhen, weißseidenen
Strümpfen und einem mächtigen Blumenstrauß im Knopf-
loch«. Johanna übertreibt wohl ein wenig in der phantasie-
vollen Erinnerung an dic schönsten Stunden in ihrem jungen
Leben.

Gegen fünf Uhr nachmittags rollte dann der erste Wagen
heran, in der von zahlreichen Fackeln hell erleuchteten Däm-
merung. »In höchstem Putz, den Hut unterm Arm, mit weißen
Glacéehandschuhen, Haarbeutel und Degen stürzten zwei der
jüngsten Vettern des Bräutigams zu Hause hinaus, die Bei-
schlagtreppe hinunter, um die Aussteigenden zu empfangen...«. Zuletzt folgte den mehr als zwanzig auffahrenden
Wagen das Brautpaar, von Beifall und Jubelrufen der umste-

11 Arthurs Vater Heinrich Floris Schopenhauer. Aquarell

henden Menge feierlich empfangen. Die Feier zog sich im gro-
ßen Festsaal des Schopenhauerschen Stadthauses mehrere
Stunden hin. Während des Soupers flossen die köstlichsten
Weine in Strömen, bis endlich die Zeit des Aufbruchs nahte.

Ein Intermezzo

Von ihrem früheren Lehrer und väterlichen Freund, Dr.
Jameson, wird Johanna oft in Pelonken besucht und über das
Leben in der Stadt unterrichtet. Auch kann sie sich hier unge-
stört ihrer Lieblingsbeschäftigung, dem Zeichnen, widmen.
Die Ehe ist noch kinderlos, so kann sie ihren vielen geistigen
Interessen nachgehen. Aber eher eine Tristesse als ein Liebes-
glück ist ihr beschieden. Zu groß ist der Altersunterschied zwischen der jungen, auch in der Ehe viel zu behüteten Frau und
ihrem ernsten, verschlossenen Mann. Unterbrochen wird diese
Einsamkeit, wenn er am Wochenende Freunde nach Pelonken
mitbringt und Johanna begeistert auflebt.

Einmal kommt Heinrich Floris unter der Woche auf seinen
Landsitz mit der Nachricht vom Tod des Preußenkönigs, den
die Danziger wie eine Befreiung empfinden, weil die ständige
Bedrückung durch die Zoll- und Handelsbeschränkungen un-
erträgliche Ausmaße annimmt. Das welthistorische Ereignis
aber verebbt und wie ein Jubelschrei verscheucht eine Überraschung Mißmut und Melancholie, die ihr das luxuriöse Nichts-
tundürfen verleiden: »Reisen sollte ich, reisen! England sehen... Mir schwindelte vor Freude...«, erinnert sie sich noch
nach Jahrzehnten an diese frohe Kunde, deren Glück ihr Verlangen nach der großen Welt stillt, die unerreichbar schien und
nun um die Elle einer Erwartung nähergerückt ist.

Einsamkeit und Langeweile der jungen Frau aber kann selbst
das lebendige Spiel der Fontänen des von uralten herrlichen
Buchen und Rüstern umschatteten Parks nicht verscheuchen.

Heinrich Floris halten die Handels- und Finanzgeschäfte in

den Mauern der geschäftigen Stadt fest und nur an den Wochenenden kann er seiner jungen Frau Zärtlichkeit und Verwöhnung angedeihen lassen. Eine willkommene Unterbrechung des unerträglichen Alleinseins und auch des Gefühls des Alleingelassenseins, sind die Besuche berühmter Reisender auf ihrer Durchfahrt nach St. Petersburg.

In Danzig machen sie Station als Gäste wohlhabender Familien in den ersten Häusern der Stadt. So ergibt sich manche interessante Bekanntschaft und gesellige, heitere Stunde auch für die in Pelonken weilende und von einem guten Dutzend dienstbarer Geister umgebene junge Frau, deren heimliche Wünsche, wie sie selbst schreibt, darin gipfeln »auch Männer kennenzulernen, deren berühmten Namen ich in Büchern und Zeitungen gelesen«.

Unter den bekannten Künstlern, Schauspielern und Virtuosen ist es ein »Aeronaut«, den ihr Mann eines schönen Sommertages zu ihrem »zwischen Freude und Furcht schwebendem Erschrecken« mitbringt: den Luftschiffer Blanchard!

Eine Enttäuschung aber wird ihr mit diesem ungewöhnlichen Besuch nicht erspart bleiben. Für die hochfliegenden Vorstellungen, Pläne und Entwürfe ihrer Sehnsüchte und Phantasie haben auch dieses Mal, wie einst, als sie bei Chodowiecki in Berlin das Zeichnen erlernen wollte, ihre Mitmenschen nicht das geringste Verständnis. Die sogenannte Konvention oder das Verdikt, »so etwas tut man doch nicht« (der Verhaltenskodex war nun einmal dagegen), ließen ihre phantastischen Wünsche wie einen bunten Luftballon in den blauen Dünsten des Himmels entschwinden. »Die höchste Freude meines Lebens wäre gewesen, auf einer seiner Himmelfahrten ihn zu begleiten, doch daran war nicht zu denken. Die erste Äußerung dieser Art, die ich mir erlaubte, wurde von allen Seiten, und diesmal gewiß aus besseren Gründen als damals, auf eine Weise aufgenommen, die mich lebhaft an jene Zeit erinnerte, wo ich verlangt hatte, Chodowieckis Schülerin zu werden.«

Ein Besuch des ehemals berühmten Reisebeschreibers Bernoulli war in Danzig noch nach vielen Jahren in frischem An-

12 Stadtansicht Danzigs mit seinen Wahrzeichen und dem
Lebensquell des Handels, dem Hafen. Stich nach einer
Zeichnung von F. A. Lohrmann

denken und wurde als ein bedeutendes, wichtiges Ereignis erwähnt. Dem schreibenden Reisenden haben wir es zu verdanken, daß so viele der längst in Vergessenheit versunkene und
vom Erdboden verschwundene Gärten der Zeit des Rokoko
durch die Literatur vor dem geistigen Auge wiedererwachen
können.

Schon bei seiner Ankunft in Danzig erwähnte Bernoulli die
sieben ihm so angenehmen Landgüter, die an den Hügeln in
Pelonken der See gegenüber liegen. Der erste gehörte dem
Ratsherrn Schmidt, der zweite den Erben des oft erwähnten
Bürgermeisters Schwarz, der dritte Herrn Soermans, einem
Patrizier, der vierte dem Gerichtsschöffen Herrn Groddeck,
der fünfte dem Bankier Herrn Kade, der sechste Herrn Friese,
einem ehemaligen »Stadtsekretarius«, und der siebte und letzte
dem Herrn von Dorne, der für den reichsten Handelsmann in
Danzig gehalten wurde und der sein Glück hauptsächlich mit
dem Getreidehandel erwarb. Über den Kadeschen Garten,
den er als einzigen besucht, bemerkt er in seinem Reisetagebuch: »Schon die Lage ist ganz erwünscht und noch vorteilhaf-

ter als einige der anderen Gärten, denn von diesem hat man die Aussicht vollkommen nach der Danziger Reede über das Feld. Zur Linken übersieht man die Gebäude und den Garten des schönen Klosters Oliva und zur Rechten in einer größeren Entfernung einen guten Teil der Stadt und ihrer Vorstädte. Es war mir sehr angenehm, hier ein gregorianisches Teleskop von ein Fuß Fokallänge anzutreffen, mit welchem wir uns auf der höchsten Terrasse eine geraume Zeit belustigten. Die vielen vor Anker liegenden Schiffe auf der Reede und die von einem heftigen Wind erregten, schäumenden Wellen der hohen See gaben vermittelst dieses Instruments, einen herrlichen Anblick.«

Peripetie im Londoner Nebel

Die Reise nach England im Juni 1787 gleicht einer überstürzten Expedition. Den Grund dieser eigentlich recht abenteuerlichen Ausfahrt in die Novembernebel von London könnte man auch in dem Bemühen Heinrich Floris Schopenhauers sehen, dem Untergang der freiheitlichen Stadtrepublik Danzig vorzubeugen und einen neuen Handelssitz in London zu begründen. Johanna ist zu jener Zeit aber bereits im sechsten Monat schwanger. Diese überaus anstrengende Reise ist für sie eine Zumutung, die den Charakter einer Flucht auch darin finden könnte, daß der erwartete Erbe auf britischem Boden zur Welt kommen sollte, als ein englischer Staatsbürger. Für den noch Ungeborenen ist es zugleich eine Schicksalsreise.

Sie steht für alle Beteiligten unter keinem guten Stern. Arthur wird später seinen Eltern die hastige Rückreise nie verzeihen, weil er, wie sein Vater es eigentlich wollte, lieber als Brite,

13 Arthur Schopenhauers Geburtshaus. Entwurf einer Rekonstruktion von Regierungs- und Baurat Volmer, Danzig

Arthur Schopenhauers Geburtshaus
Danzig, Heilige Geistgasse 114. Zustand um 1750

denn als Danziger das Licht der Welt erblickt hätte. Er mußte wohl auch erkennen, daß sich mit dieser gescheiterten Exkursion in pränatalem Zustand die Heimatlosigkeit und das Unbehaustsein seines künftigen Lebensweges anbahnt.

Die Rückreise nach Danzig wird in aller Eile noch in den letzten Novembertagen angetreten, nachdem auch noch ein deutscher Arzt, Doktor Meyer, konsultiert worden ist, weil der Gesundheitszustand Johannas es erfordert. Nach einer beschwerlichen Winterreise von 30 Tagen kommt die kleine Reisegesellschaft am letzten Tag des Jahres 1787 in Danzig wieder glücklich an. Für Johanna ist es der schönste Tag einer langen und letzten Endes doch vergeblichen Reise.

Wenige Wochen nach der Ankunft im heimatlichen Danzig wird Arthur am 22. Februar 1788 im elterlichen Haus geboren.

Johanna ist wohl noch zu jung, um mehr in der Geburt zu sehen als ein spielerisches Ereignis: »Wie alle jungen Mütter«, bekennt sie in ihren Erinnerungen, »spielte auch ich mit meiner neuen Puppe«.

In Pelonken fand sie dafür das den gastfreien Sommersitz beflügelnde Ambiente. Der Blick auf die Ostsee, »die Reede mit den aus blauer Ferne heransegelnden Schiffen ... die ganze reich angebaute Umgebung, die über die hohen Wälle der Stadt hervorragenden, noch weit höheren Türme ... gewährt eine der reichsten und entzückendsten Aussichten, die ich kenne ...«

Hier wird Johanna die See zum sichtbarsten Erlebnis, wenn sie am Fenster ihres Landhauses steht, an Sommerabenden, und das Licht der gerade über dem Horizont schwebenden Sonne alles verklärt und die weiteste Ferne nähergerückt erscheint. Wie alle Danziger fühlt sie sich dem Meer innig verbunden, schon als Kind in den engen Mauern der Stadt: »Morgen gibt es schön' Wetter, die See raart«.[17] sprach dann wohl Adam. Und es grauste ihr ein wenig bei dem wunderlichen Wort.

Sie empfindet es als einen Vorzug, in der Nähe des Meeres geboren zu sein, seinen frischen Hauch zu spüren und sehnsüchtig über die ewig bewegte unabsehbare Fläche, mit dem kaum verhallenden Gebraus der Wogen zu blicken. Später fühlte sie wahres Mitleid mit den binnenländischen Berlinern, die im August zur großen, vier Wochen währenden Dominiksmesse gekommen waren, und daß es Leute geben könnte, »welche die See nie gesehen, kam mir als Kind ganz fabelhaft vor...«

Dieses Gefühl der Sehnsucht nach der bis zum Horizont sich erstreckenden weiten Fläche des Wassers, in allen Variationen seiner Bewegtheit von dem Zustand der spiegelglatten See bei völliger Windstille, wenn man nur den aus ihren Tiefen aufsteigenden Atem vernehmen kann, bis zur aufgewühlten Sturmflut und ihrem salzigen Geruch, muß sich wohl auch auf den jungen Arthur übertragen haben, denn zu seinem unveräußerlichen Wesen gehörte ein unsägliches Heimweh.

II. Kindheit

Das Genie wird ungewöhnlich früh reif
Und es bleibt ebenso ungewöhnlich lange Kind.

Arthur Schopenhauer

Oliva und die Pelonker Höfe

Zu Füßen der waldumwobenen Olivaer Höhen liegen die sieben Pelonker Höfe, dicht nebeneinander aufgereiht. Wanderwege laden zu einem Besuch der Waldtäler ein. Sie erinnern an das einstige Forstgut Freudental mit einem Wildgarten und einer Pelztierfarm. Beliebt ist auch der Wanderweg durch den Pfaffengrund und das Henriettental zum »Friedensschluß«, einer Lichtung, benannt nach dem Olivaer Frieden, der am 3. Mai 1660 im Friedensaal des Zisterzienserklosters den schwedisch-polnischen Krieg unter Teilnahme der Gesandten von Schweden, Österreich, Polen, Frankreich und Brandenburg beendete.

Von den alten Eisenhämmern mit den kleinen Staubecken an den von den Höhen munter hinabsprudelnden Bächen mag sich der eine oder andere mit Mühlen und Mühlenteichen, wie die Konradshammermühle zwischen Olivia und Glettkau, erhalten haben. Oliva ist heute der westlichste Stadtteil Danzigs.

Vor achthundert Jahren rief Herzog Subislaw von Pomorźe den geistlichen Orden der Zisterzienser in sein Land und überließ ihm nahe der uralten pomoranischen Fischersiedlung »Przymorźe« an einem Bächlein unweit der Ostseeküste Parzellen zum Bau eines Klosters. Das pomoranische Fürstengeschlecht der Samboriden schuf sich damit eine Grabeskirche. Die Stifter und Wohltäter des Klosters, unter ihnen sechzig Angehörige des Herzogshauses, sind im rechten Chorgang der Klosterkirche beigesetzt. Sie ist heute als eine Kathedrale mit den Klostergebäuden, dem Äbtepalais und dem Schloßgarten eine Sehenswürdigkeit aus früher geschichtlicher Zeit. Der Name des Ortes Oliva geht auf diese Zisterzienserabtei zurück, die sich nach dem biblischen Ölberg, mons olivarum, benannte.

In dieser von der Harmonie zwischen der Meeresküste und den kaschubischen Bergwäldern geprägten Landschaft verlebt Arthur Schopenhauer vorwiegend im Sommer seine ersten Jahre auf dem Pelonker Landsitz. Die früheren Besitzer dieses

Landsitzes kamen aus dem holländischen Geschlecht der Soermans, der die Großmutter Arthurs, Anna Renata Soermans, angehörte (möglicherweise ist der Hof Arthurs Vater als Erbschaft zugefallen).

Vom Portikus des schloßähnlichen Gebäudes hat man einen freien Blick aufs Meer. Fontänen und Figurengruppen, Teppiche von Blumenbeeten, ein Obstgarten und schattige Laubengänge bilden zusammen einen in sich geschlossenen Gartenraum. Neben einem Schneckenberg liegen drei Fischteiche, dem steigenden Gelände entsprechend einer immer höher als der andere, terrassenförmig am Hang. Ein achteckiges Teehäuschen von spielerischer Eleganz gibt sich als der unvermeidliche Gartenpavillon.

An acht Fuß hohen Dielenwänden ranken Weinstöcke empor, zweihundert Obstbäume und hundert Aprikosen- und Pfirsichstämme. So präsentierte sich die Orangerie in unübertrefflicher Fülle, in der der kleine Arthur, als Stammhalter, wie er sich später einmal in einer Korrespondenz mit seinem Danziger Vermögensverwalter C. W. Labes bezeichnet, seine ersten Eindrücke von einer geradezu paradiesischen Umwelt empfunden haben mag.

Über das Schicksal des Dritten Pelonker Hofes erfahren wir mehr aus anderen Quellen. Als Arthurs Schwester Adele im Jahre 1819 die Heimat ihrer Vorfahren besucht, trägt sie am 8. November nach einem Aufenthalt in Strieß, nahe der Pelonker Höfe, in ihr mitgeführtes Reisetagebuch, nach glücklich verlebten Tagen in Oliva und am Glettkauer Strand, ein:

»Wir haben mein geliebtes Strieß verlassen, die Winterquartiere bezogen, mir war unendlich weh. So mancher Schmerz und manches Aufflackern der Jugendlust belebt mir meine dortige Wohnung.« Bei ihrer Ankunft im Sommer erwähnt sie in einer Notiz den einstigen Besitz ihrer Eltern in Pelonken, »Von meinem Ältervater erbaut und jetzt der Henkel gehörig... das Haus, wo ehemals meine Eltern wohnten und das sie verließen, als sie nach Hamburg flohen...«

In einem Dankesbrief an Arthur aus dem Jahr 1848 schildert

*14 Der Dritte Pelonker Hof mit Schopenhauers Landsitz
(rechts) und Schulgelände des als Waisenhaus genutzten
Landsitzes nach 1800*

seine Tante Juliane, genannt Julchen, eine Kindheitserinne-
rung an den Pelonker Hof und die glückliche Kindheit Arthurs:
»...ich habe viel an dich gedacht, da ich deinen väterlichen
Garten wiedersah, den jetzt ein reicher Engländer besitzt. Das
Haus ist sehr verbessert und die Auffahrt, wo ich einmal, ohne
Pferde, im Wagen hinunterstürzte, nicht so steil, das übrige
noch ganz wie vor vielen Jahren, auch das Hundehaus, wo du
mich als kleiner, niedlicher Junge vor dem bösen englischen
Hund Bob in Schutz nahmst.«

Nach 1855 beherbergte das Landhaus eine Kaltwasserheil-
anstalt und seit 1866 ein Kinder- und Waisenhaus, eine wohltä-
tige Institution, die in der Stadt Danzig auf eine vielhundertjäh-
rige Tradition zurückblickte: im Mittelalter als Kinderhaus in
der Elisabethkirchengasse und seit Anfang des 18. Jahrhunderts in dem bis heute erhaltenen Gebäude des ehemaligen
»Spendhauses« in der Altstadt nahe beim »Hakelwerk«.

Von Dr. Alfred Muscate, einem Danziger Großkaufmann,

der einige Jahre den Vorsitz der Verwaltung des Waisenhauses führte, erfahren wir, daß zur Zeit, da der Dritte Pelonker Hof noch ein Sommersitz der Schopenhauers war, das sich hübsch in die Landschaft einfügende Schulhaus noch nicht vorhanden war, dessen Front zur Pelonker Straße parallel verläuft, während das Schopenhauersche Landhaus mit seinem Giebel zur Straße steht. In diesem großen Gebäude waren die Wirtschaftsräume des Waisenhauses, die Wohnung des Inspektors, der große Eßsaal und Gemeinschaftsräume im Erdgeschoß untergebracht und in dem oberen Stockwerk die Schlafsäle und Arbeitszimmer der Kinder.

Ursprünglich gehörte zu dem Schopenhauerschen Landsitz noch ein oben im Wald am Abhang gelegenes kleineres Försterhaus. Eine unter dem Titel »*Oliwa*« 1985 in Danzig erschienene Broschüre berichtet über das weitere Schicksal des Dritten Pelonker Hofes:

»Der III. Hof (Pelonker Straße 122). 1625 erwähntes Besitztum. Seit 1786 Eigentum der bekannten Danziger Familie Schopenhauer. Hier verbrachte der spätere Philosoph Arthur Schopenhauer fünf Jahre seiner Kindheit. Der Ziergarten war berühmt wegen seiner Pracht, übriggeblieben sind nur Reste in Form von Terrassen. Bis vor kurzem befanden sich hier zwei palastartige Gebäude. Ein südliches aus dem Beginn des 19. Jahrhunderts und das wertvollere nördliche aus dem Ende des 18. Jahrhunderts. Letzteres wurde vom jetzigen Benutzer (Besserungsanstalt für Minderjährige) teilweise abgerissen. Für den Wiederaufbau benutzte man alte Mauern des Parterres. Durch den Abriß wurden Rechtsvorschriften verletzt, und zwar ironischerweise ausgerechnet durch die Gerichtsbehörden, denen die Anstalt untersteht.«

(Aus dem Polnischen übersetzt von Wolf Runge).

Das Geburtsjahr Arthurs:
Johannas Vater pachtet Stutthof

Der Zufall wollte es, daß etwa 60 Jahre nachdem Johanna II. Schopenhauer die Pachtung Stutthof aufgegeben hatte, sein Urenkel Arthur ebenfalls in Stutthof weilen sollte, in seinen allerersten Lebensjahren als Kleinkind. Der Danziger Bürger, Kaufmann, Quartiermeister und Rat Christian Heinrich Trosiener, pachtet am 14. Oktober 1788 vom Rat der Stadt Danzig den Stutthof mit Ziesewald, die größte Danziger Stadtdomäne, von Ostern 1789 bis zum Jahre 1794 für die Pachtsumme von jährlich 10 500 Danziger Courant.

Im Laufe der Pachtzeit wurden Danzig und der Stutthof preußisch. Obgleich in Danzig die Stadtregierung durch einen Magistrat nach preußischem Vorbild abgelöst wurde, blieb das Nehrungsche Amt vorläufig noch bestehen. Das Amt verlängerte den Vertrag mit dem Pächter Trosiener bis zum Jahr 1796 für 2625 Taler jährlichen Pachtzins.

Als das Nehrungsche Amt aufgehoben wurde, mußte Trosiener, anstelle der nach dem Vertrag an die Mitglieder des Amtes jährlich zu liefernden acht Schweine und statt ihrer Beköstigung bei den Visitationen, an den Magistrat zusätzlich einhundert Taler Entschädigung leisten.

Schließlich beantragte der Magistrat bei der neu eingerichteten westpreußischen Kriegs- und Domänenkammer eine weitere Verlängerung des Pachtvertrags von Ostern 1796 ab auf weitere fünf Jahre. Die Genehmigung wurde zu den bisherigen Pachtbedingungen auch erteilt. Bald nach der Pachtverlängerung starb jedoch Trosiener, und seine Witwe zedierte im Jahr 1798 die Pacht an Andreas Boschke aus Küchenwerder.

Die erste Ausfahrt Arthurs

Mit der Pacht der Stadtdomäne Stutthof weiten sich die Ausflugsmöglichkeiten für Johanna und ihren kleinen Sohn um eine interessante Variante aus.

Stutthof breitet sich abseits der näheren und lieblichen Umgebung der Stadt, an der Königsberger Weichsel aus, die hier ins Frische Haff fließt, das die Frische Nehrung von der Ostsee trennt. In dieser landschaftlich eintönigen Szenerie, zwischen den unendlichen Weiten der See und dem tiefer gelegenen Flachland, das nur von den Horizonten und von einem hohen, von weißen Seewolken bedeckten Himmel begrenzt wird, liegt der Stutthof mit seinen alten, weitläufigen Gärten, die ihn umgeben, den Gutshöfen und dem Herrenhaus, abgeschirmt von den Dünen des Meeresstrandes und einem schmalen Streifen des Nehrungswaldes mit seinen Reihersitzen.

Hier also erlebt der kleine Arthur die erste Ausfahrt mit seiner in Stutthof immer glücklichen Mutter, die froh ist bei den Ihren, den Eltern und Geschwistern, weit weg von den engen Gassen der alten Handelsstadt oder auch fern von ihrem goldenen Verließ kultivierter Einsamkeit in Pelonken, zu weilen. Es ist die andere, die Gegenwelt, die »himmelweit verschieden ist von dem, was wir Städter so nennen, wenn wir zur schönen Sommerzeit unsere eleganten Landhäuser beziehen«, schwärmt sie begeistert.

In den ersten Maitagen, wenn in diesen nordischen Breiten noch Schnee auf die Blüten fällt, haben die ersten Bilder, die seine Kinderaugen auffangen, sich tief in seine Seele eingegraben.

Die Kutschfahrt auf die Frische Nehrung beginnt am Stadthaus der Schopenhauers in der Heiligengeistgasse Nr. 114. Sie führt über das holprige Kopfsteinpflaster der engen, von den Beischlägen vor den Häusern gesäumten Gassen, über den wie zum Empfang eines Großen ausgebreiteten Langen Markt, der guten Stube der Stadt, mit den altertümlichen ehrwürdigen Bauten des Rathauses und des Artushofs.

Den First des Artushofes krönt die allegorische Statue des Reichtums. In den Nischen der Attika über den drei großen gotischen Fenstern des Hallenbaues trumpfen die Figuren der Gerechtigkeit und der Stärke wie Symbole des urbanen Selbstbewußtseins der Bürger Danzigs auf. Auf die Kragsteine zu beiden Seiten der Fenster setzten die Danziger vier Feldherren, als Ausdruck der Kriegskunst: den Griechen Themistokles, der die Perser bei Salamis schlug, den Römer Scipio Africanus, der Hasdrubal und Hannibal besiegte, den jüdischen Helden Makkabäus und Camillus, den Staatsmann Roms, dessen Leben Plutarch beschrieb.

Das Eingangsportal flankieren die Reliefs zweier polnischer Könige. Die Bas-Reliefs der Köpfe in den Medaillons zeigen Abbilder König Sigismunds III. Wasa (1587–1632) und dessen ältesten Sohn, den späteren König Wladyslaw IV. Wasa (1632–1648), der sich unter den Danziger Bürgern wegen seines offenen Wesens besonderer Beliebtheit erfreute.

Das zierliche Pagodendächlein auf dem Eingang zum Ratskeller schmückt in bewegter Pose vielsagend die Nachbildung Merkurs, des Gottes der Kaufleute. Ja, das alles mögen auch Arthurs Kinderaugen im Vorbeifahren erblickt haben. Oder ließ die Mutter hier anhalten und gebot Kutscher und Pferden eine kleine Verschnaufpause, um die ihr aus der von Dr. Jameson und dem Kandidaten Kuschel nahegebrachte und vergötterte Geschichte Roms und seiner Helden nachzuempfinden?

Ja, und der Neptun, eines der grazilsten und zugleich seltenen bronzenen Kunstwerke der Stadt, der Neptunsbrunnen vor dem Artushof, der die Anmut und Gelöstheit als ein Sinnbild des Fließenden und Bewegten ausstrahlt... Er ist dem römischen Gott des rinnenden Wassers gewidmet, dessen Fest, die Neptunalien, am 23. Juli gefeiert wird, wenn der heiße Sommer seinen Höhepunkt eben überschritten hat und halb Danzig zum kühlenden Naß der nahegelegenen See strebt. Von südländischer Grazie steigt der schlanke Körper des in Metall gegossenen Neptun aus der Brunnenschale, über einem aus steinernen Bildwerken gegliederten Unterbau, der von Seepferden, Del-

74

phinen und Löwenköpfen, Sphinxen gleich einer lebendigen Fantasiewelt geradezu wimmelt. Von einem halbhohen schmiedeeisernen Gitter ist der Springbrunnen eingerahmt, dessen Wasser aus vielen Mäulern der Figuren strömen und selbst aus dem Dreizack fließen, den der Meeresgott in seiner rechten Hand schwingt, wie ein Blitze schleudernder Zeus, seinen Zorn über einer törichten Welt entladend...

Und weiter geht die Fahrt über den Langen Markt durch das Grüne Tor auf die Speicherinsel. Hier spielt das Melodram von dem Cellisten Umbach, der eine Meute von Bluthunden, die die nächtliche Speicherinsel bewachen, mit den lockenden und schluchzenden Tönen seines Saitenspiels betört und so sein Leben rettet. Johanna erinnert sich daran in ihren Memoiren: »Wie oft sah ich aus meinem sicheren Kutschenfenster die gräßlichen Hunde mit wie Kohlen brennenden Augen uns umtoben. Nur wenn Adam, ehe wir zwischen den Speichern einfuhren, sich hatte bewegen lassen, zu mir in den Wagen zu steigen, war ich der Angst entledigt...«

Die Mottlau ist belebt von ein- und auslaufenden Segelschiffen. Möwenschwärme fliegen krächzend von den Geländern der Langen Brücke auf. Langgarten, die Ausfallstraße ins Werderland, erwartet die Reisenden (denn es ist ja eine Kutschreise von gut zwei Stunden Dauer) mit den beiden Milchkannentürmen und der genau wie diese aus der Zeit des Deutschen Ritterordens stammenden gotischen Barbarakirche. Durch das unter den hohen Festungswällen sich duckende Langgarter Tor und die Zugbrücke der Festungsgräben, Umfluter genannt, geht es nun in flotter Fahrt zum Ganskrug und zur Fähre an der Weichsel und ihren rasch hinfortströmenden, zur nahen Mündung eilenden Wassern.

Der frühe Aufbruch in den ersten Maitagen nach dem entlegenen ländlichen Domänengut hatte für Johanna durchaus persönliche Gründe und einen besonderen Anlaß zur Freude und froher Erwartung, denn der Vater, Christian Heinrich Trosiener, Arthurs Großvater mütterlicherseits, feiert seinen Geburtstag am 7. Mai im Kreise seiner Lieben auf dem Lande.

75

Eine Kindheit auf dem Land

In späteren Jahren mag Johanna ihrem seinerzeit fünfjährigem Sohn Arthur vielleicht erzählt haben, daß vor vielen Jahren der Urgroßvater, Johann II. Schopenhauer diese Domäne bewirtschaftete, die jetzt wieder in der Hand der Familie war, oder daß die Domäne einmal ein Gestüt der Ordensritter gewesen ist, die von deren Haupthaus, dem Schloß Marienburg, auf Geheiß des Hochmeisters den sumpfigen Werderboden zu kultivieren begonnen hatten. Viele der dörflichen Backsteinkirchen, wie auch die von Fürstenau, dem Werderdorf, aus dem die Schopenhauers stammten, oft mit hölzernem Glockenturm und reicher Holzplastik im Innern, zeugen von dem architektonischen Einfluß des Ordens und der gotischen Bauweise.

Diese »wohlgebauten reichen Dörfer, wie man sie nicht überall in Deutschland antrifft«, wird die Mutter ihrem kleinen Arthur auf der Fahrt nach Stutthof wohl gezeigt und erklärt haben, wie sie das Niederungsland mit seinen fruchtbaren Wiesen, Weiden, Feldern und Laubgebüsch beschreibt, aber die zahlreichen Schöpfwerke und Windmühlen und die eigenartigen Vorlaubenhäuser der Bauernhöfe mit ihrem schwarzweißen Fachwerk unerwähnt läßt, obgleich diese Bauwerke der Landschaft ihren eigenen Charakter verleihen, wie die Entwässungsgräben und Deichbauten, die an das andere Land im Westen Europas erinnern, der Heimat der holländischen und mennonitischen Einwanderer.

Aber nicht nur im Mai, des väterlichen Geburtstages wegen, sondern viel öfter noch an heißen Sommertagen, wenn das Leben in der durch die Festungsbauten eingeengten Innenstadt, der Rechtstadt, unerträglich wurde, ließ sich Johanna von dem langen sandigen Weg und dem Staub der Postwagen nicht entmutigen, diese Ausfahrt immer wieder zu unternehmen, auf dem Postweg nach Petersburg, den in jener Zeit Didcrot genommen hatte, um einer Einladung der Zarin Katharina II. zu folgen.[18]

An ihrer Seite, an der Hand der Mutter, so dürfen wir wohl

vermuten, ist es Arthur, der mit wachen Augen und einer empfänglichen Seele die Landschaft in sich aufnimmt, die ihm so lieb und wert ist, Heimat genannt zu werden, die einzige, in der er sich in seinem langen Leben heimisch fühlt. Die Mutter kann gar nicht oft genug auf dem Lande weilen, denn selbst im knakkigen Winter zieht es sie dorthin, wohlverwahrt und in dicke Decken gehüllt mit ihrem Kleinen im Pferdeschlitten über die eisbedeckte Fläche der Weichsel zu fliegen, zu Gesprächen mit ihrer Mutter und der Schwester Lotte, die sich oft bis in die Mitternacht hinzogen.

»Im Sommer wie im Winter fand ununterbrochen ein Kommen und Gehen der Dorfbewohner statt, die meinem Vater irgendein Anliegen oder ein Geschäft vorzutragen hatten. Die vielen Knechte und Mägde, welche die sehr ausgedehnte Landwirtschaft erforderte, der im Dienst meines Vaters stehende Braumeister, der Bäcker, der Branntweinbrenner mit seinen Gehilfen...«, sie alle läßt sie in bunter Lebendigkeit wie auf einer Schaubühne passieren und entwirft so ein Gemälde ländlich-bukolischer Vielfalt und Fülle. Sie läßt auch das Vieh nicht aus, Kühe, Pferde, »all das befiederte Getiere«, wie auch die Störche nicht, die seit unvordenklicher Zeit das ihnen wohlbekannte, nie versäumte Nest auf dem hohen Giebel der Scheune als unverzichtbare Gäste des Sommers beziehen.

Des Kindes Eindrücke von der Natur im Landsitz Pelonken oder das Erleben der alten, kreuz und quer von engen Gassen durchzogenen Stadt kann man nur vermuten, das erste, noch tastende Erkennen der Vegetation, der Jahreszeiten, des Wetters, der aufgewühlten See oder des bestirnten Himmels. Ein Erlebnis, auf der großväterlichen Domäne könnte es sich abgespielt haben, über die kindliche Unerfahrenheit von der Welt und ihren unergründlichen Naturgesetzen berichtet er selber, wie man ihn ganz erschrocken fand, als er einen Schuh in eine der großen Milchkannen geworfen habe, wie die Bauern sie benutzen, um die Milch in die Stadt zu befördern, und nun den Schuh recht herzlich bat, wieder herauszuspringen. »Eine frühe Erfahrung ursprünglicher Arglosigkeit, die sofort enttäuscht werden muß.« Er schließt daraus, daß »man als Kind noch gar keinen Begriff von der Unerbittlichkeit der Naturgesetze und dem starren Verharren eines jeden Dinges bei seinem Wesen« habe, denn: »Das Kind glaubt, selbst leblose Dinge werden ihm ein wenig nachgeben, vielleicht, weil es sich mit der Natur als eins erkennt, vielleicht weil es sich befreundet glaubt aus Unbekanntschaft mit dem Wesen der Welt!«

Ein glückliches Erleben der väterlichen Domäne Stutthof trübt aber keineswegs den kritischen Blick der Mutter für überkommene feudalistische Strukturen. Mit wachen und von menschlichem Mitleid erfüllten Herzen nahm Johanna in dieser Idylle traulicher Ländlichkeit auch deren Schattenseiten wahr, die Fronarbeit der Bauern als Scharwerker zur Erntezeit, die als ein spätes Relikt aus der Zeit der Herrschaft des Deutschen Ritterordens im Namen »*Gerechtigkeit*«, wie die Fronarbeit bezeichnet wurde, übernommen war. Diese Oase in der Erscheinungen Flucht konnten Mutter und Sohn ein letztes Mal im Winter 1793, wenige Wochen vor dem Einzug der Preußen in Danzig und der damit verbundenen Flucht Heinrich Floris Schopenhauers mit seiner Familie, besuchen. Ein über hundert Jahre alter Diener des Urgroßvaters lebte als ein letzter Zeuge jenes ersten Pächters noch und nahm den kleinen Arthur in seine Arme, in der irrigen Meinung es sei des Pächters Johanns II. Sohn Andreas, also der Großvater Arthurs, der »Danziger Fugger«.

Eine ungetrübte, glückliche Kindheit neigte sich mit dem Abschied von der Stadtdomäne ihrem Ende zu.

Schopenhauerhäuser und das Uphagenhaus

Die Heiliggeistgasse ist eine der im Innenkern der Rechtstadt parallel zur Langgasse und Breitgasse von der Langen Brücke zum Holzmark und Kohlenmarkt führenden Wohnstraßen, deren schmale, hohe Bürgerhäuser mit ihren Vorbauten, den Beischlägen, fast ausschließlich der führenden Schicht vorbehalten waren.

Das Haus Nr. 114, zwischen der Goldschmiedegasse und Ziegengasse gelegen, im Schatten der Marienkirche, ist das Geburtshaus Arthurs. In dieser Stadtwohnung verlebte er seine ersten Lebensjahre, nicht weit entfernt von dem Geburtshaus seiner Mutter, das näher am Wassertor steht, mit den vorübersegelnden Schiffen und der Speicherinsel gerade gegenüber.

Eine erste Schilderung dieser Häuser gibt uns der Forschungsreisende Bernoulli im Jahre 1778, als er auf der Rückreise vom Zarenhof in St. Petersburg Danzig zum zweiten Mal besucht und als Gast des Großvaters, Andreas Schopenhauer, (dessen Sommersitz in Ohra Bernoulli ein Jahr zuvor aufgesucht hatte) empfangen wird.

Es ist ein schöner Sommertag, an dem er zunächst die Große Mühle auf einer Insel im Radaunekanal, nahe der Katharinenkirche, besichtigt, von der »so getreulich alle Erd- und Reisebeschreiber, die von Danzig reden, berichten, daß sie alle Stunden der Stadt einen Dukaten einbringt«.

Von diesem berühmten und sehenswerten Gebäude begibt er sich zu Herrn Schopenhauer. Es ist der 12. Juli, ein heißer Sommerabend, an dem der berühmte Mann die hohe Diele, den geräumigen Eingangsflur des Schopenhauerschen Hauses betritt und angenehme Kühle empfindet. Besonders beeindruckt aber ist er von der Gemäldesammlung, durch die ihn sein Gastgeber führt, deren Bilder auch an den Wänden der Diele, des Treppenhauses und des Empfangssaals verteilt sind. Bernoulli erfährt, daß es in diesem schönen Hause mehr als zweihundert Gemälde sind, die Schopenhauer gesammelt hat und, wie er ihm erklärt, weitere zu sammeln bemüht ist. »Er hat«, so Bernoulli, »manche von dem bekannten Bankier Gotzkowski in Berlin zum Geschenk erhalten, viele auf seinen Reisen in Holland gekauft, und wo ihm was in Danzig zu kaufen vorkommt das ihm gefällt, schafft er es an. Ich habe schon seiner kleinen Sammlung, die er auf seinem Landgute zu Ohra hat, erwähnt; er sagte mir, er habe auch noch eine auf einem anderen Landgute, wo seine Aschensiederey ist...«

Die Namen der Künstler sind nicht von allen Bildern bekannt, denn Schopenhauer richte sich beim Ankauf bloß nach einem gewissen Gefühl, »und ich muß gestehen«, so fährt Bernoulli fort, »das, was ihm gefallen hat, mehrenteils auch Kennern gefallen hat; es sind wenige, in denen nicht mehr oder weniger was Gutes zu entdecken wäre«. Die besondere Beachtung Bernoullis erregt eine große Zeichnung der Leidensgeschichte Christi nach Dürer, von der er erzählt, daß sie mit einem solchen Fleiß und solcher Kunst gearbeitet sei, »daß man sie für einen Kupferstich, das sie doch nicht ist, halten sollte«. Bernoulli erwähnt von anderen Kunstwerken auch einige kunstvoll gearbeitete Reliefs aus Elfenbein.

In Danzig wird heute das im Zweiten Weltkrieg zerstörte Uphagenhaus in der Langgasse wieder aufgebaut als ein Museum altdanziger Wohnkultur. Als solches hatte es bis zu seiner Zerstörung bereits bestanden. Die Rekonstruktion der Inneneinrichtung ist möglich geworden, da die deutschen Konservatoren noch im Jahr 1944 das Inventar des Hauses nach außerhalb der Stadt verlagerten, wo es teils Plünderungen anheim fiel.

Wie das Innere eines solchen typischen Danziger Patrizierhauses gestaltet war, läßt eine Schilderung der Danziger Zeitung »*Wieczor*« 1986 erkennen:

»Von der Diele aus gelangen die Besucher auf einer holzgeschnitzten gewendelten Treppe zum Hängestübchen, das nach Art einer chinesischen Teestube eingerichtet ist, deren Fenster einen Einblick in die Diele eröffnen, die der Hausfrau ermöglichten, das Kommen und Gehen zu beobachten. Der große Empfangssaal, der die ganze Hausbreite in der ersten Etage einnahm, ist der reichste und zugleich repräsentative Teil des Hauses, der im Rokokostil prächtig eingerichtet ist.

Auf den Türfüllungen sind Abbildungen antiker Ruinen zu sehen. In einer Nische steht eine Uhr, die im Original ein Werk des Danziger Uhrmachers Weichenthal gewesen ist. Erhalten gebliebenist auch ein großer weißer Kachelofen mit vergoldeten Simsen und einer umkränzten Partie. Der Seitenflügel des Hauses führt durch mehrere schmälere Zimmer, den Musiksalon, das Rauchzimmer, ein Lesezimmer mit mehr als 20000 Bänden und das kleine Eßzimmer. Im Hinterhaus befand sich das große Speisezimmer der Familie. Von den Durchgangszimmern im Seitenflügel fällt der Blick auf den Innenhof mit einem kleinen Gärtchen, der Küche und der Backstube. In der zweiten Etage befanden sich die Schlafzimmer des Hausherrn und seiner Gattin mit den Baldachinbetten der Empirezeit, während Möbel und Täfelung aus der napoleonischen Zeit entstammen.«

Der Innenarchitekt, Stanislaw Michel, stellt dazu die Frage, woher plötzlich Empiremöbel in ein Rokokozimmer kamen, und wagt den kühnen Schluß, Napoleon könnte während der französischen Besetzung Danzigs zwischen 1807 und 1813 im Uphagenhaus zu Gast gewesen sein. Tatsache ist, daß der Korse Danzig besuchte und die Honoratioren im Patrizierhaus Almonde [19] auf Langgarten empfing, um sie um ihre Vermögen zu erleichtern.

In den Dielen der Stockwerke sind die breiten typischen Danziger Barockschränke aufgestellt, auf denen nach Danziger Art hohe blaue Delfter Vasen ruhten. Einer dieser Schränke birgt heute altes Familienporzellan aus der Berliner Manufaktur. Grafiken und Skulpturen schmücken die Wände, wie auch Spiegel und Truhen, während von den Decken kostbare gläserne Kronleuchter hängen. So oder ähnlich wird es auch im Hause Schopenhauer in der Heiligengeistgasse ausgesehen haben.

Viel von dem ursprünglichen Charakter der typischen Danziger Bürgerhäuser ging verloren, als in dem oberen, zu den Wällen gelegenen Teil der Heiligengeistgasse die Beischläge vor den Häusern entfernt wurden. Die eigenartig vorgebauten Terrassen der Häuser in dem zur Wasserseite gelegenen unteren Teil der Gasse blieben jedoch weiterhin bestehen. Schließlich wurden die meisten einstigen Wohnhäuser in ihrem Parterre zu

Ladengeschäften umgewidmet. So zog in das Schopenhauer-
haus um die Jahrhundertwende eine Bernstein-Handlung
ein. Die tief bis fast auf die Ebene des Hauseingangs hinabrei-
chenden hohen Dielenfenster hatten einem über die ganze
Hausfront sich ausbreitenden Berliner Fenster, des großen
Schaufensters eines Schuhgeschäftes, zu weichen, und die ge-
schnitzte Rokokotür wurde als Hauseingang nach rechts zur
Seite gerückt. Im Jahr 1938 beschloß die Stadtverwaltung, zum
Schopenhauer-Gedenkjahr eine Rekonstruktion der ursprünglichen Fassung aus dem Baujahr vornehmen zu lassen, wie es
ausgesehen hat, als die Hochzeit Floris Schopenhauers mit Jo-
hanna Trosiener gefeiert wurde. Wie von einer Zauberhand
berührt schien das Geburtshaus Arthurs aus dem Schoß der
Zeiten wiederaufgestiegen, so als wäre es eines jener vom
Ascheregen über Jahrhunderte hinweg konservierten Häuser
Pompejis und Herkulaneums. Die feinversproßten und tief
herabgezogenen Fenster zu beiden Seiten des wieder in die
Mitte der Fassade gerückten Eingangsportals, mit seinem
Oberlicht und den Initialen des Hausherrn, schenkten der geräumigen Diele wieder das helle Licht, ohne das der tiefe Ein-
gangsraum mit den gekachelten Wänden seine heitere Lebendigkeit eingebüßt haben würde.
   In diesem Haus herrschte geschäftiges Leben, denn es war
nicht nur das der Repräsentation eines Großkaufmanns die-
nende Domizil, sondern mit seinem Handelskontor neben der
Diele auch zugleich eine Stätte des Handels, in der alle Fäden
weitester Handelsverbindungen aus vielen europäischen Häfen
und Handelsstädten zusammenliefen. Die Wohngemächer waren die Sommer über meistens verwaist, denn Johanna bevorzugte dann die Bequemlichkeit des Schopenhauerschen Landsitzes in Pelonken oder auch die Aufenthalte auf der von ihrem
Vater gepachteten Stadtdomäne in Stutthof.
   Die Stadtwohnung war nach der Beschreibung Johannas elegant und modern im englischen Stil ausgestattet, kultiviert und
freundlich Wohlbehagen verbreitend. So gewährte sie auch
noch andere, höhere Genüsse »als ein zierliches Ameuble-

ment«. Die Wände bedeckte eine ausgewählte Sammlung von Kupferstichen in vergoldeten Rahmen, während gelungene Abgüsse antiker Büsten und anderer, zum Schmuck eines Patrizierhauses geeigneter Statuen an den dazu passenden Orten aufgestellt waren. Eine nicht sehr umfangreiche, aber mit Literaturverstand ausgewählte Handbibliothek in den mit Spiegelgläsern abgeschlossenen Bücherschränken aus Mahagoni war ein unerschöpflicher Quell der Belehrung und Unterhaltung. Floris selbst gewährte bereitwillig Rat bei der Auswahl der Lektüre und ließ seine Vorliebe für die französische Literatur, besonders für Voltaire, dessen Ruhm damals um die Welt ging, deutlich erkennen. Und auch hier war wieder Dr. Jameson Tröster und Berater, der selten einen Tag vergehen ließ, um Johanna (die ja jetzt nur durch eine Quergasse, die Goldschmiedegasse, getrennt von der Häuserzeile in der Heiligengeistgasse nahe des Wassertores, also unweit der Englischen Kirche, eine neue Wohnung ihr eigen nennen durfte) zu besuchen, denn allein zu ihm konnte sie sich, wie auch früher mit allen offenen Fragen, kleinen Sorgen und Unsicherheiten flüchten...

Als in den letzten Tagen des März 1945 die Stadt Danzig in die Hände der Roten Armee fiel, wurde die Rechtstadt im weiten Umfeld der Marienkirche fast völlig zerstört. Von den Kirchen und bekannten anderen Bauten, wie dem Rathaus, Artushof und Krantor waren nur rauchende Trümmer geblieben. Die vor den Ruinen der die Gassen säumenden Häuser angehäuften Schuttmassen hatten die Gehwege und Straßenzüge in enge Fußpfade verwandelt. Diesem Höllensturz entging in der Heiligengeistgasse nur ein einziges Gebäude: die Königliche Kapelle. Das Geburtshaus Arthur Schopenhauers wurde in den Nachkriegsjahren von polnischen Architekten und Bauhandwerkern nach den geretteten Plänen des Danziger Konservators Erich Volmar in der ursprünglichen Bauweise aus dem Jahr 1750 wieder aufgebaut und ist auf diese Weise zum zweiten Mal in historischer Gestalt wieder erstanden.

Der Vater Arthurs hatte das Haus erst 1784 erworben. Ein Jahr später heiratete er die Jungfer Johanna Trosiener. So kön-

nen wir aus dem Zeitvergleich vermuten, daß Arthurs Geburtshaus im Hinblick auf die bevorstehende Werbung, Verlobung
und Eheschließung angekauft wurde. Nach seiner Ausreise
und der Begründung eines neuen Wohnsitzes in Hamburg ließ
Heinrich Floris das Haus verkaufen. Der neue Eigentümer
hatte nichts eiligeres zu tun, als den barock geschwungenen
Giebelabschluß dem Zeitgeschmack anzupassen und mit einer
den neuen modernen klassizistischen Formen entsprechenden
Bekrönung seines Giebels zu versehen.

Die Revolution verändert Europa

Ein Jahr vor der zweiten polnischen Teilung und der Flucht
Heinrich Floris Schopenhauers aus Danzig nach Hamburg erlebt Goethe die Kanonade von Valmy mit den Worten: »Von
hier und heute geht eine neue Epoche der Weltgeschichte aus.«
Nach dem Sturm auf die Tuilerien erklärt der Nationalkonvent
Frankreich zur Republik. Anklageerhebung gegen den König
wegen Verrats und Verschwörung gegen Land und Volk. Ein
Pionieroffizier namens Rouguet de Lisle dichtet in Straßburg
das französische Revolutions- und Freiheitslied, das von einem
Marseiller Freiwilligen-Bataillon beim Einzug in Paris gesungen und als »Marseillaise« Nationalhymne wird.

Am 21. Januar 1793 wird Ludwig XVI. auf der Place de la
Concorde unter dem Schafott hingerichtet. Preußen tritt in den
Krieg gegen Frankreich ein. Die Österreicher besiegen die
Franzosen bei Neerwinden. Herder beginnt das Manuskript
»Briefe zur Beförderung der Humanität«. Kant verfaßt seine
»Religion innerhalb der Grenzen der blossen Vernunft«. Schil-
ler schreibt »Über Anmut und Würde«.

1793: Die preußische Annexionserklärung.

Die »Declaration« des Königs Friedrich Wilhelm II. von
Preußen, die Besetzung der Stadt und des Gebietes von Danzig
betreffend, lautete folgendermaßen:

15 21. Januar 1793: Hinrichtung Ludwig XVI. auf der
Place de la Revolution in Paris

»Dieselben Ursachen, welche Se. Majestät von Preußen bewogen haben, ein Corps Ihrer Truppen in einige Districte von
Groß-Polen einrücken zu lassen, setzen Höchstdieselben auch
jetzt in die Notwendigkeit, sich der Stadt Danzig und Ihres Gebietes zu versichern. Zu geschweigen, daß diese Stadt seit einer
langen Reihe von Jahren gegen den preußischen Staat sehr wenig freundschaftliche Gesinnungen gehegt hat, hat sich auch
jetzt jene boshafte und grausame Rotte daselbst eingenistet,
die von Verbrechen zu Verbrechen fortschreitet, und sie mit
Hülfe ihrer verabscheuungswürdigen Helfershelfer und Anhänger auf allen Seiten auszubreiten sucht.

Nachdem einer von diesen Bösewichtern vergeblich versucht
hatte, das Gift seiner Grundsätze unter einer glücklichen und
treuen Nation auszustreuen, fand er in Danzig selbst ganz un-
gescheut eine Zuflucht, und nur die nachdrücklichsten Vorstellungen waren im Stande, ihn den Händen seiner Beschützer zu
entreißen.

Dieses neue Beispiel und viele andere des Mißbrauchs einer überverstandenen Freiheit, sowie die genauen Verbindungen der französischen und polnischen Faktionisten mit einer Partei, welche durch die Dreistigkeit ihrer Grundsätze den größeren Theil der gutgesinnten Bürger unterdrückt, und endlich die Leichtigkeit, womit der gemeinschaftliche Feind durch Hülfe seiner Anhänger sich aus Danzig Kriegs- und andere Bedürfnisse aller Art besonders Getreide zu verschaffen weiß, haben die Aufmerksamkeit Seiner Königl. Majestät auf diese Stadt lenken müssen, und Ihnen die Verbindlichkeit aufgelegt, sie in billigen Schranken zu halten, und solchergestalt für die Sicherheit und Ruhe Ihrer benachbarten Länder zu sorgen.

Zu diesem Endzweck haben Seine Königl. Majestät nach getroffener Übereinkunft mit den dabei mit interessirten Mächten, Ihren General-Lieutenant v. Raumer den Auftrag gethan, die Stadt Danzig nebst ihrem Gebiet mit einem zureichenden Corps Truppen zu besetzen um daselbst die *Ordnung und Ruhe* aufrecht zu erhalten. Es wird lediglich von dem stillen und klugen Betragen der Einwohner abhängen, das Wohlwollen Seiner Majestät zu verdienen, indem sie Dero Truppen freundschaftlich aufnehmen und behandeln, und ihnen alle Hülfe und Beistand leisten, deren sie etwa bedürfen können. Der kommandierende General wird seinerseits die strengste Mannszucht halten lassen, und all denen seinen Schutz verleihen, die ihn darum ersuchen werden.

Dieses sind die Gesinnungen Seiner Königl. Majestät, und Höchstdieselben hoffen daher, daß der Magistrat der Stadt Danzig keinen Anstand nehmen werde, ihnen gemäß zu handeln, und solchergestalt die heilsamen Absichten zu befördern, deren guter Wirkungen er vorzüglich sich wird zu erfreuen haben.«

24. Februar 1793

Unter dem Kommando des Generalleutnants von Raumer wurde ein vielköpfiges Corps preußischer Truppen in Oliva, St. Albrecht und Quadendorf zusammengezogen, rückte am 8. März bis an die äußeren Stadttore von Danzig und sperrte die freie Flußfahrt auf der Weichsel. Danzig unterstelle sich *»von aller Hilfe verlassen und den Zeitumständen nachgebend«* dem König von Preußen.

Einmarsch der Preußen in Danzig und Huldigung[20]

Bei der zweiten Teilung Polens hatte Preußen auch die Gebiete Danzig und Thorn erhalten. Im Januar rückten die preußischen Truppen in Thorn ein. Als die Nachricht von der Besetzung Thorns Ende Januar nach Danzig kam, rief sie hier eine ungemeine Bestürzung hervor, aber man glaubte noch immer, daß Danzig seine Selbständigkeit behalten werde; die Ungewißheit dauerte jedoch nicht lange. Die preußischen Truppen versammelten sich an 3 Punkten, bei Oliva, St. Albrecht und Quadendorf, näherten sich der von ihnen ringsum eingeschlossenen Stadt Danzig und waren am 8. März 1793 schon bis an die äußersten Tore Danzigs gekommen. Der damalige Präsident der Stadt war E. F. von Conradi. (Den Titel Präsident führte im Freistaat Danzig der 1. Bürgermeister, der 2. Bürgermeister den Titel Vicepräsident, der jüngste Bürgermeister Kriegs-Präsident.)

Darauf erschien zur größten Überraschung der Bürgerschaft Danzigs ein Adjutant des kommandierenden Generals v. Raumer, begleitet von einem Trompeter, und überreichte eine Depesche. In dieser Depesche wurde der Präsident aufgefordert, eine Deputation aus allen 3 Ordnungen und der Kaufmannschaft an den General zu senden, welcher sich im Hauptquartier in Schidlitz befand. Hier sollte diese Deputation mit dem General v. Raumer wegen der Übergabe der Stadt Danzig an Preußen unterhandeln. Die Stadt wählte die gewünschte Deputation. Zu ihr gehörten namentlich die 2 Rathsherren, M. Groddeck und J. W. Weickhmann, 2 Schöppen, 2 Kaufleute, 4 Ordnungsmänner und die Ältermänner der 4 Hauptgewerke. Im Hauptquartier zu Schidlitz angelangt, wurde der Deputation ein Schreiben des Königs Friedrich Wilhelm II. vorgelesen. Nach dieser wenig schmeichelhaften Kundgebung und den hier gepflogenen Unterhandlungen wegen der Übergabe Danzigs erbat sich die Deputation 24 Stunden Bedenkzeit, die jedoch in Folge der Vorstellung des Präsidenten v. Conradi auf 48 Stunden verlängert wurde.

»In dieser Zwischenzeit wurde darauf diese für Danzigs Zukunft so folgenschwere und entscheidende Angelegenheit von der Stadt-Obrigkeit im Rathause und von einem Comitée von 12 Herren der Kaufmannschaft im ›Englischen Hause‹ wiederholt in ernste und vielseitige Erwägung gezogen, so wie es die Sache erforderte.

Dieses geheime Comitée kam nach langer Überlegung zu dem Beschlusse, man solle dem General mittheilen, daß sich die Stadt ganz dem Könige ergeben wolle, da man ja doch nur die Wahl habe, sich zu ergeben oder sich unter dem Schutte der Stadt begraben zu lassen. Mit tiefer Bewegung und Rührung anerkennend, daß die äußeren Festungswerke die Riegel der Stadt wären, traten der Rath, die beiden anderen Ordnungen, auch die Kaufleute und die Gewerke diesem Beschlusse (11. März 1793) bei.«

An König Friedrich Wilhelm II. wurde folgendes Schreiben adressiert:

»Unter dem vielvermögenden Schutz Ew. Kgl. Majestät wird die Existenz der Stadt Sicherheit und Festigkeit erlangen. Unter der sanften Oberherrschaft eines Monarchen, dessen Milde und Menschenfreundlichkeit ganz Europa anerkennt, werden Handel und Gewerbe wieder blühen und der Wohlstand, der aus so vielen Kassen der Bürger geflohen war, wiederum zurückgeführt werden. Das ist die Stimmung unserer Bürger und Einwohner, das sind die Hoffnungen, die sie beseelen. In diesem Vertrauen tragen wir Ew. Kgl. Majestät den Wunsch der sämtlichen Bürger und Einwohner demütig vor, von nun an unter Aller Höchst Dero Oberherrschaft zu leben und ihr Glück ihrer Nachkommen von Ew. Kgl. Majestät Gnade und Wohlwollen befördert zu sehen.«

Verhandlungen zwischen dem kommandierenden General v. Raumer und dem Rat führten zur Vereinbarung, daß die Preußen am 24. März in die Außenwerke einrücken, dagegen in die Stadt selbst erst am 4. April durften.

Die Danziger Deputation begab sich am 26. März 1793 zum wiederholten Male in das Hauptquartier General von Raumers nach Schidlitz, um die Entscheidung über das Schicksal ihrer Stadt zu erfahren.

»Des Königs Antwort«, hieß es, »nehme die Unterwerfung Danzigs mit Wohlgefallen an, und erteile dem General die Erlaubnis, nicht nur die Außenwerke und Weichselmünde, sondern auch die Stadt selbst zu besetzen, dabei aber auch vorläufige Freierklärung der Rechtstadt von Natural-Einquartierung (zu deren Erleichterung in der Altstadt Kasernen gebaut werden sollten) und Aufrechterhaltung des Danziger Hafen- und Stapelrechts sowie jeder anderen bisher genossenen Handelsfreiheit zu versprechen.«

Ein letzter Funken Widerstand

Am 28. März, einem Gründonnerstag, sollte die Besetzung Danzigs durch preußische Truppen beginnen, wurde aber durch Stadtsoldaten und Matrosen, die sich den Truppen entgegenstellten, bis zum 4. April hinausgezogen. Einer fast dreihundertvierzigjährigen Unabhängigkeit des Danziger Freistaats war mit diesem Tag ein Ende bereitet worden. Um acht Uhr zogen die Infanterie-Regimente von Raumer und von Hanstein nebst dem von Frankenbergischen Dragoner-Regiment mit klingendem Spiel in die Straßen von Danzig ein...

Nach der Besetzung des Bischofs- und Hagelsberges näherten sich die preußischen Truppen dem Hohen Tor. Die den Gehorsam verweigernden Danziger Stadtsoldaten nahmen sie unter Gewehrfeuer. Die Preußen zogen sich zunächst nach Neugarten zurück, erwiderten aber das Feuer, als die Beschießung der Vororte und der Festungswerke von den Danzigern fortgesetzt wurde.

Ein Mitglied der regierenden Körperschaften erinnert sich an die Auseinandersetzungen:

»Während der Zeit, da diese Gewalttätigkeiten draußen begangen wurden, sah es in der Stadt selbst fast ebenso übel aus, indem das Bataillon Stadtsoldaten, welches befehligt worden war, sich jenseits des Stocks (gemeint ist der Stockturm) auf der kleinen Parade zu stellen, um ihnen die scharfen Patronen abzunehmen, da die Mehresten betrunken waren, zu revoltieren anfingen und ihre Offiziere zu erschießen drohten. Endlich entschlossen sie sich auf das nach Neugarten angegangene Feuern die bei der Silberhütte gewöhnliche Artilleristenwache zu forcieren, welches sie auch sogleich ins Werk stellten. Da aber der Artilleristenhauptmann Skepsgarth sich weigerte, ihnen die Schlüssel zu daselbst befindlichem Laboratorium zu geben, behandelten sie den alten Mann sehr übel, sprengten mit Gewalt die Türen auf, schleppten die darin befindlichen Kartuschen und Munition auf die Elisabeth-Bastion und die nächstgelegenen beiden schweren Kanonenbatterien des Stadtwalls und zwangen die Artilleristen durch Prügel, die Kanonen zu laden, nach Neugarten und auf die zur Besetzung des Hagels- und Bischofsberg wie auch des Olivschen und Petershagschen Tores marschierenden Preußen zu richten und abzufeuern.

Als nun dieses unglückliche Schießen, womit nach etwa ½ 11 Uhr vormittags der Anfang gemacht wurde, den Preußen manchen Mann gekostet, kehrten die auf dem Hagels- und Bischofsberg angelangten Preußen unsere daselbst befindlichen Kanonen um, und fingen an, auf die gemeldeten Oerter des Stadtwalles widerzufeuern, wodurch aber, da diese Oerter gerade vor der Altstadt liegen, viele Giebel und Dächer daselbst großen Schaden erlitten.

Obgleich man nun hätte denken sollen, daß diese Unglücksstifter dadurch würden bewogen werden, in sich zu gehen und einzuhalten, so wurden sie nur noch mehr angefrischt, da außer anderem Pöbel der größte Teil der am Jakobstor bestandenen

Bürgerwache-Gemeinen, welches Lohnwächter und Matrosen waren, die Wache verließ, ihnen zulief und diesen Bösewichtern teils bei Ladung und Abfeuerung der Kanonen, als auch ihrer mitgebrachten Gewehre weidlich assistierte.

Ja, die Ausgelassenheit des Pöbels ging so weit, daß eine dergleichen Rotte unter Anführung eines betrunkenen Stadtgrenadiers den am Jakobstor befindlichen Bürgeroffiziers und wenigen Bürgern die vor der Wache aufgestellte Fahne mit Gewalt wegnahm und damit unter großem Geschrei in den Straßen stolzierte.«

Die preußischen Truppen konnten am 4. April nahezu unbehelligt Danzig besetzen. Die Bürger der Altstadt und der Vorstadt mußten je ein Regiment der Infanterie bei sich aufnehmen.

Das Infanterie-Regiment von Langen (seit 1801 von Treskow) lag in der Altstadt, das Infanterie-Regiment von Hanstein (seit 1803 von Kaufberg) lag in der Vorstadt und Niederstadt. Eine Artillerie-Kompanie zog auf Petershagen ein.

Festungswerke und Zeughäuser wurden Teile der Militärhoheit, ohne daß die Grundeigentümer dafür entschädigt wurden. Die Danziger Gesandten in Warschau, Berlin, Petersburg und London wurden entlassen. Den fremden Residenten in Danzig wurden die Pässe ausgehändigt. Als äußeres Zeichen der Besitznahme wurden preußische Adlerwappen am Rechtstädtischen Rathaus, Zeughaus und den Haupttoren der Stadt angebracht. Anstelle der Dritten Ordnung wurden zwanzig Stadtverordnete berufen, die kein Stimmrecht besaßen. Sie setzten sich aus je acht Kaufleuten und Handwerkern und vier Krämern zusammen. Später traten vier Vertreter der Arbeiterschaft hinzu.

Die Emigration der Schopenhauers

Durch die von aufgeregtem Volk verstopften Gassen, das seinen Gefühlen freien Lauf läßt und die Preußen lautstark verwünscht, eilt die Kutsche mit der Familie Schopenhauer und dem Fluchtgepäck zu den Schildwachen und der preußischen Zollbude am Olivaer Tor. Aber es kommt zu keinem unfreiwilligen Aufenthalt mehr mit den lästigen Zollkontrollen und Leibesvisitationen. Danzig ist preußisch geworden, und so erübrigen sich die banalen Grenzformalitäten. Durch die Große Allee mit ihren in Viererreihen vor Jahren angepflanzten jungen Linden jagt der Wagen an Neuschottland und den Langfuhrer Gütern und der Aschensiederei des Großvaters Andreas vorbei auf Pelonken zu, wo ihnen bei einem letzten Besuch in ihrem Landhaus eine letzte Nacht gegönnt ist. Am nächsten Tag passiert dann der Reisewagen Oliva und das uralte Zisterzienserkloster. Von dem Fischerort Zoppot aus führt der Landweg in das besetzte Schwedisch-Hinterpommern und verliert sich in der Tiefe des weitgestreckten Küstenlandes am Rand der Moränenhügel entlang der Poststraße bis zur ersten Poststation.

Danzig liegt schon weit zurück, jedenfalls in den Gedanken Heinrich Floris Schopenhauers, obgleich der Reiseweg in die Emigration erst wenige Stunden gedauert hat. Vielleicht hat Heinrich Floris schon mit der Vergangenheit gebrochen, vielleicht schließt er aber auch eine Rückkehr unter anderen politischen Voraussetzungen nicht aus. Allein, er wird seine Vaterstadt Danzig mit seinen trutzigen Wällen und den wie Noten auf vielen Notenblättern aufgereihten Giebeln im unendlichen Konzert seiner Gassen und Türme nie mehr wiedersehen. Hamburg breitet sich als Hoffnung auf einen neuen Lebensabschnitt vor ihm aus. Keine kühne Vision zwar, aber in nüchternem Kalkül des Großkaufmanns als ein neuer beruflicher Anfang mit genügendem Kapital, das ihm gestatten würde, es als Bankier zu versuchen. In seinem Gedächtnis werden die alten Handelsbeziehungen wieder wach, neue werden sich anschließen, geknüpft bis nach Westindien und in die Neue Welt.

Die Freie Stadt Hamburg ist dafür ein guter Ausgangspunkt und als ein Tor zur westlichen Welt noch viel besser geeignet für Handel und Wandel, als das von seinem Hinterland und dessen untergegangenem Reichtum jetzt abgeschnittene altehrwürdige Danzig.

Heinrich Floris wollte keinem untertan sein. Weder dem König von Polen noch dem Herrscher Preußens. Vom Titel eines kgl. Hofrats, den ihm der Schutzherr der kleinen Stadtrepublik Danzig verliehen hatte, machte er nie Gebrauch.

Was mag ihn wohl bewogen haben, im Jahr 1773, auf der Rückreise von Frankreich, hier in Potsdam sich eine Parade der Garde des Preußenkönigs anzusehen, ein militärisches Schauspiel, das seinem republikanischen Selbstverständnis widersprach. Es war wohl kaum eine Truppenparade, die ihn bewogen haben konnte, hier seine Geschäftsreise zu unterbrechen, um die Residenz Friedrichs des Großen zu besuchen, der vor Jahresfrist damit begonnen hatte, Danzigs Freiheit mit Zollschranken zu bedrohen. Wahrscheinlich wollte der Monarch von dem jungen Danziger Bankier und Fernhandelskaufmann sich über die internationalen Wirtschaftsmärkte berichten lassen und vielleicht auch über Danzig selbst, die »Kornkammer des Kontinents«, das mit der ersten polnischen Teilung 1772 in den gefährlichen Sog der großen Politik geraten war: »Voilá, les calamitées de la ville de Dansic«, spielte er unverblümt auf die preußische Blockade der Stadt an, wohlwissend, um welches Pfand es sich handelte.

Der junge, fünfundzwanzigjährige Schopenhauer erwies sich dem Monarchen gegenüber als eine Persönlichkeit, die es vorzog, die Freiheit des Handels in die Schale ihres Glücks zu werfen, als sich in die Abhängigkeit königlichen Wohlwollens zu begeben, getreu dem Wappenspruch der Schopenhauers: »Point de bonheur sans liberté!«, und der aus diesem Bekenntnis resultierenden streng-republikanischen Gesinnung. Das ihm nach einer mehrstündigen Audienz vom König eingeräumte Handelsprivileg schlug er indessen keinesfalls aus, zog aber daraus für sich auch in Zukunft keinen Nutzen.

Diese königliche Begegnung in Potsdam lag schon zwei Jahrzehnte zurück und lebte nun wieder in seinem Gedächtnis auf, da es ihm bewußt wurde, ein Opfer gerade dieser Politik geworden zu sein. Der Lauf der Geschichte bestimmte jetzt sein Schicksal – und nicht nur das Seine, auch das seines Sohnes Arthur – mit dem Verlust der Heimat.

Der Tausch zwischen den beiden Seestädten und die Wahl Hamburgs, als der damals erste Handelshafen des europäischen Festlandes, mag auch mit dem hansischen Umfeld und der dort verbreiteten Anglophilie zusammenhängen.

Mag sein, daß der Weltbürger, der Kosmopolit, der Heinrich Floris geworden war, mit dieser Entscheidung und dem stillen Vorbehalt der Fortsetzung seiner Leidenschaft zu reisen – England und Frankreich waren ja von hier aus schneller und bequemer zu erreichen – auch den Versuch unternahm, einem ihm vorgezeichneten Schicksal zu entrinnen. Johanna spricht später einmal »von den Schrecknissen ihrer Ehe«. Auch ihre eigene ständige Unruhe wird durch den Ortswechsel und das Unterwegssein überhaupt kompensiert und besänftigt.

In Hamburg soll ein neues Leben beginnen

Die Stadt Hamburg verband manche Ähnlichkeit mit Arthur Schopenhauers Geburtsstadt Danzig. Beide waren an der Mündung großer Flüsse gelegene Seehandelsstädte. Beide waren fest von Toren, Wällen und Mauern umgeben. An beiden ging der Dreißigjährige Krieg spurlos vorüber; der aus Schlesien kommende Opitz nannte Danzig in diesem Zusammenhang eine »Insel des Friedens«.

Hamburg, und damit eine neue Welt der inneren und äußeren Entwicklung, lag vor dem Sechsjährigen. Seiner ersten Reise von Danzig nach Hamburg würden von hier aus noch viele folgen und ihm einen Einblick in die Welt der Widersprüche vermitteln. Der weitgereiste, anglophile und kosmopolitisch eingestellte Vater wollte, daß er ein gebildeter, vielseitiger und welterfahrener Kaufmann werde. Die Kaufmannsstadt Hamburg zog ihn mit all ihrem Zauber an, würde ihn verwandeln und mit dem Geist eines Klopstock und Lessing für sich gewinnen, so wie der »Wandsbeker Bote« und Claudius, der ihn sein Leben lang begleiten sollte, dessen Bild noch in seinen letzten Lebensjahren sein Arbeitszimmer schmückte...

Knapp zwanzig Jahre vorher hatte ein Reisender, Christoph Daniel Ebeling, in einem »Tagebuch einer musikalischen Reise« (1772), dieses Hamburg in wenigen Sätzen trefflich skizziert: »In diese Stadt kommt man, ohne examiniert oder von Akzisebeamten belästigt zu werden. Die Gassen sind schlecht gebauet, schlecht gepflastert und eng, aber voller Menschen, die ihren eigenen Geschäften nachzugehen scheinen. Aus den Mienen und Betragen der Einwohner dieses Orts leuchtet eine Zufriedenheit, Geschäftigkeit, Wohlhabenheit und Freiheit hervor, die man in anderen Orten Deutschlands nicht häufig zu sehen bekömmt.«

In der Tat: Die Ähnlichkeit mit dem einstigen Danzig, mit der freien Stadtrepublik, den freien Bürgern, die ihr Haupttor zur Langgasse mit dem 122. Psalm schmückten und sich damit identifizierten: »Es müsse Friede sein, inwendig in deinen Mauern und Glück in deinen Palästen« ist verblüffend. So war Hamburg wohl eine andere Stadt, aber dem aus Not und äußerem Zwang aufgegebenen Danzig in einer Art verwandt, die es den Geflüchteten nicht schwer fallen ließ, sich in der salzigen Luft und dem Seewind, der über sie fast ständig hinwegstrich, wenn nicht gerade heimisch zu fühlen, so doch weniger fremd.

Allein die Mutter kommt nach der Trennung noch nicht zur Ruhe. Sie wird vom Heimweh und der Sehnsucht nach dem ihr vertrauten Familienleben in der Heiligengeistgasse, auf der Domäne Stutthof und im luxuriösen Pelonken geplagt. Sie gewöhnt sich vorerst in Hamburg nicht ein. Als der Vater von Heinrich Floris Schopenhauer, der »Danziger Fugger« Andreas Schopenhauer, auf seinem Landsitz in Ohra stirbt – es ist noch nicht einmal ein Jahr seit der überstürzten Flucht vergangen – da bietet sich Johanna eine längst ersehnte Gelegenheit, nach Danzig zu reisen. Offiziell fährt sie, um die Erbschaftsfragen zu klären, den Nachlaß zu ordnen und den Haushalt aufzulösen. Als kurz darauf auch der Bruder, Johann Friedrich Schopenhauer, der ehemalige Geschäftsteilhaber von Heinrich Floris, stirbt, hat Johanna alle Hände voll mit der sich um ein Beträchtliches vergrößernden Erbschaft zu tun. Das Land des Ohraer Gutes wird Bauern zur Pacht gegeben, Haus und Hof werden veräußert. Das Stadthaus der Schopenhauers aber und Pelonken bleiben noch im Familienbesitz, denn so endgültig sieht Heinrich Floris die Loslösung von dem Land seiner Vorfahren nicht. Er hofft doch, daß sich die politischen Verhältnisse vielleicht schon in absehbarer Zeit ändern und ihm die Möglichkeit sich ergeben könnte, seine Geschäfte von Danzig aus fortzuführen. Sein Weitblick schätzt die prekäre Situation nicht falsch ein. Wenig mehr als ein Jahrzehnt, und Napoleon Bonaparte wird Danzig von der preußischen Herrschaft lösen und an deren Stelle die eigene errichten. Dies wird zur Folge haben, daß Danzig in die dunkelsten Jahre seiner Geschichte gestürzt wird. Aber diese siebenjährigen Leiden der Vaterstadt, den Brand der Speicherinsel und die Bombardierung am 13. Oktober 1813 wird Heinrich Floris nicht mehr erleben . . .

Die französische Revolution wirkte sich auf den Hamburger Handel vorteilhaft aus. Seit 1792 wurde ein großer Teil des französischen und niederländischen Handels über Hamburg abgewickelt. Die Abschnürung der sieben nördlichen Provinzen der Niederlande von der Küste durch die Unabhängigkeitserklärung bedeutete für Hamburg und Amsterdam einen enormen wirtschaftlichen Aufschwung. Über zweitausend Schiffe liefen im Jahr 1795 im Hamburger Hafen ein. Die Unabhängigkeitserklärung der dreizehn nordamerikanischen Staaten gestattete Hamburg die Aufnahme direkter Handelsbeziehungen mit der Neuen Welt. Die Eroberung Hollands durch das französische Revolutionsheer versperrte den Rhein und ließ Hamburg nicht nur zum ersten Ausfuhrhafen des

16 Der Jungfernstieg in Hamburg mit seinen Umgebungen
im Jahr 1797

westlichen Deutschland, sondern auch zum wichtigsten
Einfuhrhafen für Kolonialprodukte und englische Industrie-
erzeugnisse werden.

Vor diesem historischen Hintergrund fiel es Heinrich Floris
Schopenhauer nicht schwer zu glauben, daß der Beruf eines
Kaufmanns in Hamburg Zukunft habe, ja, es lag nahe, daß ein
Knabe, der später einmal etwas von der Welt sehen wollte, gut
beraten war, diesen Beruf zu ergreifen.

Die geschichtlichen Ereignisse wollten es, daß die große
Handels- und Hafenstadt sich nicht allzulange dieser für sie
günstigen Entwicklung sollte erfreuen können, denn mit der
Besetzung Hamburgs durch französische Truppen fand die
wirtschaftliche Blütezeit ein jähes Ende. Hatte das französische
Revolutionsheer vor eineinhalb Jahrzehnten mit der Eroberung Hollands den rasanten wirtschaftlichen Aufstieg Hamburgs mitbewirkt, so wendete sich jetzt das Blatt. Die Konti-

nentalsperre und die englische Blockade der Elbe schnürten den Seehandel fast völlig ab. 1810 wurde Hamburg französisch. Im gleichen Jahr erschien eine Schrift von J. L. Heß, eine »Topographische, politische und historische Beschreibung« Hamburgs, in der der Beruf des Kaufmanns etwa so beschrieben wurde, wie Heinrich Floris Schopenhauer ihn selbst vorlebte, vorausschauend und mit Weitblick:

»Sein Auge war stets auf das Universum des Welthandels gerichtet, und seine Aufmerksamkeit auf die politischen Ereignisse, Zufälle und deren Folgen, oft bis zum Prophezeien, immer gespannt. Er kannte die jährige Ernte der, ihn nahe oder fern betreffenden Erdreiche, zuweilen in ihren genauesten Verhältnissen: er wußte nicht nur, was jeder Staat grade bedurfte, sondern auch oft, was er im künftigen Jahre bedürfen würde. Er verstand sich auf die herrschenden Charaktere der Nationen und ihrer Männer am Ruder nicht selten besser, als mancher politische Bücherwurm, kannte die Staatsfehler der angesehendsten Minister, wußte von wem sie gegängelt wurden...

Der erste Rang gebührt unstreitig dem allgemeinen Kaufmanne, dessen Geschäft mehrere Handlungszweige umfaßt. Er besitzt Geld, natürliche und erworbene Talente. Seinen Augen und seiner Geschäftigkeit steht das ganze Gebiet der Handlung offen. Es ist ein unruhiger, spähender Kopf, immer schwanger mit Speculationen, immer sorgsam, nie völlig sicher, dessen Geschäfte ihm sehr interessant sind, weil er sie sich meistens selbst geschaffen hat...«

Ein vornehmes Haus, ein vornehmes Leben...

Auch die nähere Umgebung, in der Arthur Schopenhauer heranwächst, ist vom Bürgerstolz des 18. Jahrhunderts geprägt. Wie das Geburtshaus in Danzig, so stellt sich auch das Bürger-

haus in Hamburg am Neuen Wandrahm als ein prunkvoll ge-
staltetes und eingerichtetes Patrizierpalais dar. Die vorläufige
Wohnung in den ersten drei Hamburger Jahren im Haus Alt-
städter Neuer Weg 76, in schlichterer Verfassung, war nur ein
Übergang.[21] Die Straße wurde überwiegend von gut situierten
Kaufleuten als Wohngegend genutzt. Im Vorderhaus war der
Geschäfts- und Wohnbereich untergebracht, ganz wie in den
Danziger Patrizierhäusern. Den Eingang bildete eine mit Mar-
morfliesen bedeckte, durch hohe Fenster und ein zusätzliches
Oberlicht über dem Portal hell erleuchtete Diele. Zum Eingang führte eine von zwei Brüstungen zu den Nebengebäuden
abgegrenzte Terrasse, der sogenannte Beischlag. Im Inventier-
buch des Hamburger Staatsarchives sind an weiteren Einzelheiten des Interieurs vermerkt: ein großer Fest- und Empfangssaal und eine Galerie, zehn Zimmer und Stuben, sowie vier
Kabinette und die gleiche Anzahl von Kammern, Deckenge-
mälde, Bett- und Wandschränke. Zur Inneneinrichtung gehörten ein Musikzimmer, die Bibliothek, eine Bildergalerie und
Skulpturen. Im Mittel- und Hinterhaus lagen die Böden mit
Speichern und Lagerkellern. Von der Elbe wurden die Waren
über Fleete auf Booten herangefahren.

Es erscheint dem heutigen Betrachter merkwürdig, daß weder die Mutter noch der Sohn in ihren Aufzeichnungen weder
die Danziger noch die Hamburger Wohnung erwähnen. Johanna erinnerte sich allein des Gesellschaftslebens, das für sie
Lebenserfüllung bedeutete, indem sie notiert: »Das Leben von
vierzigtausend Emigranten in Hamburg, gesellige Zustände,
Sitten, Gebräuche, wie sie vor fünfundvierzig Jahren dort noch
existierten, und allmählich im Lauf von zwölf Jahren sich um-
gestalteten.« Die Schwester Adele soll später einmal gesagt haben, daß man in dem großzügig gebauten Haus gesellschaftlich
»weit über seinen Stand« hinaus gelebt habe. Von der Mutter
ist über den vielseitigen gesellschaftlichen Umgang mit einer
Reihe berühmter Zeitgenossen etwas mehr zu erfahren. In ihren Lebenserinnerungen zählt sie die Namen der Zelebritäten
sorgfältig auf:

*17 Neuer Wandrahm Nr. 92: das Wohnhaus der
Schopenhauers in Hamburg.
Zeichnung von Theobald Riefesell*

»Klopstock, Domherr Meyer, Tischbein, Doctor Reimarus, Baron von Staël, Gemahl der berühmten Frau von Staël, Madame Chevalier, Professor Büsch, Graf Reinhard, Professor Meißner aus Prag, Feldmarschall von Kalckreuth, Lady Hamilton, Nelson.«

Von diesen Persönlichkeiten ist jedoch über ihre Beziehungen zu den Schopenhauers nichts überliefert. Das repräsentative Haus mag jedenfalls ein hinreichendes Interesse bei manchen Berühmtheiten ihrer Zeit geweckt haben, wie andererseits das gesellschaftliche Interesse Johanna Schopenhauers, gefördert durch ein angeborenes gesellschaftliches Talent, eine flüssige englische und französische Konversation und intellektuelle Aufgeschlossenheit den Gästen einen Besuch des Hauses hinreichend verlockend erscheinen ließ.

Wie weit Arthur an diesem gesellschaftlichen Leben Anteil genommen hat, ist nicht bekannt, aber es ist kaum wahrscheinlich, daß sein kindliches Gemüt der Etikette des Salons mehr als ein nur beiläufiges Interesse abgewinnen konnte. Vielleicht hat sich dieses Gesellschaftsleben eher befremdend auf den kindlichen Geist ausgewirkt, der die Wärme des familiären Heims vermissen mußte.

In der privaten Schule des Dr. Runge in Hamburg, einem von Söhnen wohlhabender Hamburger Bürger besuchten Erziehungsinstitut, soll er nun nach dem Willen des Vaters zum Kaufmann ausgebildet werden.

Seinem einzigen Wunsch, ein Gymnasium zu besuchen, um sich auf ein Studium vorzubereiten (das er später mit Vorlesungen der medizinischen Fakultät beginnen sollte), begegnete der Vater, dem eine Gelehrtenlaufbahn unzertrennlich mit eingeschränkten wirtschaftlichen Verhältnissen erschien, mit einer List, indem er den von der Reiselust gepackten Knaben vor die Wahl stellte, mit seinen Eltern eine längere Vergnügungsreise durch Europa zu unternehmen, um anschließend der kaufmännischen Lehre sich zu unterziehen – oder in Hamburg allein zurückzubleiben, sein Latein zu büffeln, um ein Gelehrter zu werden.

»Vom Vater hab ich die Statur,
des Lebens ernstes Führen,
vom Mütterchen die Frohnatur,
die Lust zu fabulieren.«

Wie Goethe sich in diesem Vierzeiler mit den ihm von seinen Eltern vererbten Erscheinungsbild und Charaktereigenschaften auseinandersetzt, so hat auch Schopenhauer später das Problem der Erbanlagen lange beschäftigt. In seinen Notizen über die Geheimnisse des Charakters erfahren wir dazu folgendes:

»Die Natur hat ein übriges getan, mein Herz zu isolieren, indem sie es mit Argwohn, Reizbarkeit, Heftigkeit und Stolz in einem der mens aequa des Philosophen fast unvereinbarem Maße bedachte. Vom Vater angeerbt ist mir die von mir selbst verwünschte und ... mit dem ganzen Aufwand meiner Willenskraft bekämpfte Angst, die mich zuweilen bei geringfügigsten Anlässen mit solcher Gewalt überfällt, daß ich bloß mögliches, ja kaum denkbares Unglück leibhaftig vor mir sehe. Eine furchtbare Phantasie steigert diese Anlage, manchmal bis ins Unglaubliche.

Jahrelang verfolgte mich die Furcht vor einem Kriminalprozeß wegen der Berliner Affäre, vor dem Verlust meines Vermögens und vor der Anfechtung der Erbteilung meiner Mutter gegenüber. Entstand in der Nacht Lärm, so fuhr ich aus dem Bette auf und griff nach Degen und Pistolen, die ich beständig geladen hatte. Auch wenn keine besondere Erregung eintritt, trage ich eine fortwährende innere Sorglichkeit in mir, die mich Gefahren sehen und suchen läßt, wo keine sind. Sie vergrößert mir die kleinste Widerwärtigkeit ins Unendliche und erschwert mir vollends den Verkehr mit den Menschen. Schon als sechsjähriges Kind fanden mich die vom Spaziergange heimkehrenden Eltern eines Abends in der vollsten Verzweiflung, weil ich mich plötzlich von ihnen für immer verlassen wähnte...«

Schopenhauer hat aber auch von der Strenge des Vaters berichtet, unter der er sehr gelitten hat: »Meinem Vater habe ich viel zu danken. Ich habe freilich schon viel in der Erziehung, durch die Härte meines Vaters, zu leiden gehabt...«

Seine Freunde und Feinde, Apostel und Kritiker, hatten viel zu erzählen von seinen Schwächen und Absonderlichkeiten, grotesken Vorkehrungen, seinem abgründigen Mißtrauen. Immer Unheil witternd, soll er jedesmal vor dem Briefträger erschrocken sein.

Umständliche Anweisungen in lateinischer Sprache in seinem Testament verrieten die Verstecke und Geheimfächer seines Schreibtisches, in denen er Wertpapiere und Aufzeichnungen vor Dieben und Neugierigen hatte schützen wollen.

Er war ein kluger Verwalter und doch ein Kind, weil er eben in die Welt »hineinschaut als in ein Fremdes, ein Schauspiel, daher mit rein objektivem Interesse«.[22]

Der Sommer des Jahres 1797 wurde für den jetzt neunjährigen Arthur von zwei bedeutenden Ereignissen geprägt. Als am 12. Juni 1797 seine Schwester Adele geboren wurde, empfand er es noch im Alter von 61 Jahren in der Erinnerung als ein aufregendes Erlebnis. Er schrieb damals nach ihrem Tod an deren Freundin Sibylle Mertens-Schaaffhausen: »Das Geburtsjahr meiner Schwester ist 1797, im Juni oder Juli. Das Datum weiß ich nicht, obwohl mir der Tag noch sehr lebhaft vorschwebt, wie der accoucheur, in meiner Gegenwart, meinen Vater, durch Rauchen unter dessen Nase, weckte und ich eine der neuen Schwester mitgebrachte große Tüte Marzipan erhielt.«

Das zweite Ereignis war eine Reise nach Frankreich in diesem Sommer, ein Land, in dem der Vater längere Zeit als junger Kaufmann gelebt hatte und dessen Sprache er fließend beherrschte. Arthur sollte das unvergleichliche Paris sehen und erleben und auch das Leben in einer anderen Kaufmannsfamilie mit einem etwa gleichaltrigen Sohn kennenlernen.

Le Havre – die glücklichste Zeit

Über seinen zweijährigen Aufenthalt bei der französischen Kaufmannsfamilie Grégoire de Blésimaire hat Arthur gesagt, es sei die glücklichste Zeit seiner Jugend gewesen. Das kann bedeuten, daß er zum ersten Mal in seinem Leben zusammen mit einer intakten Familie und einem gleichaltrigen Spielgefährten die Nestwärme eines anheimelnden Zuhauses erleben durfte. In Hamburg war die junge Mutter mehr mit gesellschaftlichen und literarisch-künstlerischen Gedanken beschäftigt, als daß sie sich um den kleinen Arthur, der eben den Kinderschuhen entwuchs und von seinen Kindermädchen verwöhnt wurde, viel hätte kümmern können oder wollen. Das Haus am Neuen Wandrahm, ein Stadtpalais, das sich in der Beletage mit offenen Flügeltüren dem Glanz der vielen Feste öffnete, glich in den zahlreichen Gemächern und Etagen mehr einem Labyrinth, dem man am liebsten entfliehen würde, wenn man es nur könnte. Das »Sesam öffne dich« tat sich für Arthur in ungeahnter Schnelle auf, als gleich nach der Geburt seiner kleinen Schwester Adele die Eltern sich entschlossen, ihn für einige Zeit in die Obhut eines Geschäftsfreundes nach Le Havre zu geben, wo er die französische Sprache erlernen konnte, die der Vater und die Mutter so perfekt beherrschten, daß sie sich zuweilen scherzhaft darin verständigten und der Vater seinem Sohn nach Le Havre Briefe auf Französisch schrieb, um den Fortschritt seiner Sprachkenntnisse zu prüfen und ihn anzuregen, in der gleichen Sprache zu antworten. Diese Briefe Arthurs, die näheres über seinen Aufenthalt in Le Havre hätten berichten können, sind leider verschollen, vielleicht absichtlich vernichtet. Eigentlich ist er von seinem Zuhause in Hamburg fortgeschickt worden in die Ferne und Fremde, die er andererseits bewußt oder auch nur im Unterbewußtsein suchte und schließlich in glücklicher Erfüllung finden sollte.

Mit der Geburt seiner Schwester findet ein plötzlicher Wandel statt. Die Mutter fühlte sich durch die Anwesenheit Arthurs

18 Le Havre: Hafenansicht. Original im Besitz des Musée des Beaux, Le Havre. »In jener freundlichen an der Meeresküste und der Seinemündung gelegenen Stadt verlebte ich so den weitaus frohesten Teil meiner Kindheit. Nach einem mehr als zweijährigen Aufenthalt ... fuhr ich allein zu Schiff nach Hamburg zurück.« (A. S.)

gebunden, und mit der Ankunft eines neuen Familienmitgliedes mußte diese Bürde um so schwerer wiegen. Es ist das plötzliche Verdunkeln einer Szene, die sich hier auf der Bühne der Familie Schopenhauer in Hamburg abspielt, ein abrupter Bildschluß, der sich mit neuen, nicht weniger dramatischen Szenen erst wieder nach einer zweijährigen »Spielpause« öffnen sollte.

Der französische Geschäftsfreund wird nicht viel gefragt haben, weshalb die Schopenhauers ihren kleinen Arthur seiner sorgsamen Obhut anvertrauen mochten. Kinder aus den Familien der Großkaufleute wurden nicht selten zu befreundeten Familien anderer Nationalität in Pension übergeben, um die fremde Sprache zu erlernen. So ist es auch dem Danziger Bierbrauer- und Kaufmannsohn Johannes Hevelke ergangen, der in Gondecz bei Bromberg spielend als Vierzehnjähriger die polnische Sprache erlernte, um später halb Europa zu bereisen, England und Frankreich eingeschlossen, und als Astronom bekannt wurde. Von seinem Observatorium auf Pefferstadt in Danzig stellte er säkulare Beobachtungen an, an denen er seinen königlichen Besucher Johann III. Sobieski teilhaben ließ.

Um eine Fremdsprache zu erlernen, bedarf es keiner zwei Jahre, auch nicht, um »im Buch der Welt« zu lesen, denn dafür war die Hafenstadt an der Seinemündung wohl weniger geeignet, als die Reisen, die Arthur wenige Jahre später viele Länder Europas in einer wiederum fast zweijährigen Abwesenheit von Hamburg erschließen sollten. Das einzig epochale Ereignis, dessen sich die Seestadt an der normannischen Küste erfreuen durfte, war ein Blitzbesuch Napoleons, der im Krieg mit England eine Invasion der britischen Insel vorbereitete. In Le Havre inspizierte er die Werften, um für das Invasionsheer die nötigen Landungsschiffe bauen zu lassen.

Die Eltern Arthurs gerieten in große Sorge um das Wohlergehen ihres Sohnes, aber Arthur bemerkte den großen Korsen gar nicht.

Napoleon siegte gerade bei Abukir und hatte sich etwas anderes einfallen lassen, als die »splendid isolation« Großbritanniens zum gegenwärtigen Zeitpunkt aufzubrechen.

Auf den Spuren von Antonius und Kleopatra wandelte er am Nil, Sphinxe und Pyramiden bewundernd. Aber auch Hamburg stand auf seinen Generalstabskarten schon als kommende französische Enklave verzeichnet. Dieser Entwurf sollte dann auch in nicht mehr allzu langer Zeit in die Tat umgesetzt werden. Eigentlich war Le Havre für Arthur die zweite Rochade in seinem jungen Leben, nach der Emigration von Danzig, dessen republikanischer Stolz aus einer mehr als dreihundertjährigen Selbständigkeit als Stadtrepublik dem »höheren preußischen Bewußtsein« zum Opfer fallen mußte, als die sogenannte Schutzmacht Polen 1795 zum dritten Mal unter die Sieger aufgeteilt wurde. Arthur erlebte mit seinem geliebten Le Havre eine zweite äußere Emigration. Innerlich war es wohl eher eine Heimkehr in eine kleine, vom Leid und Elend der Welt ferne, umsorgte und geschützte Bannmeile familiärer und freundschaftlicher Geborgenheit. Ja, er wäre auch nach zweijähriger Trennung von seinen Eltern, von Hamburg, das er nie als eine neue Heimat empfand, viel lieber in Le Havre geblieben, als in die strenge Obhut eines patriarchalischen Vaters zurückzukehren, wo ihn eine ungewisse Zukunft erwartete.

Die einzigen erhaltenen Briefe der Mutter und des Vaters an Arthur in Le Havre scheinen mir wert, in ihrem vollen Wortlaut wiedergegeben zu werden, weil sich aus ihnen einiges Wissenswertes über Arthurs letztes Jahr (1799) seines Aufenthaltes dort erfahren läßt.

Johanna Schopenhauer schreibt am 8. April aus Hamburg an Arthur:

»Mein guter lieber Arthur.

Dein Vater hat Deinen letzten Brief erhalten, und wir haben uns alle beyde gefreut daß er so gut geschrieben ist, einige kleine Fehler sind zwar noch darinnen, aber Rom ist nicht an einem Tag gebaut, ich hoffe, Du wirst von Zeit zu Zeit einen nach dem andern ablegen, und mir zuletzt immer mehr Freude machen. Mache nur jetzt noch guten Gebrauch von der Zeit, denn, wie ich Dir schon in meinem letzten Brief schrieb, Du wirst nicht mehr lange in Frankreich seyn. Dein Vater erlaubt

Dir die elfenbeinerne Flöte für einen Louis'dor zu kauffen; ich hoffe daß Du einsiehst, wie gut er gegen Dich ist, er bittet sich dagegen aus, daß Du Dir das Einmaleins recht angelegen seyn läßt. Das ist nun wohl das Wenigste was Du thun kannst, um ihm auch zu zeigen, wie gerne Du alles thust was er wünscht. Ich bin heute sehr traurig, mein guter Arthur, es sterben jetzt so viele Leute in Hamburg, ich habe diesen Winter schon so viele Bekannte verloren, und heute früh ist meine gute Freundin Mlle. Peterssen gestorben, Du hast sie wohl gekannt, ihre Eltern wohnen uns schräge gegenüber, heute 8 Tage war sie noch bey mir lustig und froh, Mittwoch hat sie das Scharlachfieber gekriegt, und ist heute nacht gestorben.

Auch Dir, mein Arthur, habe ich einen Verlust anzukündigen, der Dich gewis betrüben wird, Dein guter Freund Gottfried, er ist wieder sehr krank geworden, 14 Tage hat er gelegen, man glaubt er hat mit andern Knaben, im Spiel oder im Streit, einen unglücklichen Schlag gekriegt, er ist fast gar nicht zum Bewußtseyn gekommen, und hat allso nichts sagen können. Auch er ist schon 8 Tage glücklicher als wir alle, er ist auch gestorben. Dein Brief an ihn, mein lieber Junge, kam zwey Tage nach seinem Tode an.

So hast Du denn schon Deinen liebsten Spielkameraden verlieren müssen. Es ist immer gut, lieber Arthur, wenn man sich auch schon in Deinen Jahren an den Gedanken gewöhnt, daß man das was man am liebsten hat so leicht verlieren kann, und daß die Dauer unsers eignen Lebens so unsicher ist. Die arme Doktorin [23] dauert mich am meisten, sie ist erstaunend traurig. Wir in unserm Haus sind alle gesund, Dein Schwesterchen ist munter wie ein Fisch.

Lebe wohl, mein guter Arthur. Schone Deine Gesundheit, daß ich Dich froh wiedersehen möge.

J. Schopenhauer.«

Die einem Brief vom 21. Februar 1799 des Jugendfreundes Gottfried Jänisch an Arthur beigefügten Zeilen des Vaters lauten:

»Mein lieber Arthur hierbey erfolgt ein Brief von der Mutter und wenn Du ihr mit der allerersten Post schreibst, dann könnte Dein Brief noch wohl sie hier finden, da sie in der Mitte des Aprils zuerst nach Dantzig verreisen wird übrigens soll auch an deine Rückkunft gedacht werden und bitte ich mir brav das Einmaleins in französischer Sprache zu lernen, auch Herrn und Mad Gregoire vielmahl zu grüßen.

HFS.«

Ein Brief des Vaters an seinen Sohn Arthur ist vom 2. August 1799 datiert und auf Französisch geschrieben. Heinrich Floris Schopenhauer bedankt sich darin für Arthurs Brief vom 20. Juli, der große Freude bereitet habe, denn die Eltern sehnen jetzt seine Rückkehr herbei und sind in Sorge wegen der in diesen unruhigen Zeiten bedrohten Reiseroute, sowohl zu Lande als auch über See. Es sei doch ein Glück, daß er sich nicht auf der »Barbara« eingeschifft habe, von deren Schicksal bisher jedenfalls nichts zu erfahren gewesen sei. Geschäftsfreunde in Paris seien verständigt, ihn bis dorthin zu geleiten, von wo aus der Landweg dann nach Hamburg sich anbiete. Die väterliche Sorge ist groß, wenn er schreibt:

»Gebe Gott, daß alles gut geht, aber setze dich nur ja keiner Gefahr aus, selbst wenn deine Abreise sich noch verzögert. Ich soll dir tausend Küsse von deiner Mutter bestellen, und sende dir jetzt auch den Brief den sie für dich geschrieben hatte als ich dich schon unterwegs glaubte.

Ich umarme dich von ganzem Herzen. (›Je t'embrasse du fond de mon ame adieu‹)

Schopenhauer«

Der letzte nach Le Havre frankierte Brief aus Hamburg ist vom 9. August datiert, also nur eine Woche später, wieder in Sorge um den Rückweg, diesmal sei es jedenfalls »bedenklich und zu spät zur See zu retourniren«, aber Geschäftsfreunde seien bereit und guten Willens, ihn von Paris auf der Rückreise mitzunehmen.

»Ich hoffe und wünsche sehr daß endlich dieses würklich die Gelegenheit sey mit welcher du zurückkommst, und hat mir die Mama aus Dantzig aufgetragen Dir hertzlich zu grüßen. Ich umarme Dir in Gedanken und bin allwege Dein

guter Vater Schopenhauer.«

Über seinen Aufenthalt in Le Havre zieht Arthur eine durchaus positive Bilanz, in der Stolz und das Selbstbewußtsein zum Ausdruck kommen, in diesem über zweijährigen Zeitraum gereift zu sein: »In jener freundlichen an der Seinemündung und der Meeresküste gelegenen Stadt verlebte ich so den weitaus frohesten Teil meiner Kindheit. Nach einem mehr als zweijährigen Aufenthalt vor Vollendung meines zwölften Jahres fuhr ich allein zu Schiff zurück. Unbändig freute sich mein guter Vater, als er mich plaudern hörte, wie wenn ich ein Franzose wäre: die Muttersprache dagegen hatte ich dermaßen verlernt, daß man sich darin mir nur mit größter Schwierigkeit verständlich machen konnte.«

Beobachtungen auf seiner Seereise hat Arthur in Briefen an seinen in Le Havre zurückgebliebenen Freund Anthime lebhaft und anschaulich geschildert, die jedoch nur in den Antwortbriefen des Freundes erhalten sind: »Du hast mich zum Lachen gebracht, wie Du mir von Deiner Dame mit dem Schnurrbart erzähltest, Du hättest wie Cook auf seinen Reisen ihr Portrait machen sollen ... der kleine Lotse mit dem kurzen Rock muß sehr komisch anzusehen sein, vor allem der Kopf.«

Die Eltern hatten sich nach längerem Abwägen des Für und Wider einer Rückreise durch das von bürgerkriegsähnlichen Zuständen zerrüttete Frankreich oder einer Seereise durch den von der englischen Flotte beherrschten Ärmelkanal für letzteres entschieden. Frankreichs unsichere Lage war von marodierenden Banden gekennzeichnet, die nicht selten Reisekutschen ausraubten oder Polizeistationen stürmten.

Es war für Arthur eine neue Erfahrung, mehr als eine Woche ohne Begleitung durch Eltern oder Geschäftsfreunde auf den schwankenden Planken eines einmastigen Segelschiffs zu verbringen. Diese Seereise als Abschluß der in noch kindlichem Bewußtsein verlebten Jahre in Le Havre ließen ihn den Trennungsschmerz von seinen Zieheltern wenn auch nicht vergessen, so doch leichter ertragen. Die Türme von Hamburg begrüßten einen jungen Mann, der ein kleiner Franzose geworden zu sein schien, im Herzen aber froh war, wieder in den Schoß der Familie zurückzukehren. In seinem unsichtbaren Reisegepäck führte er die mit dem Flötenspiel erwachte Leidenschaft für die Musik mit nach Deutschland.[24] In seinen späteren Jahren bemerkte er über die kindliche Reise nach Le Havre und die viel gefährlichere Rückfahrt über See ironisch-distanziert, auch das von den Eltern unternommene Wagnis kritisch kennzeichnend: »Nicht Jünglinge dürfen reisen, für sie ist das Reisen gefährlich, wohl aber Kinder und weltkundige Männer.«

Mit seinem Freund Anthime verband Arthur nach dem Tod des Vaters und der Übersiedlung der Mutter nach Weimar im Jahre 1806 ein lebhafter und anhaltender Briefwechsel. Anthime lebte zu dieser Zeit im Hause des Pastors Johann Heinrich Hübbe in Allermöhe bei Hamburg, um die deutsche Sprache zu erlernen. Aus dieser Zeit ist ein Konvolut von Briefen Anthimes an Arthur erhalten. Anfang 1807 zieht Anthime dann nach Hamburg um, wo er mit Arthur zusammen in der Pension Gisbert Willinks wohnt. Sie besuchen gemeinsam Vorstellungen des französischen Theaters und lösen sich von der Monotonie bürgerlichen Lebens, indem sie sich kopfüber ins Hamburger Vergnügungsleben stürzen.

In einem Brief von Colette Grégoire an Arthur, nicht lange nach seinem Abschied von Le Havre, heißt es mütterlich mitfühlend und herzlich: »Pflege, mein guter Freund, auch recht die verschiedenen Lehren, die du schon empfangen hast; du wirst bald ein interessanter Mann werden... erhalte auch dein gefühlvolles Herz, wovon ich dich bei Gelegenheit Beweise habe geben sehen... Wir sprechen oft von dir. Dein Kamerad Anthime liebt Dich sehr.«[25]

Nach seiner Rückkehr aus Le Havre besuchte Arthur die pri-

111

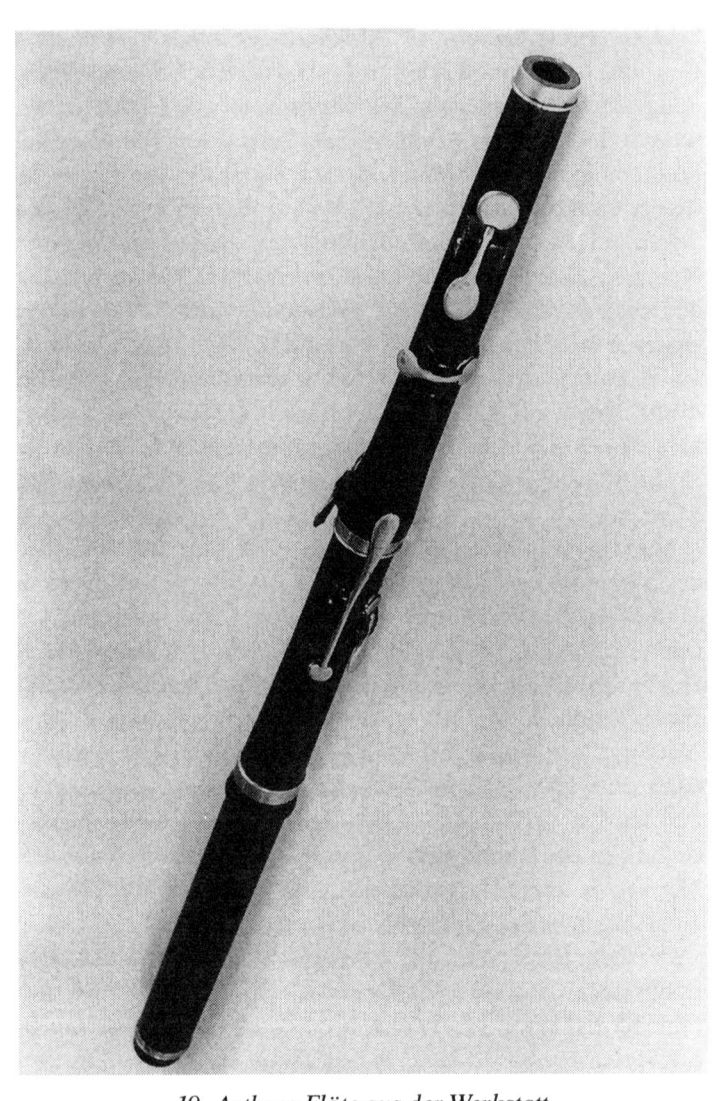

*19 Arthurs Flöte aus der Werkstatt
des Wiener Instrumentenmachers Stephan Koch*

vate Schule des Dr. Runge in Hamburg, die bevorzugt von den Söhnen wohlhabender Eltern besucht wurde: »Unter der Leitung dieses vortrefflichen Mannes lernte ich Alles gründlich was einem Kaufmann von Nutzen ist und dem Gebildeten wohl ansteht. Dem Lateinischen aber wurde nur eine einzige Stunde in der Woche und auch das nicht ernstlich, nur zum Schein, gewidmet«, schreibt er im Rückblick auf die Lehrjahre in Hamburg in seinem Lebenslauf.

Der Unterricht wurde in zwei Kursen abgehalten, einem für die jüngeren und einem zweiten für die älteren Schüler. In einem den Eltern seiner Schüler vorgelegten Bericht mit dem Titel »Über meine Schulanstalt« gewährt Dr. Runge näheren Einblick in den Unterrichtsplan im einzelnen: nach diesem Stundenplan konnte Arthur vormittags von 9–12 und nachmittags von 3–5 Uhr am Unterricht teilnehmen. Mittwoch- und Sonnabendnachmittags war schulfrei.

»Die Unterrichtsfächer waren Latein, Französisch, Deutsch in den Sprachen, wöchentlich je zwei Stunden. Denkübungen und Naturgeschichte ebenfalls zwei Stunden. Geschichte und Religion wöchentlich vier und Geographie und Topographie wöchentlich sechs Stunden. In der Oberstufe traten zwei Stunden Englisch anstelle der Topographie und für die Denkübungen zwei Stunden Mathematik.«

Dem Rungeschen Lehrinstitut hat Arthur sich nicht anpassen können oder wollen, denn er hatte wenig Lust, sich auf den Kaufmannsberuf vorzubereiten. Selbst seine Lehrer hielten ihn für begabt genug, ein Studium zu beginnen. So bedrängte er den Vater, ihm den Weg zur Vorbereitung auf eine Gelehrtenlaufbahn freizugeben.

III. Lehr- und Reisejahre I

Die Reise nach Carlsbad, Dresden und Berlin

Es ist der 16. Juli mittags gegen 12 Uhr, als die kleine Reisegesellschaft bei ziemlich trübem Wetter sich über die Elbe in
einer Fähre setzen läßt. Am Abend erreichen sie bereits Lüneburg, das kaum einen besonderen Eindruck machte, außer daß
man alte gotische Gebäude sah. Auf dem Weg nach Hannover
gab es einen Radbruch in Celle, der ihnen Gelegenheit gab, die
Merkwürdigkeiten des Örtchens zu besichtigen. Im Schloß sahen sie die Zimmer, in welche die unglückliche Königin Ma-
thilde geschickt wurde, weil sie im Verdacht des Ehebruchs mit
einem Altonaer Predigersohn namens Struensee stand, und das
Bett, in dem sie ihrem Leben wahrscheinlich durch Gift ein
Ende setzte.

Bei der Abfahrt ereilte die Schopenhauers noch einmal das
Unglück, als ihnen ein Rad vom Wagen abfiel, und ein drittes
Mal, als sie erst ein paar Schritte gefahren waren. Der Schmied
wurde nochmals geholt, und erst nach Stunden war der Wagen
abfahrbereit. Die nächste Etappe war Hannover, wo gerade
das Fest der glücklich überstandenen Todesgefahr des Königs
gefeiert wurde. Eine besondere Sehenswürdigkeit war der
Herrnhauser Garten, noch nach altmodischer Art eingerichtet, doch sehr gefällig mit einer Orangerie, die aus 200 alten
Bäumen besteht, die im Winter in einem schönen Saal mit marmornen Büsten der alten Griechen und Römer aufgehoben
werden. Der Garten ist mit Grotten, Kaskaden, wasserspeien-
den Statuen und vielen Fontänen geschmückt, worunter eine,
die für die Schönste der Erde gehalten wird, eine Wassersäule
bildet, die 80 Fuß hoch ist. Auf der Rückfahrt nach Hannover
wird der Garten des Grafen von Valmoden besichtigt. Von
Hannover geht die Reise über Brügge und gebirgige Landschaft nach Nordheim und Göttingen.

Arthurs erstes Reisetagebuch zeichnet sich zunächst noch
durch emsiges Bemühen aus, die beobachteten Ereignisse in
aufeinanderfolgenden Notaten sorgfältig zu beschreiben. Das
Göttinger Museum hält eine besondere Sensation für den jun-

gen Arthur bereit. Es sind die Exponate, die Kapitän Cook von den Südseeinseln auf einer seiner Weltumsegelungen mitbrachte. Fischergeräte von Tahiti, Putz, worunter der hübscheste ein Halsband von roten Federn ist, dann Waffen aus feinem Holze oder einen Helm von roten Federn. Auch die Tracht der Eingeborenen, aus Kokosfasern und Baumrinde gemacht, erweckt sein besonderes Interesse wie auch eine hölzerne Figur, ausgestopfte Vögel, ein Krokodil, eben im Begriff aus dem Ei zu kriechen. Die Göttinger Bibliothek ist ein großer Saal, dessen Wände alle mit Büchern bedeckt sind, alles in allem über 20 000 Exemplare. Zum Abschluß wird der Botanische Garten in Eile besichtigt mit dem Treibhaus mit ausländischen Gewächsen und einem Pisang-Baum.

Am Abend des 23. Juli erreichen sie Kassel und besichtigen am folgenden Tage zugleich Schloß und Garten von Weissenstein, die Wilhelmshöhe. Das Schloß und der winterliche Garten erwecken das besondere Interesse mit der hohen Bildsäule des Herkules, den Wasserfällen und Kaskaden. Die Schweizer Kaskade besteht aus einer Menge aufeinander getürmter Felsenstücke, von schäumendem Wasser durchströmt, gewährt sie »einen ganz unbeschreiblichen Anblick«.

Eine außergewöhnliche Kuriosität eines Echos gewährt der Königsplatz, dessen ihn umgebende Häuser von Quadersteinen im neuesten Geschmack gebaut sind. »In der Mitte ist eine Säule. Wenn man dicht an dieser Säule steht und, selbst vielsilbige, Wörter ausruft, so höhrt man sie vom Echo vier Mal, und bei stillem Wetter wohl sechs Mal sehr deutlich wiederhohlen.« Eine ähnlich eingehende Würdigung wird in Arthurs erstem Reisejournal dem noch größeren Friedrichsplatz zuteil, der unübersehbar vom Gebäude des stattlichen Museums und der in seiner Mitte aufragenden marmornen Bildsäule des regierenden Landgrafen beherrscht wird. Natürlich werden das Museum und dessen Waffen- und Uhrensammlungen nicht ausgelassen und bestaunt, mehr noch die Elfenbein- und Bernsteinabteilungen, andere mit Statuen und Mineralien und ausgestopften exotischen Tieren und eine Kollektion sehr merk-

20 Residenzstadt Kassel

würdiger Bücher. Was es mit ihnen auf sich hat, beschreibt Arthur geradezu mit akribischem Eifer: sie enthalten die Naturgeschichte aller Bäume, die in Hessen vorkommen.

»Diese Bücher sind von Holz u. hohl; der Rücken ist von der Rinde, und die Seiten sind von dem Holze des Baumes der beschrieben werden soll. Im Buche liegt ein Zweig desselben, auch ein Blatt, die Blüte, Knospe u. Frucht alles sehr täuschend von Wachs nachgemacht.«

Am Sonntag, dem 27. Juli, sucht Arthur mit seinen Eltern den Paradeplatz auf, den er anschaulich beschreibt und dabei betont, daß er an Schönheit die anderen Kasseler großen Plätze übertreffe. Sie erleben eine gerade stattfindende Parade und haben »die Ehre den Landgrafen zu sehn«.

Am Montag wird die Reise nach Eisenach fortgesetzt, das, von allen Seiten mit Bergen umringt, die berühmte und im elften Jahrhundert erbaute Wartburg als Wahrzeichen aufweist.

Drei Orte, die sie auf dieser Reise aufsuchen, sind es, die in seinem späteren Leben, nach nur wenigen Jahren, eine für

118

seine Entwicklung vom jungen Weltbürger zum Philosophen und endlich Berufenen eine bedeutende Rolle spielen werden: Weimar, mit Fernow, Passow und Goethe, Gotha mit F. W. Doering und Jacobs, wo er mit Goethes »Wilhelm Meister« und »Hermann und Dorothea« Eingang in weite Bereiche deutscher Dichtung fand – und Göttingen, das jetzt hinter ihnen liegt, das er aber als junger Medizinstudent, befreit von der Bürde eines ungeliebten Kaufmannslebens, bald wiedersehen wird, wohl auch in Erinnerung an die in Hamburg einst heimlich anvisierte Schädellehre...[26]

In seinem 1819 verfaßten Lebenslauf schreibt er über diese Lehrzeit als Autodidakt: »Von Wissensdurst getrieben, habe ich in unermüdlichem Fleiße, mit Mühe und dem größten Eifer, angespannt und sogar ängstlich darauf hingearbeitet, die Lücken der vergangenen Zeit auszufüllen... So verbrachte ich zwei Jahre in Weimar, nach deren Ablauf meine Lehrer mich für die Universität reif erklärten. Der Wahrheit gemäß darf ich, obwohl es wundernehmen mag, bekennen, daß ich damals alles in früherer Zeit Versäumte in zweiundeinemhalben Jahre wieder eingeholt habe...«

In Karlsbad, dem eigentlichen Ziel der Bäderreise, halten sich die Schopenhauers, die Sommerferien in vollen Zügen genießend, vom 5. bis zum 28. August auf. Arthur skizziert in nur wenigen Strichen die kleine, unbefestigte Stadt, in der es eigentliche Wirtshäuser nicht gab, »denn alle Häuser führen ein Schild u. man logirt immer bei den Bürgern der Stadt, welche auch darauf eingerichtet sind«. Das wichtigste aber sind die Brunnen, der Sprudel, der Neubrunn, dann der Schloßbrunn, dann endlich, als der schwächste, der Theresienbrunnen. Die Karlsbad umgebenden Berge laden zu Spaziergängen ein und zu Ausflügen, beispielsweise zum »Hirschsprung«, von dem eine Sage über die Entdeckung einer heißen Quelle berichtet.

Von Karlsbad aus reisen sie tiefer in das böhmische Land hinein und erreichen nach zwei Tagen gegen Mittag Prag, mit seinen prächtigen Palästen. Und da Arthur auf seiner ersten Auslandsreise nach Le Havre auch Paris kennengelernt hatte, stellt er einen Vergleich mit der französischen Hauptstadt, der Seinemetropole an; die große Ähnlichkeit beruhe hauptsächlich auf sehr allgemeingültigen Ansichten: »die Häuser sind weiss wie dort, die Strassen ebenso kothig, auch sieht man hier wie dort die Fiaker dutzendweise auf den Gassen warten«. Einen besonderen Unterschied hebt er hervor, der auf eine gewisse Eitelkeit in der Titelsucht abhebt, denn außer den niederen Klassen heißen hier Herr und Madame, alle Ihro Gnaden, Exzellenzen und so weiter... Die prächtige, dem Hlg. Nepomuk geweihte Moldaubrücke ist »unübersehbar lang, u. so breit, dass drey Wagen sich darauf vorbey fahren können«.

Ein Besuch der alten Przemylidenburg,[27] des Hradschin, wird mit dem Ausdruck beredten Staunens kommentiert. Bei der Betrachtung einer Portraitgalerie im Schloß besticht ihn das Gemälde des faulen Wenzel, Königs von Böhmen, und das seiner »so berüchtigten Maitresse«. In der Schloßkirche werden pflichtgemäß die Särge der böhmischen Könige erwähnt und zwei silberne Särge mit den Körpern des St. Johannes und dem des St. Nepomuk, »den der faule Wenzel in die Moldau werfen ließ«.

Die Weiterreise nach Dresden führt über »die erbärmlichsten Wege«, die voll großer Felsensteine lagen, am Ufer der Elbe und dem schroffen Felsen »Schreckenstein« vorbei, um am Abend »mit zerstoßenen Rippen« endlich auf gemächlicheren Bahnen nach Dresden zu gelangen.

Auf ihrer kleinen mitteleuropäischen Rundreise finden die Schopenhauers sich wiederholt in der unmittelbaren Nähe von Potentaten, Fürsten oder Königen, eben auch von Geistesgrößen, wie zum Beispiel Schiller in Weimar. In der sächsischen Hauptstadt besuchen sie zuerst am Sonntagvormittag die katholische Hofkirche (von Chiaveri 1738–1755) zu einem Kirchenkonzert in Anwesenheit des Kurfürsten von Sachsen, der mit seinem Hofstaat nebst seiner Familie und dem Kurfürsten von Trier dicht an ihnen »vorbeidefiliert«. Arthur ist von der Kleidung fasziniert und beschreibt sie in allen Einzelheiten, findet den Aufzug jedoch äußerst altmodisch: »die Herren in seidnen mit Gold gestickten Kleidern, Haarbeuteln, Degen, Cha-peau-bas, die Damen mit gewaltigen Reifröcken, hohen Fri-suren, u. nadelspitzen Taillen, liessen sich von Bedienten u. Pagen die Schleppe tragen.« Unter der Dienerschaft des Kurfürsten fallen besonders zwei martialische Leibwächter auf, »so groß, daß sie in sehr wenig Türen aufrecht stehen kön-nen«, in türkischer Tracht gekleidet.

Anschauliche Bilder im Reisejournal

Die konkrete Anschaulichkeit des von Arthur gezeichneten, wie über einer Bühne sich bewegenden Auftritts ist erstaunlich und läßt erkennen, daß sein Auge in der Lage ist, die unge-wöhnliche Szene zu betrachten und literarisch umzusetzen. Die schriftstellerisch begabte Mutter wird hier vielleicht ein wenig Hilfestellung geleistet haben, mindestens wohl, indem sie ihn angeregt haben mag, das farbenprächtige Bild in sein Reise-journal aufzunehmen.

Der Dresdener Zwinger wird am nächsten Tag aufgesucht und eingehend besichtigt. Gegen Abend suchen sie die Kunst-sammlungen auf und sehen den Antiken-Saal bei Fackelschein, »weil die Statüen sich dann wegen des Schatten und Lichts bes-ser ausnehmen«.

Das grüne Gewölbe bezeichnet Arthur als den größten Schatz der Welt, begeistert von dem Feuerwerk der Kunstge-genstände von Bronze, Elfenbein, »eine Menge Kostbarkeiten von denen man ganz betäubt wird«, ein Kamin aus Marmor mit Gold und Edelsteinen beschlagen, Gefäße von Gold und Silber mit Edelsteinen, schöne Perlen, ein ägyptischer Altar, »alles von Gold und Edelsteinen etc. – Man sieht endlich so viel Kost-barkeiten, daß man nicht den zwanzigsten Theil davon behal-ten kann, u. wenn man heraus kommt, wundert man sich dass die Straßen u. Häuser nicht von Gold sind.«

Weitere Ziele in Dresden sind die Gemäldegalerie und der

21 Das Belvedere auf der Brühlschen Terrasse in Dresden

Brühlsche Garten, aber auch die Umgebung Dresdens, einer Park- und Gartenlandschaft zu vergleichen, mit einem so milden Klima, daß der Frühling hier zur gleichen Zeit einzieht wie im Neckartal. Schloß Pillnitz, Tarant, das, von Bergen umgeben, die Kurgäste zu Spaziergängen auf eigens angelegten Promenaden einlädt.

Dresden sollte Arthur noch einmal auf der Europatour 1804 wiedersehen, und nach Studienjahren in Berlin schrieb er nach seinen Gesprächen mit Goethe hier die berühmte frühe Schrift »Über das Sehn und die Farben« und den Entwurf und die erste Fassung seines Hauptwerkes »Die Welt als Wille und Vorstellung«.

Bei dem Besuch des Japanischen Palais (1715) reflektiert Arthur über den berühmten »Böttger«, »der die Kunst Gold zu machen erfand«, dabei aber natürlich scheitern mußte, und den Kurfürsten, der ihn einsperren ließ, mit der Erfindung des Porzellans befriedigte. Auch die Rüstkammer mit der Waffensammlung und die Skulpturensammlung werden besichtigt und das Gesehene in das Reisejournal aufzunehmen für wert befunden.

Einen ganzen Tag widmen die Schopenhauers dem Besuch der Festung Königstein, »als eine der stärksten Festungen der Welt berühmt«, trägt Arthur mit Stolz auf diese ergiebige Exkursion in sein Tagebuch ein. Sie werden von einem Wachtmeister auf allen Mauern herumgeführt, in die Kasematten eingelassen und in das Zeughaus geführt, »welches nichts Merkwürdiges enthält«, befleißigt Arthur sich zu vermelden. Viel interessanter erscheint ihm der Königsteiner Brunnen, der wieder ein kleines Wunder darstellt, das mit dem Adjektiv »berühmt« versehen wird. Die Tiefe von 900 Ellen wird ihnen in der Weise vorgeführt, indem man an der Tonne, mit der man Wasser schöpft, »einen Kronleuchter befestigte, dessen Lichter uns, als er unten war, nur noch als kleine Funken schimmerten«.

Beim Abschied vom »lieben Dresden«, das in einer »bezaubernden Gegend« liegt, werden auch die Einwohner einer kleinen Würdigung unterzogen, da sie doch bemerkenswert altmodisch seien, im ganzen aber hier ein sehr angenehmer Ton herrsche und jeder sich einen Weinberg halte, »wie anderwärts ein jeder seinen Garten hat«.

Von der lieblichen Landschaft Sachsen fällt es ihnen schwer, sich zu trennen, um die »Sandwüsten Brandenburgs« zu entdecken, des großen Königs Streusandbüchse. Von der gewöhnlichen Poststraße weicht die Reisegesellschaft der Familie Schopenhauer für einen Tag ab, um in Zossen Freunde aufzusuchen.

Berliner Salons und Bühnen

Mit der Aufklärung und der frühen Romantik blüht die Hauptstadt Preußens zu einem vielbeachteten Hain geistigen Lebens auf. Der seit 1797 regierende Preußenkönig Friedrich Wilhelm III. stellt sich der Reformpolitik des Freiherrn von Stein nicht in den Weg. Eine Geistesfreundschaft verbindet die in unglücklicher Ehe lebende Brendel Veit mit Wilhelm von Humboldt. Wilhelm von Humboldt ist seinerseits mit dem Goethekreis in Weimar verbunden. Diesem »Tugendbund« gehört auch Henriette Herz zu. Im literarischen Salon von Henriette Herz begegnet Brendel Veit Friedrich Schlegel. Gemeinsam suchen sie 1799 in Jena Schiller auf. 1800, als die Schopenhauers in Berlin ankommen, erscheint der erste Band von Brendel Veits Roman »Florentin«.

Im bekanntesten der literarischen Salons, dem der Rahel Levin, der späteren Gemahlin des Schriftstellers Varnhagen von Ense, verkehrten die beiden Schlegel, Wilhelm von Humboldt, Fichte, Schleiermacher, Louis Ferdinand, Heinrich von Kleist und Heine. Rahel Levin wurde von Goethe als eine Frau von großem Gemüt und umfassendem Geist bewundert.

Den Schopenhauers, die sich schon in ihrem Hamburger Haus am Neuen Wandrahm auf einen gesellschaftlichen Anspruch berufen konnten, bleibt dieser gesellschaftliche Glanz natürlich nicht verborgen. Ein Vergleich mit den Berliner Salons zu ziehen wäre abwegig, weil die bedeutenden Persönlichkeiten des literarischen Lebens, mit einigen Ausnahmen wie Lessing und Klopstock, nicht gegenwärtig waren. Aber nur wenige Jahre später wird der Salon der Hofrätin Schopenhauer in Weimar zu einer geistigen Begegnungsstätte, die Goethe regelmäßig besuchte.

Für Arthurs Reisejournal waren solche Aspekte kein Gegenstand der Erwähnung. Das soll nicht heißen, daß die Schopenhauers nicht am kulturellen Leben Berlins teilnahmen. Arthur vermerkt Theaterbesuche an jedem Abend und kritisiert altklug die Güte der Dekorationen und das exzellente Darstel-

22 Unter den Linden, Berlin. Stich von Treue

lungsvermögen der Schauspieler. Wiederholt wird der Comödienbesuch, wenn auch nur lapidar, vermerkt. Über Iffland wird ein Zwischenfall beschrieben, als der Darsteller, durch Pfiffe schockiert, das Spiel unterbrach und erklärte, daß es ihm unmöglich sei weiterzuspielen, weil er an Zeichen solcher Mißbilligung nicht gewöhnt sei. Die Mißfallensäußerungen aber galten nicht ihm, sondern einem anderen Akteur. Iffland spielte weiter, und »man applaudierte, daß es in der ganzen Stadt zu höhren war«, bemerkt Arthur süffisant.

Im gleichen Haus erleben sie an zwei Abenden Schillers »Piccolomini« und »Wallensteins Tod«, mit den Schauspielern Iffland und Fleck.

Manöver-Spektakel in Potsdam

In Potsdam erwartet ihn ein anderes Schauspiel, das sein kindliches Gemüt in Wallung bringt: Schlachtenlärm und Gefechts-
getümmel und ein mit seinem Pferd stürzender König. »Es
wurde eine Manöverschlacht geliefert«, schreibt er über die
durchstandene Lebensgefahr, »sie schossen, dass uns die Ohren wehthaten, die Husaren hauten ein, Scharfschützen liefen
um die Wagen der Zuschauer herum, u. schossen uns dicht am
Gesicht vorbei. Auch sahen wir die sehr schöne Königin zwey
Mal dicht an uns vorbey fahren.« Arthur durfte mit seinen Berliner Freunden allein nach Potsdam fahren, wo sie bereits um
fünf Uhr in der Frühe ankamen, um das Spektakel der großen
September-Manöver zu erleben, die der König selbst komman-
dierte. Zum Schluß sprengte die gesamte Kavallerie ohne Ordnung im stärksten Galopp ins Lager, was Arthur mit der Note
versieht: »ein sehr schöner Anblick«. Nur gut, daß die Mutter
nicht dabei war, um ihren kleinen Arthur mitten in den Kriegs-
spielen zu erleben und um ihn zu beben.

Am letzten Septembertag besuchte er dann aber mit den Eltern die Potsdamer Schlösser. Sie sahen dort auf einer Parade
den König, »ganz in der Nähe, u. auch die schöne Königinn,
welche aus dem Fenster der Parade zusah«. Es war die Königin
Luise, die beim Zusammenbruch Preußens 1806 auf der Flucht
vor Napoleon Bonaparte auch auf der Frischen Nehrung bei
Danzig, nahe der Stadtdomäne Stutthof, nächtigen sollte, auf
der Arthur mit seiner Mutter in seinen ersten Lebensjahren so
oft sich glücklich gefühlt hatte.

Sein Lieblingswort »altmodisch« wendet Arthur nun auch
auf das schöne Schloß Sans-Souci an, das Friedrich der Große
erbaute. »Die Möblen sind von den Hunden des grossen Königs, deren Gräber wir sahn, ganz zerfetzt. Besonders zeigte
man uns das Zimmer worinn Friedrich der Große starb, seine
Handbibliothek, einen sehr schönen marmornen Essaal mit
schönen Säulen und Statüen geziert.«

Auch das von Friedrich erbaute Neue Palais wird inspiziert,

als sehr groß und schön gewürdigt, aber einen Vergleich mit den gegenüberstehenden Ställen und Wirtschaftsgebäuden, »welche viel schöner wie das Schloss selbst aussehn und mit einer schönen Colonade geziert sind«, kann es in den Augen Arthurs leider nicht bestehen.

Mit der Besichtigung des Studierzimmers »des GROSSEN KÖNIGS in dem er immer allein sass, u. wo noch der Stuhl u. Tisch an dem er gessessen hat steht«, und dem abendlichen Potsdam, wo sie dem König zu Fuß mit Offizieren begegnen, schließen die Beobachtungen und Eintragungen Arthurs über Berlin.

1811 wird er noch einmal als Student nach Berlin zurückkehren, vorher aber die große Europa-Tour hier beschließen, dann 1820 mit den Vorlesungen an der Berliner Universität beginnen, ohne eigentlichen Erfolg, nach der zweiten Italienreise 1825 es noch einmal als Konkurrent Hegels als Dozent der Philosophie versuchen. Aus Angst vor der Choleraepidemie gibt er die Stadt Berlin und sein eigentliches Lebensziel, ein deutscher Professor zu werden, auf. Er beginnt den zweiten und ereignisloseren Teil seines Lebens in Frankfurt am Main, das ihm den ersehnten Ruhm so lange vorenthalten sollte.

Berlin spielte später auch in seinem amourösen Leben eine Rolle: mit der Liebe zu der Sängerin Caroline Medon und der Liebesaffäre »Marquet«.

Mit Lord Byron hat er oft beklagt, daß es ihm »so schwer ist, mit den Weibern zu brechen, und doch so leicht mit den Männern«.

Wörlitz – der schönste Garten Deutschlands

Wörlitz war eine Sehenswürdigkeit mit seinem im englischen Stil angelegten Park mit gotischem Haus, Pantheon und Venustempel.

Chodowiecki, väterlicher Freund Johannas aus ihrer Kindheit, Illustrator vieler Werke Goethes und eine berlinische Zelebrität, besuchte den von Arthur elf Jahre später sehr ausführlich und lebendig beschriebenen Park auf der umgekehrten Route von Berlin nach Dresden, Dessau und Wörlitz nach Leipzig, auf der er auch seinen Landsmann schottischer Abstammung, Reinhold Forster, in Halle sieht, der mit seinem berühmt gewordenen Sohn Georg den Captain Cook auf seiner zweiten Weltumseglung begleitete.

Die Schopenhauers widmen dem Großen Garten, den Arthur als einen der schönsten in Deutschland bezeichnet, den ein See in mehrere Teile gliedert und mit dem geheimnisvollen Element des Wassers belebt, drei Besuche. Der erste Teil ist der Neumärkische Garten mit Pavillon und Labyrinth mit unterirdischen Felsengängen. In einer anderen Abteilung des Gartens erwartet sie ein merkwürdiges Gebäude, »welches man den *Vesuv* oder auch *Stein* nennt. Das Ding ist recht hübsch, hat aber nur den unrechten Nahmen erhalten; von draussen ist es ein gemachter Fels, der aber Fenstern hat! Er ist von Wasser umgeben: unten sind von aussen Grotten in denen Blumen wachsen. Inwendig sind Zimmer. Das erste stellt den *Tempel der Nacht* vor... das Licht kommt nur von oben durch feuerfarbigen sternförmigen Scheiben hinein, was einen sonderbaren Effekt macht...«. Chodowiecki hatte es als die Wassermaschine beschrieben.

Auf einem leichten Jagdwagen nehmen die Schopenhauers an einer Parforce-Jagd des Fürsten teil, an der Arthur als das allein beste den Lärm empfindet, »das Geschrey mit Hundegebell u. Jagdhörnerklang vermischt«. Es sei die einzige dieser Art, die noch in Europa zu finden ist: »denn so zu jagen ist ein unglaublich kostbares Vergnügen. Man hat berechnet, dass jede Parforce Jagd dem Fürsten 1400 Thaler kostet...«

Nachmittags gelangen sie dann in den Großen Garten mit dem Tempel der Flora, »der die ganze Gegend mit Wohlgerüchen erfüllt«. Von dort aus gehen sie zu den prächtigen Grotten und immer wieder durch unterirdische Gänge in ein von Bergen umgebenes Tal. Auf einem dieser Berge ist der Venus ein

Tempel errichtet, in dem die Statue einer mediceischen Venus auf einem Fußgestell von feuerfarbenem Glase steht. Schließlich zeigte man ihnen das Pantheon, »ein sehr hübsches Gebäude. In demselben ist ein schöner Saal, in welchem Apollo u. die Musen stehen sollen.«

Offenbar war die unendliche Besichtigung der weitgestreckten Parkanlagen zu ermüdend, und so verzichtete man endlich, den schönen Apoll im Innern des Pantheon zu bewundern.

Am Sonnabend, dem 4. Oktober, können sie sich vor der Abreise nach Dessau einen nochmaligen Besuch des in seiner Anlage und Ausdehnung einzigartigen Großen Gartens von Wörlitz nicht versagen; vielleicht haben sie auch das Versäumte nachholen wollen und den schönen Saal, »in welchem Apollo u. die Musen stehen sollen«, doch noch mit Kunstsinn betrachtet.

Chodowiecki besuchte in Dessau Basedow und Kolbe, während die Schopenhauers das wie ein englischer Garten anmutende Ländchen mit den Lusthäusern des Fürsten auf einem Spaziergang besichtigen, dabei in einen Platzregen und Hagel geraten und ganz durchnäßt nach Hause gelangen. Den Abend verbrachten sie dann in der Comödie.

Das nächste Ziel ist die Messestadt Leipzig, von der Goethe schwärmte: »Mein Leipzig lob ich mir, es ist ein Klein-Paris und bildet seine Leute.«

Das Pariserische an der alten Universitätsstadt fällt Arthur sofort auf: »Alle Straßen wimmeln von Menschen u. Wagen. In der ganzen Stadt ist nicht eine Straße in der nicht wenigstens einige Gewölbe oder Buden wären. Christen u. Juden, Türken u. Armenier laufen geschäftig durcheinander...« Arthur versteht es immer besser, ein Bild von dem Gesehenen und Erlebten zu zeichnen, das auch die Details schildert und die Atmosphäre mitempfinden läßt.

Ein breiter Ring mit ausgedehnten Grünanlagen umschließt auf dem Gelände der abgetragenen Wälle die Altstadt. Vielleicht erinnern ihn diese weiten Boulevards mit ihren Alleen und lichten Heiterkeit als ein modernes Gegenstück der Stadt-

Topographie zu den engen Gassen der Altstadt, an die Pracht-straßen von Paris, das er ja schon als Neunjähriger erlebte. Aber darüber berichtet er nicht in seinem Reisejournal, das ganz dem Erleben der Gegenwart gewidmet ist. Als er mit sei-nen Eltern die älteste Leipziger Kirche St. Nikolai, mit Bautei-len aus dem 13. Jahrhundert, besucht, nimmt er dies zum An-laß, über die dort vorhandenen Gemälde von Oeser zu reflek-tieren. Allein aber füllt er dann den Nachmittag mit der Attrak-tion einer Tierschau aus, die wahrscheinlich zu den Belustigun-gen gehört, die mit den Messen einhergehen. Der Besuch »der Bude mit wilden Thieren«, von denen ihn ein großer afrikani-scher Pavian, ein Haifisch, Hammer- und Sägefisch begeistern, hält er jedenfalls für wissenswert genug, ihn in seinem Tage-buch festzuhalten.

Arthur ist ja bei aller gelehrten Neigung und wachem Inter-esse an Schlössern, Komödien und Bildergalerien noch ganz Kind und bereit zu Spielen oder sich beim Anblick exotischer wilder Tiere ferne Kontinente vorzustellen und wenigstens in Gedanken seine Abenteuerlust zu befriedigen.

Der abendliche Theaterbesuch ist obligatorisch und folgt der marktschreierischen Sensation gleich auf dem Fuß. Arthur ge-nießt aber nicht etwa nur das Schauspiel, sondern zeigt sich ganz sachverständig als ein angehender Kritiker, der die Schau-spielertruppe mit besten Noten beurteilt und auch nicht zu er-wähnen vergißt, daß sie hier nur während der Messe auftritt und eigentlich nach Dresden gehöre. Auch wird die Leistung des berühmten Akteurs Opitz besonders herausgestellt; viel-leicht eben auch deshalb, weil es sich, wie man heute sagen würde, um einen Star handelt, dem der Ruhm seines Namens vorauseilte.

23 Der Marktplatz von Leipzig

Einsicht in die Nichtigkeit menschlichen Tuns

Die Reise neigt sich ihrem Ende zu. Die letzte Woche ist angebrochen, und die Beschwernisse fordern von den Reisenden
immer wieder Geduld, wenn ein Spannagel am Wagen bricht
oder ein Federriemen abreißt, bei Sturm und heftigem Regen
und in der Finsternis der Nacht auf dem unsicheren Weg nach
Merseburg, auf dem der Postillion sich nicht mehr zu orientie-
ren vermochte. Eine Laterne fehlte, um den Weg zu finden.
Aber im nächsten Dorf war nicht einmal diese vorhanden: »wir
nahmen also einen Führer ohne Laterne der uns bis ans nächste
Dorf begleitete«, wo sie einen andern Lotsen mieteten, der, im
glücklichen Besitz einer Laterne, die kleine Reisegesellschaft
aus der Gefahr rettet und bis nach Merseburg bringt, wo sie zu
allem Unglück auch noch »ein sehr schlechtes Logi« finden.
Arthur schildert die Tücken dieses Reiseabschnitts so ausführlich und anschaulich, daß man meinen könnte, die ganze Auf-

131

regung habe ihm einen durchaus willkommenen Anlaß gebo-
ten, das Abenteuerliche der Geschichte mit einer jugendlichen
Lust am Außergewöhnlichen zu erleben und wie eine kleine
Reportage zu beschreiben.

In Halle begegnete ihnen eine große Menge Wagen von ab-
reisenden Studenten, die von anderen bis zur nächsten Station
zu Pferde begleitet wurden. Die Salzhütten werden inspiziert,
»wo die halbnackten Halloren das Quellsalz sieden«.

Ein artistisches Vergnügen bereitete Arthur ein halbnackter
Hallore, der sich für ein paar Groschen mutig in die Fluten der
Saale von einer hohen Brücke stürzt, um eine längere Strecke
zu tauchen, und erst »nach Minuten wieder herauf kam«.

Über Kennern und Aschersleben reisten sie mit der hochräd-
rigen Postkutsche nach Halberstadt weiter. Über sich ließen sie
die Gipfel der Harzberge schweben, wovon aber die höchsten
in Nebel und Wolken verschwanden. In der Nähe der Stadt
bedeckte ein englischer Garten einen ganzen Berg, den der
würdige Baron von Spiegel seinem Vergnügen und dem der
Nachwelt widmete. Der kunstvoll angelegte Park blieb auch
nach dem Tod seines Schöpfers bestehen, aber die »Halber-
städter gehen dort spazieren und haben ein Vergnügen daran
alles im Garten muthwillig zu zertrümmern. Grotten, Lusthäu-
ser, Statüen u. Bäume«. Den Grund für diesen Vandalismus
nennt Arthur nicht. Allein das Grab des Barons in einer vergit-
terten Grotte, das die Mädchen und Jünglinge aus Halberstadt
jährlich mit Blumen bekränzten, wurde verschont.

Es bleibt in der Erinnerung der Anblick von der Nichtigkeit
des individuellen Lebens zurück, der seine Lehre vorweg-
nimmt. Bedurfte es eines überzeugenderen Beweises dafür als
die traurige Erfahrung von der Nichtigkeit menschlichen Tuns,
die sich dem Knaben hier offenbarte? Wenn man so will, schloß
die gut gemeinte Bäder-, Bildungs- und Vergnügungsreise mit
einem Eklat und der verdrießlichen Einsicht in die Unvollkom-
menheit menschlichen Geistes.

Von einem schlechten Logis ist jedenfalls nichts vermerkt, so
ist anzunehmen, daß wenigstens das Hotel in Halberstadt mit

dem schönen Namen »König von Pohlen« Gefallen gefunden hat nach soviel Seelenpein.

Die Reiseroute führt nun über Costrum nach Braunschweig und von dort wieder »auf erbärmlichen Wegen« nach Celle, »wo wir vor drey Monaten die Achse zerbrachen«. Endlich erreichen sie am Freitag, dem 17. Oktober vor Torschluß den Ausgangspunkt, und trotz aller Pannen und Strapazen gibt Arthur sich zufrieden und vertraut seinem Reisejournal aus tiefstem Herzen froh an: »[Wir] liessen uns am Zollenspyker absetzen, u. kamen um vier Uhr Nachmittags, nachdem wir drey Monate abwesend gewesen waren, u. eine glückliche Reise gehabt hatten, alle gesund u. wohlbehalten wieder in Hamburg an.«

IV. Die Jahre zwischen den Reisen

Leben in Hamburg

Vom Herbst 1800 bis zum Frühjahr 1803 lebte Arthur wieder in seinem gewohnten Umkreis von Schule, Elternhaus und Vergnügen in Hamburg.

Über diese Jahre bis zur großen Europareise, die viel in Arthurs Leben verändern wird, geben einige Briefe seines französischen Freundes Anthime näheren Aufschluß, die das lichte Dunkel der Jugendjahre erhellen. In einem Brief vom 30. Oktober 1801 berichtet Anthime seinem Freund Arthur aus Le Havre über den lebhaften Aufschwung des Seeverkehrs und das Ein- und Auslaufen der zahlreichen Handelsschiffe. Er spielt auf die Vergnügungen an und meint, daß Arthur als Bonvivant wieder in der gleichaltrigen Gesellschaft auf Bällen das Tanzbein schwingen werde und sich im Winter auf Schlittenfahrten vergnüge. In einem Brief vom Mai 1802 spricht er ihn hänselnd mit der Anrede »Monsieur le négociant« an, wohl wissend, wie abgeneigt Arthur ist, sich dem Kaufmannsstand zu widmen.

In der Korrespondenz tauschen sie auch ihre Lieblingslektüre aus. Auch über die Mode und ihre launischen Wandlungen in Frankreich unterrichtet Anthime seinen Freund sehr ausführlich.

Arthur nahm mit kindlichem Eifer auch Tanzunterricht und berichtet seinem Freund Anthime darüber mit heller Begeisterung. Dieser geht sofort darauf ein in einem an Arthur gerichteten Brief vom 14. Februar 1800, in dem er ironisch anmerkt: »Es scheint, daß du der Vestris vom Hamburg wirst.« Vestris war ein gefeierter Tänzer an der Pariser Oper, den das Ballettpublikum enthusiastisch als »le dieu de danse« bezeichnete.

Anthime ließ auch sein Interesse dafür erkennen, mit wem Arthur tanze, mit gleichaltrigen oder älteren Partnerinnen? Auch könne er zufrieden sein, daß er nicht mehr seinen dicken Bauch habe, denn das würde ihn daran hindern, anmutig zu tanzen. Auf die Tanzwut Arthurs anspielend und seine amourösen Erfolge bei der Damenwelt, schließt er seinen übermütigen Brief bezeichnend mit dem Gruß: »Lebe wohl, du charmanter Schwerenöter!«

Die Lehranstalt Dr. Runges besucht Arthur ohne sichtliches Interesse an dem dort gebotenen Lehrstoff. Mit dem Latein ist er besonders unzufrieden, da es zu oberflächlich vermittelt werde, mehr um den Anschein zu erwecken, diese Sprache der Gebildeten und Gelehrten erlernt zu haben, ohne sie wirklich zu beherrschen.

Er ist ja auch nicht interessiert, wie es der Vater wünscht, einmal der Kaufmannsgilde anzugehören. Inständige Bitten richtet er an den Vater, ihn um alles in der Welt nicht Kaufmann werden zu lassen.

Seine ernste Neigung, den Gelehrtenberuf zu ergreifen, hatte sich inzwischen soweit ausgebildet, daß er von seinen Bitten nicht mehr abließ und ein Zeugnis Dr. Runges vorlegte, mit dem der Lehrer ihm eine vielversprechende Geistesanlage bescheinigte. Widerwillig begegnete der Vater diesem Wunsch Arthurs dadurch, daß er ihm eine Domherrnstelle zu beschaffen versuchte. Allein die zu hohe Einkaufssumme für diese Sinekure schreckte ihn davon ab, diesen Gedanken in die Tat umzusetzen.

Die Erziehungsmethode des Vaters bestand gegenüber seinem Sohn vor allem in Ermahnungen, eine gute Haltung einzunehmen und sich als zukünftiger Kaufmann in einer gut leserlichen Schönschrift zu üben. In Briefen aus Schottland und späteren Briefen nach Danzig, als Arthur bei dem Danziger Großhandelskaufmann und Mäzen Kabrun die kaufmännische Lehre beginnt, häufen sie sich. Stereotyp wird ihm der Prinzipal des Vaters während der Volontärzeit als leuchtendes Beispiel mit den Worten vorgehalten: »So hat es Herr Bethmann gehalten.« Arthur leidet unter der Strenge des Vaters, der ihm in seiner Unnahbarkeit Respekt einflößt, aber er hängt auch an ihm, weil er sich ihm zu Gehorsam verpflichtet fühlt. Diese Strenge und Unnahbarkeit gründen im wesentlichen auf der Sorge einer vorbildlichen Erziehung, zu der auch Reiten, Tanz- und Fechtunterricht, klassische Lektüre und zum Beispiel das

Erlernen des Flötenspiels gehören. Die Mutter ist mit dem vom Vater vorgesehenen Flötenunterricht gar nicht einverstanden, weil sie meint, Arthur werde es sich einmal leisten können, einen Flötenspieler zu engagieren. Arthur hat noch in hohem Alter das Flötenspiel fast täglich geübt und in dem Musizieren einen Ausgleich zu seiner Tätigkeit als Schriftsteller, Denker und Philosoph gefunden. Die Privatstunden im Flötenspiel sollten den unbefriedigenden öden Schulbetrieb auflockern und Arthur vielleicht auch von den immer drängender vorgetragenen Vorstellungen einstweilen ablenken, zur Vorbereitung auf ein Studium ein Gymnasium zu besuchen.

Vorerst aber fand sich eine noch wirksamere Ablenkung von den Grübeleien des frühreifen Knaben, der ja schon etwas von der Welt gesehen hatte und nach dem Willen des vielgereisten Vaters ein Weltmann werden sollte.

Freunde

Lorenz Meyer, einer der Schulfreunde Arthurs, führte Tagebuch, auch über die Methodik des Unterrichts. Aus einer Eintragung geht beispielsweise hervor, daß die Schüler aus gutem Hause sich nicht immer an die von der Schuldisziplin vorgeschriebenen Verhaltensmuster hielten: In einer Rede an seine Schüler tadelt Runge die Geringschätzung, die sie einem ihrer Lehrer entgegengebracht, und spricht die Erwartung aus, daß sie sich in Zukunft während der betreffenden Schulstunden besser aufführen würden. Am 20. November 1802 verzeichnet Lorenz Meyer in seinem Tagebuch eine Ungehörigkeit Arthurs mit den Worten: »Herr Runge war böse über Schopenhauer.« Auch die Abendunterhaltungen, die hauptsächlich in Tanzvergnügen gipfelten, werden peinlich exakt aufgezeichnet.

Ein anderer seiner erwähnten Schulfreunde ist der zurückhaltende Charles Godeffroy; andere Mitschüler waren der aus

einer alteingesessenen Hamburger Familie stammende Sieveking, der Kaufmannssohn Röding, ein als drollig bezeichneter
von Schilden, ein Ellermann, der Arthur sehr nahe stand, und
der als »trocken« kritisierte Ferdinand Böhl. Aus den erhaltenen Briefen der beiden Schüler des Rungeschen Instituts, die
zu den intimeren Freunden Arthurs zählten, läßt sich auf eine
gewisse Rivalität der beiden gegenüber dem gemeinsamen
Vertrauten Arthur schließen. Sehr vielseitig scheint aber das
gesellschaftliche Leben nicht gewesen zu sein, denn in der Korrespondenz wird immer wieder über Langeweile geklagt oder
über ein Pistolenschießen und verpatzte Tanzvergnügen. Arthur ist beiden Freunden intellektuell überlegen, die keinen geradezu glänzenden Briefstil beherrschen und nicht »so fes-
selnd« zu schreiben vermögen wie ihr gemeinsamer Freund
Schopenhauer. Charles Godeffroy macht sich Gedanken, ob er
Arthur mit seinen Mitteilungen langweile.

Der unmittelbare Anschauungsunterricht seines zweijährigen Auslandsaufenthalts hat Arthur reifen und anspruchsvoll
auch in seinem Ausdruck und seinen Ansichten werden lassen.
So wird auch verständlich, daß die Rungesche Schule am Ka-
tharinenkirchhof dem geistig-weltläufigen Niveau Arthurs
nicht mehr zu entsprechen vermochte. Seelischen Komplika-
tionen in der Familie wird mit Reiseplänen begegnet...

Zu seinen Geburtstagen lud Arthur Freunde in sein Elternhaus am Neuen Wandrahm ein, um mit ihnen in fröhlichem
Kreis seinen Ehrentag zu feiern. Zu einem Geburtstag wurde
sogar ein kleines Feuerwerk abgebrannt. An der Geburtstags-
feier nahmen unter anderem auch Lorenz Meyer und Rücker
teil. Die Kleinwüchsigkeit Arthurs gab Anlaß zu Hänseleien
zwischen den Freunden. In einem Brief ging Charles Godeffroy
scherzhaft auf diese körperliche Eigenart ein, indem er fragte:
»Apropos Schopenhauer, bist du größer geworden?« In der
Korrespondenz mit Lorenz Meyer spielte dieser in einem Brief
an Arthur ebenfalls auf diese Eigentümlichkeit an und illustrierte die harmlose Neckerei mit einer Karikatur: »Auch soll
es mich recht wundern, ob du wohl größer geworden bist. Bist

du noch wie sonst, so kannst du mir bei deiner Zurückkunft durch die Beine kriechen, als nebenstehende Skizze zeigt!!«

Lorenz Meyer erwähnt einmal den Deutschunterricht in dem Erziehungsinstitut des Herrn Dr. Runge und schreibt über den Umfang der Aufsätze, »wovon die Kürzesten 30, die Längsten aber 80 Seiten lang« waren, oder von einem Mitschüler namens Siemers, der zur Strafe für gestohlene Federn das Mittagsmahl, »Pfefferfleisch und Quabbensuppe auf der Diele« habe verzehren müssen.

Bücher

Mit dem Buch brachte Floris Schopenhauer seinen Sohn in Berührung durch ein frühes Werk der Jugendliteratur: »Arthur Schopenhauer in Hamburg«, diese Adresse findet sich im Subskribenten-Verzeichnis der »Neuen Bilder-Gallerie für junge Söhne und Töchter zur angenehmen und nützlichen Selbstbeschäftigung aus dem Reiche der Natur, Kunst, Sitten und des allgemeinen Lebens«, Berlin bei Wilhelm Oehmigke dem Jüngeren 1796. Das in Jahresbänden veröffentlichte Werk hatte der Vater subskribiert und statt des eigenen den Namen Arthurs auf die Liste gesetzt. Offensichtlich angeregt von dem Reichtum der ihn umgebenden häuslichen Literatur, wurde der junge Arthur der Welt des Buches gegenüber aufgeschlossen.

In Hamburg erstand er die ihn interessierende Literatur bei dem Buchhändler und Verleger Perthes. Arthur hat schon in seiner Jugend viel gelesen und den Grundstein für seine Bibliothek gelegt. Der fünfte und letzte Band seines handschriftlichen Nachlasses enthält ein Verzeichnis aller Bücher seiner Bibliothek, die am Ende seines Lebens über dreitausend Bände barg. Die vorderen Buchdeckel zeigen oft das Familienwappen in reicher Rokoko-Ornamentik als sein Exlibris.

In einem Brief vom 4. August 1803 beklagt seine Mutter die Einseitigkeit der von ihm ausgewählten Lektüre:

»Du, mein Arthur, mußt jetzt hinein ins ernste Leben, und wahrlich es wird Dir mehr als ernst, es wird Dir unerträglich vorkommen, wenn Du Dich schon so frühe gewöhnst, Deine Stunden alle mit der Kunst zu vertändeln. Du bist nun 15 Jahre alt. Du hast schon die besten Deutschen, Französischen und zum Theil auch Englischen Dichter gelesen und studiert, und noch außer denen Schulstunden, kein einziges Buch in Prosa, einige Romane ausgenommen, keine Geschichten nichts als was Du lesen mußtest um bey H. Runge zu bestehen.«

Aus der Korrespondenz mit Anthime ist zu erfahren, daß Arthur als spannende Lektüre eine Beschreibung der Pelew-Inseln mit der Geschichte vom Häuptling Aba-Thule anpreist, der den gestrandeten Kapitän Wilson freundlich aufnahm. Anthime empfahl dagegen seinem Freund Arthur etwa die lustige Lektüre einer Anekdoten-Kollektion und rät ihm, die Lustspiele von Molière zu erstehen, »...über die du dich zu Tode lachen wirst«.

Mit der galanten französischen Literatur kam Arthur in seiner Pubertät mit vierzehn Jahren in Berührung. In der Bibliothek des Vaters durften aber auch die zeitgenössischen Schriftsteller der Französischen Revolution nicht fehlen, für die sich die Eltern schon im Revolutionsjahr 1789 in Danzig begeistert hatten, als die Kunde von dem epochalen Ereignis bis in die sarmatischen Gefilde drang.

Der Vater bewahrte die »verbotene« Literatur der »Schlüssellochromane« und »Bettgeschichten« aber in einer dafür besonders vorbehaltenen Kommode auf, von der Arthur ausgeschlossen war. Jedenfalls fand er eines Tages den begehrten Kommodenschlüssel und widmete sich in den Nachtstunden in seinem Bett der pikanten Lektüre. Darunter befand sich auch der damals vielgelesene Roman »Les amours (auch: aventures) du Chevalier de Faublas« (1787), in dem der Autor die elegante Gesellschaft der vorrevolutionären Ära mit gewagter Offenheit anprangert. Der Modeschriftsteller jenes Werkes war Jean-Baptiste Louvet de Couvray, der selbst aktiv an der Revolution teilgenommen hatte.

Paris ist das Endziel einer Bildungsreise für den erst sechzehnjährigen Titelhelden, den Chevalier de Faublas. Aber sehr bald wird er zum Mittelpunkt eines abenteuerlichen Verwirrspiels und pausenloser Eifersuchtsaffären. Auf Wunsch des Grafen Rosambert soll er auf einem Ball, als junge Dame verkleidet, die Eifersucht der Marquise de B. erwecken. Diese durchschaut die Täuschung alsbald und wendet das Blatt, um den jungen Chevalier »in die süßen Geheimnisse der Liebe« einzuführen. Inzwischen hat de Faublas sich in die junge Sophie verliebt, die er bei einem Besuch seiner Schwester in einem Kloster kennenlernte. Erotisch motiviert, läßt er sich auf eine Reihe von amourösen Abenteuern ein, trotz seiner Liebe zu Sophie. Bei einem Duell, vom Marquis herausgefordert, verwundet er diesen und flieht zusammen mit Sophie, die er aus dem Kloster entführt. Als er unterwegs erkrankt, wird er von der Marquise gesund gepflegt und kehrt bald darauf, als Nonne verkleidet, nach Paris zurück.

Hier wird er in der frivolen Pariser Gesellschaft wieder in verschiedene galante Abenteuer verwickelt und findet schließlich, nach einer Verhaftung und der Befreiung mit Hilfe der Baronin Fonrose, Unterschlupf bei der Gräfin von Lingolle. Die Szene wechselt von den Salons der Liebe und dem Gefängnis wieder zum Kloster, wohin er eilt, um Sophie wiederzusehen. Als er erkannt und verhaftet wird, findet er sich als Gefangener in den Verliesen der Bastille wieder. Diesmal erlangt er mit Hilfe der Marquise die Freiheit, die sich seiner wieder erinnert und ihn damit an sich binden will. Der Chevalier de Faublas verstrickt sich jedoch in immer neue Reigen von Liebesabenteuern und verliert schließlich, am moralisierenden Schluß der gefährlichen Liebschaften, den Verstand. Am Ende rettet ihn allein die reine Liebe Sophiens vor dem sicheren Absturz ins Verderben.[28]

Einen seiner Grundsätze im Auswählen der Bücher hat Schopenhauer so formuliert: »Vom Schlechten kann man nie zu wenig und das Gute nie zu oft lesen.« Mit seinen Büchern hat er oft Zwiesprache gehalten und die Buchseiten mit Randbemerkungen und Karikaturen angefüllt. Wahrscheinlich sind auch die Liebesabenteuer des Chevalier de Faublas aus dem Nachlaß seines Vaters in seinen Besitz übergegangen. Es wäre interessant, zu wissen, ob er dem mehrbändigen Roman von Jean-Baptiste Louvet de Couvray Lob oder Tadel oder überhaupt eine handschriftliche Regung hat zuteil werden lassen.

Sein persönliches Verhältnis zu Büchern wird erhellt durch den vor der zweiten italienischen Reise 1822 an seinen Freund Osann gerichteten Brief: »Was mir allein schwerfällt zu verlassen, ist meine eigene und die öffentliche Bibliothek. Ohne Bücher auf der Welt wäre ich längst verzweifelt.«

Nelson

Hamburgs Besetzung durch die Dänen wird 1801 mit Nelsons Sieg bei Kopenhagen wiedergutgemacht. Admiral Nelson und Lady Hamilton wurden bei ihrem Besuch in Hamburg von Klopstock mit der Ode »Die Unschuldigen« geehrt. Johanna bemerkt über diesen Besuch bei der Aufzählung ihrer Hamburger Bekanntschaften: »Lady Hamilton, Nelson.«

Der englische Admiral Horatio Nelson kam im Oktober 1800 in Begleitung Lady Hamiltons nach Hamburg, auf seiner Rückreise nach England. Im nächsten Jahr gebar sie ihrem Geliebten eine Tochter, die sie, nach Nelsons Vornamen abgewandelt, Horatia nannte. Am Hof von Neapel, wo ihr Gatte, Sir William Hamilton, englischer Gesandter war, wurde die aus ärmlichen Verhältnissen aufgestiegene Lady Hamilton Vertraute der Königin Karoline. Natürlich lag ihr auch die Hamburger Gesellschaft zu Füßen.

Der »Altonaische Mercurius« veröffentlicht am 23. Oktober die Nachricht über die Ankunft Nelsons in Hamburg: »Gestern ist der berühmte Lord Nelson mit dem Gesandten Hamilton und dessen Gemahlin von Dresden, von dort sie die Reise zu Schiffe, die Elbe herunter, gemacht haben, hier angelangt.

Abends erschien Lord Nelson in dem hiesigen Französischen Schauspielhause und wurde mit lebhaftem Beyfall des Publicums begrüßt.«

Nelson erregte nicht nur Aufsehen wegen seiner bekannten Seeschlachten im Seekrieg gegen Frankreich, indem er bei der Erstürmung von Calvi (Korsika) ein Auge einbüßte und bei einem Angriff auf Teneriffa den rechten Arm verlor, sondern faszinierte die Gesellschaft auch wegen dieser sichtbaren Merkmale seines Heldenmutes. Kühnheit und Tatkraft führten auch zur Versenkung der französischen Kriegsflotte bei Abukir.[29] Vollends wurde er zu einem der volkstümlichsten Helden Englands, nachdem er sein Leben in der Seeschlacht von Trafalgar (1805) hingab.

Die dänische Besetzung Hamburgs beendete er auf seine Weise, wie zum Dank für die Würdigung seiner Person bei dem Empfang und durch die Gesellschaft, mit der Beschießung Kopenhagens.

Was Hamburg für Arthur nicht sein konnte

»Auch Hamburg hatte jene weltweite Atmosphäre, aber diese wurde dem Knaben doch nicht zum Nährboden und zur Heimat, nach der sich der Erwachsene immer wieder zurückgesehnt hätte.

Schopenhauer erging es nicht wie sonst den glücklich-naturhaften heranwachsenden Menschenkindern, welche die Heimat als Kraftquelle nicht vergessen können, zu der sie immer wieder gern zurückkehren.«

Diese Folgerung von Paul Hoffmann kann man wohl nur gelten lassen, wenn mit der Heimat allein die Stadt Hamburg gemeint ist, die dem Sechsjährigen nach der Flucht aus Danzig eine neue Heimat werden sollte, aber nicht werden konnte. Der einmal erlittene Verlust seiner alleinigen wirklichen Heimat Danzig war, nach wiederholten Bekenntnissen Arthurs, nicht und durch keine andere Ersatzheimat je zu ersetzen.

Noch Jahre nach seiner Ankunft, nach der Flucht mit seinen Eltern aus der Vaterstadt Danzig nach Hamburg, blieb diese noch freie Hansestadt »ein Boden, in dem er nicht mehr Wurzeln schlagen konnte«. Diese Empfindung der Heimatlosigkeit aber begleitete ihn nicht nur in seinen ersten Hamburger Jahren mit dem Verlust ursprünglicher Geborgenheit: »Obwohl Arthur Schopenhauer zwischen seinem 6. und seinem 20. Lebensjahr rund ein Jahrzehnt seines Lebens als Knabe und Jüngling in Hamburg verbrachte, verlor er über sein Elternhaus in dieser Stadt in seinem späteren Leben nie ein Wort.«[30]

V. Lehr- und Reisejahre II

Lesen im Buch der Welt

In seinem Lebenslauf beschrieb Arthur Schopenhauer die Reiseroute auf der Bildungsreise mit seinen Eltern in den Jahren 1803/04 zusammenfassend in einem Bild:

»Wir sahen zuerst Holland und fuhren dann von Frankreich nach England hinüber. Nachdem wir in London einen Aufenthalt von anderthalb Monaten gemacht hatten, setzten meine Eltern die Reise in das Innere von England und nach Schottland fort, während ich bei einem in der Nähe Londons wohnenden Geistlichen zurückgelassen wurde, damit ich die englische Sprache gründlich erlerne, was ich in den drei daselbst verlebten Monaten gut zu Wege brachte. Nach Rückkehr meiner Eltern nach London schloß ich mich ihnen wieder an und nachdem wir nochmals anderthalb Monate daselbst zugebracht hatten, fuhren wir wieder nach Holland, von wo wir uns durch Belgien nach Paris begaben, um daselbst den größten Teil des Winters zu verweilen. Von dort besuchte ich auch Havre wieder. Darauf sahen wir Bordeaux, Montpellier, Nîmes, Marseille, Toulon und die Hièrischen Inseln. Nachdem wir auch Lyon besucht hatten, traten wir in die Schweiz ein. Als diese ganz durchreist war, gingen wir nach Wien, von dort nach Dresden und Berlin, endlich nach Danzig.«

Johanna Schopenhauers Tagebuch der »*Reise durch England und Schottland*« ist in dem 15. und 16. Band »Sämtlicher Schriften« aus ihrer Feder (1830) enthalten und zeigt mit dem von Arthur geführten Reisetagebuch oft verblüffende Ähnlichkeiten der Beschreibung gemeinsam erlebter Ereignisse. Es kann also angenommen werden, daß manche der Berichte abgesprochen wurden, wahrscheinlich um Arthur eine gewisse Hilfestellung bei der Abfassung seiner Reisebeschreibungen zu geben.

Die Abreise

Kein strahlender Frühlingshimmel breitet sich über Hamburg aus. Ein eisiger Ostwind fegt Wolkenfetzen fort und wühlt die Fluten der Elbe auf.

Es ist Dienstag, der 3. Mai 1803. Die große Reise durch halb Europa kann endlich beginnen. Sie wird bis zu ihrem letzten Ziel, Danzig, wo Arthur bei dem Senator Kabrun den Kaufmannsberuf erlernen und damit sein dem Vater gegebenes Versprechen einlösen soll, auf den Gelehrtenstand zu verzichten, über ein Jahr dauern. Arthur ist gerade 15 Jahre alt geworden und wird in diesem Jahr keine Schule besuchen, diese Wissenslücken aber durch den Anschauungsunterricht der Schule des Lebens und den Blick in andere Länder wettmachen.

Die Abreise mußte wegen widriger Umstände immer wieder verschoben werden. Nun aber sind endlich alle Hindernisse, die sich dem großen Plan entgegenstellten, aus dem Weg geräumt. Auf der Elbe herrscht ein scharfer Gegenwind. Bis Harburg dauert die Anreise vier Stunden.

Dann aber können sie den Reisewagen, eine zweisitzige Kutsche, endlich besteigen und einer unruhigen Nacht in einem elenden Nest entgegenfahren. Der Kutscher ist ein Franzose.

Bremen ist die erste größere Station, wo den Vater, wie in anderen größeren Städten, bereits ein Geschäftsfreund erwartet, der die kleine Reisegesellschaft in Empfang nimmt und sie am andern Tag durch Bremen führt.

Die erste Sehenswürdigkeit in Bremen ist eine Bleikammer, die aber nicht etwa wie die Verliese von Venedig als Kerker dient, sondern unverweste Leichname aufbewahrt, aus welchen Gründen auch immer, deren dürre Haut die Knochen bedeckt und sie so von Skeletten unterscheidet. Von solchen makabren Eindrücken eilen sie abends ins Theater, um hier das Repertoire einer langen Reihe von Bühnenerlebnissen seinen Anfang nehmen zu lassen.

Holländische Stilleben

Ausgesprochen verdrießlich wird es auf den ungeebneten Wegen durch Westfalen, über die unübersehbaren Flächen der schwarzbraunen Heide in einem Zustand des Chaos, unveränderlich öde, die Wirtshäuser sind ärmlich und schmutzig und die Mahlzeiten kaum genießbar, so daß sie auf die mitgeführte eiserne Ration ausweichen, eine französische Pastete und eigener Wein, Köstlichkeiten, die über eine solche prekäre Situation mit Gelassenheit hinweghelfen.

Mit dem Überschreiten der holländischen Grenze verändert sich die Szene abrupt: die traurigen, wüsten und menschenleeren Heiden sind beim Anblick goldener Kornfelder und grüner Wiesen vergessen. Mit unermüdlichem Fleiß gebaute, zierlich bemalte Häuser erfreuen das Auge, und »aus jeder Hecke, jedem Zaun leuchtet die so berühmte holländische Reinlichkeit hervor«.

In einer Bauernschenke müssen sie einen Teil der Nacht zubringen, weil in der Stadt Deventer, die sie noch am Abend zu erreichen hofften, die Tore um 10 Uhr geschlossen werden und der Postillion weder durch Trinkgeld noch durch Bitten und Schelten zu bewegen ist, die Pferde anzutreiben. So müssen sie sich entschließen, ein paar Stunden im Gasthof zuzubringen, um am frühen Morgen mit der Toröffnung in Deventer zu sein. Auch hier, in der Dorfschenke, stellt Arthur beredt Vergleiche an, die nur zum Vorteil der Holländer gereichen können, denn »da wurde weder gesungen noch gejauchzt, oder gezankt und geflucht«. Wie sollten sie denn auch, die stillen, in sich gekehrten echt holländischen Bauern, die hier nach getanem Tagwerk ruhig nicht bei Schnaps, Bier oder Wein, sondern bei Kaffee und Kuchen beisammensaßen und eine Szene boten, »wie man sie so häufig auf den niederländischen Bildern findet«. Die verbleibenden Nachtstunden vertreibt Arthur sich, weil ja doch an Schlaf nicht zu denken ist, mit Eintragungen in sein Reisetagebuch und Flötenspiel, das die nun in ihre Betten steigenden Bauern sanft in den Schlaf wiegte. Welch friedliches Bild einer heilen Welt, die so gesehen wird, wie sie gesehen werden wollte, als eine Art Stilleben.

Die Schilderung dieser bäuerlichen Idylle wirkt wie eine Humoreske, scheint aber gut gemeint zu sein, denn Arthur ist erfüllt von kindlichem Stolz über die holländische Abstammung seiner Vorfahren und empfindet subjektiv dieses gelobte Land wie ein verbotenes Paradies, dessen Anblick für ihn die Erfüllung einer ungestillten Sehnsucht bedeutet.

Aus diesem schönen Traum wird er aber sogleich auf den unwegsamen Pfaden zur nächsten Station Ammersforth in die rauhe Wirklichkeit zurückgerufen, denn auch hier im blitzblanken Holland scheint ihn die »schwarze Haide« zu verfolgen, »die sich aus Westphalen hierher verirrt zu haben schien«, ein für ihn unerträglicher Anblick, vor dem er in den Schlaf flüchtet, bis der Reisewagen um 6 Uhr abends Ammersforth erreicht. In einem weiträumigen Wirtshaus, einem ehemaligen Kloster, erholen die Reisenden sich von der durchwachten Nacht und einem stürmischen Tag, bei knisterndem, wohlig angenehmen Kaminfeuer.

Erschrocken lesen die Schopenhauers in den holländischen Zeitungen die Nachricht von der Abreise des englischen und französischen Ministers als ein Anzeichen des bevorstehenden Krieges, der ihren Reiseplan, über Frankreich die britischen Inseln aufzusuchen, vereiteln könnte. Sie beruhigen sich am kommenden Tag in Amsterdam, als diese Meldung zum Teil widerrufen wird. In wenigen Tagen aber wird England Bonaparte den Krieg erklären, als Folge der französischen Kolonialpolitik und der völligen Abhängigkeit der Kleinstaaten von Frankreich.

Die Verbindungen des Handelshauses Schopenhauer sind europaweit. Wie in Bremen, so werden sie jetzt bei ihrer Ankunft in Amsterdam von einem Korrespondenten empfangen, der sie im vorigen Jahr in Hamburg aufgesucht hatte. Die große Handelsstadt mit ihren breiten Straßen, deren Mitte oft von Kanälen geteilt wird, mit einem heiteren Ansehen, beeindruckt Arthur, der die Reinlichkeit der Straßen lobt, die vielen

Alleen und großen Plätze als Ruhepole im Gewirr der Gassen und Kanäle empfindet. Die Häuser mit ihren spitzen Giebeln nach der alten Bauart erinnern ihn an die seiner Heimatstadt Danzig, deren Architektur die holländischen Vorbilder deutlich erkennen läßt.

Die Stadt lädt auch zu einem kleinen Einkaufsbummel ein. Arthur ist auf der Suche nach einem »chinesischen Pagoden«. So betreten sie einen Porzellanladen mit einem mannigfaltigen Vorrat von chinesischen Erzeugnissen. In einigen dieser kleinen sitzenden grotesken Figuren mit dicken Köpfen und freundlich grinsenden Gesichtern findet Arthur sogar ein Ventil für den ihn oft überkommenden Mißmut, weil man selbst dann »über sie lachen muß, wenn sie einem so freundlich lächelnd zunicken«. Aber er konnte sich nicht entschließen, eine davon zu erstehen, weil er doch nicht die fand, welche er suchte. Seine Bewunderung findet schließlich das Rathaus, und es wurde ihm beim Anblick des hohen Gewölbes des großen marmornen Vorsaals »ganz schwindlig«. Der Schatz von Gemälden erinnert an ein Museum mit Meisterstücken von Rembrandt und van der Herst in der Art »der charakteristischen Mischung von Schatten und Licht, in denen die Niederländer die Italiäner übertreffen«.

Becketts metaphysische Clowns

Bildungsbeflissen besuchen sie Sammlungen, Kabinette, Galerien, Institute der Künste und Wissenschaften, Konzerte und Komödien. Enttäuschend für einen Ausflug nach Haarlem wird ein Besuch der großen Tulpen- und Hyazinthenfelder, die schon fast ganz verblüht waren. So mußten sie sich den berühmten holländischen Blumenflor bei einem Floristen anschauen. Abendliche Einladungen und eine Gartenparty tragen zur Abwechslung bei und fördern vor allem auch die geschäftlichen Beziehungen. Französische und deutsche Kaufleute sind zu Gast mit ihnen bei einem Hrn. Meynts, aber Arthur gerät bei der Konversation in arge Verlegenheit, weil nur holländisch gesprochen wurde. Erst als die Eltern eines Hamburger Schulfreundes am Abend eintreffen, wurde zu seiner großen Freude den ganzen Abend »nichts wie französisch gesprochen«.

Einer der Ausflüge führt sie in ein sonderbares Dorf, Brug, das Arthur mit seiner Vorstellung von einem chinesischen Dorf vergleicht, ». . . es ist so rein u. bunt, daß wer es nicht gesehen hat, gar keinen Begriff davon haben kann«. Außerdem ist es von lauter schmalen Entwässerungskanälen durchzogen und besteht aus einer sich schlängelnden Straße. Die hölzernen Häuser sind von oben bis unten bemalt und vergoldet.

Die Einwohner sind meistens unermeßlich reich, aber scheu und einsam, daß man es nicht wagen dürfe, sie zu besuchen, sie haben aber von ihrem Reichtum nichts, weil sie mit ihrem Geld nichts anzufangen wissen. Entrückt von aller Realität gleichen sie den metaphysischen Clowns Samuel *Becketts*. Es ist vielleicht ihre Philosophie, sich zurückzuziehen aus der sogenannten sichtbaren Welt, derer sie überdrüssig geworden sein mögen im absurden Theater ihrer von allem Sinn entleerten Existenz.

In Rotterdam holt sie ihr Mißtrauen gegen alles und jeden wieder ein, eine Eigenschaft, die zum Grundcharakter der Schopenhauers gehört. Es ist der 18. Mai, und der politisch hellwache Wirt warnt vor einer übereilten Weiterreise nach Calais, weil wegen des ausgebrochenen Krieges von dort keine Passage mehr über den Kanal möglich sei. Schopenhauer aber verzichtet auf den Rat, in Helvoetssluys sich einzuschiffen, weil sie in diesem Falle noch vier Tage hätten im Hotel bleiben müssen. »Da wir wohl sahen daß die Politik dieses Raths wohl nur darin bestand unsre angenehme Gegenwart zu verlängern, wurde ihm declariert, wir würden dennoch morgen früh wegreisen.«

Der Wirt wollte nur zum Guten raten. Der Krieg hatte in der Tat an dem nämlichen Tag die Welt erschüttert und ein neues Zeitalter, das napoleonische, eingeleitet.

Über Gent, Brügge, Dünkirchen wird die Reise mit dem Hauptziel England nach Calais fortgesetzt, wo sie sich am

24. Mai einschiffen und wegen Gegenwindes erst um 2 Uhr in der Frühe ablegen können. Arthur ist nach einer Viertelstunde seekrank und verbringt die Nacht, um sich Luft zu machen, an Deck des Paketbootes. Endlich erreicht das überfüllte Schiff gegen ein Uhr Dover. Über Canterbury und Rochester geht die Reise auf London zu. Am Mittwochnachmittag, dem 25. Mai, kommen sie in London an.

Londoner Fata Morgana

»Von welcher Seite man auch diese Stadt betreten mag«, umschreibt Johanna Schopenhauer im Tagebuch der »*Reise durch England und Schottland*« anschaulich das Phänomen des ersten Anblicks Londons aus der Ferne, »immer glaubt man schon lange in ihrer Mitte zu sein, ehe man noch ihre Grenzen erreichte. Keine der größten Städte Europas, nicht Wien, nicht Berlin, selbst nicht Paris kündigt sich aus der Ferne so imposant an. Häuser reihen sich an Häuser, durch fast unbemerkbare Zwischenräume in verschiedene Flecken, Städtchen und Dörfer abgeteilt, alle scheinen zu einem Ganzen vereint, alle vergrößern ins Ungeheuere die Stadt, welche ohnehin in ihrem Bezirke, bei verhältnismäßiger Breite, anderthalb deutsche Meilen lang ist. Zu ihr führen von allen Seiten schöne breite Heerstraßen, welche, auch außer den Städten und Flecken, mehrere Stunden weit von London mit Laternen besetzt sind. Ein ewiges Gewühl von Wagen und Reitern verkündigt dem Fremden schon von Ferne, daß er dem Wohnorte von fast einer Million Menschen sich nähere.

Von *Shooter's Hill*, einer sechsundzwanzig englische Meilen von London entfernten Anhöhe, erblickten wir zum ersten Male die ungeheuere Hauptstadt, lang sich hindehnend an den Ufern der königlichen, mit Schiffen bedeckten Themse. Hoch in die Lüfte sahen wir St. Pauls wunderbaren Dom sich erheben, weiter zurück den schönen gotischen Doppelturm der

Westminster Abtei, daneben noch die Türme von weit über hundert anderen Kirchen. Es war ein schöner, heiterer Tag; aber der aus so vielen Kaminen aufsteigende Steinkohlendampf ließ uns die Gegenstände wie durch einen Flor erblikken.

Schnell rollten wir hin auf dem prächtigen Wege und glaubten, wie alle Fremden, lange schon am Ziele zu sein, ehe wir es erreichten. Endlich sahen wir die Themse vor uns. Die schöne Blackfriars Brücke führte uns hinüber, und nun erst waren wir in London. Betäubt von dem Gewühle rund um uns her, erreichten wir das nicht weit von der Brücke entlegene York Hotel, wo wir fürs erste abstiegen, um späterhin mit Bequemlichkeit eine stillere Wohnung in einem Privathaus zu wählen. Fast alle Fremden, welche längere Zeit in London zu verweilen gedenken, tun dies.«

Während am ersten Tag die Londoner City in Augenschein genommen wird, beginnen am nächsten schon die ersten gesellschaftlichen Verpflichtungen mit einer Einladung von Lady Anderson. Die Schopenhauers empfangen in ihrer gemieteten und herrschaftlich eingerichteten Wohnung Gäste oder gehen aus und absolvieren Gegenbesuche, verbringen die Tage mit der Besichtigung von Parks, Museen, Kirchen und die Abende in der Oper oder Komödie.

Am 1. Juni vertraut Arthur seinem Reisetagebuch die Besichtigung einer *Boarding-School* an, wo junge Mädchen auch tanzen lernen. Er empfindet den Auftritt von 40 jungen Mädchen von acht bis sechzehn Jahren, alle gleich gekleidet, als einen »allerliebsten Anblick«. Nachher wurden auch die jungen Herren zum Tanz gefordert, und auch Arthur macht hier keine Ausnahme, sich an diesem Abend beim Tanz zu vergnügen.

Ein gesellschaftliches Ereignis sind die Aufführungen der großen italienischen Oper.[31] Das Haus ist noch größer als das Theater von Drury Lane, in dem sie am vergangenen Abend Shakespeares Schauspiel *Viel Lärm um nichts* gesehen hatten und daran anschließend eine große Pantomime mit dem Harlekin als Hauptdarsteller. In der Oper sind die Logen alle, sieben Ränge übereinander, vom hohen Adel gemietet. Im Parterre darf man nicht anders als in full dress erscheinen, die Damen ohne Hüte und in weißen Kleidern, die Herren in seidenen Strümpfen, dreieckigen Hüten und die meisten gepudert. Zwischen den Akten der Oper *Calypso* wurden Tänze aufgeführt, und nach der Oper tanzten sie wieder in einem Ballett pantomime ein Menuett, das erste, das Arthur, ohne sich dabei zu langweilen, übersteht. Das gilt nicht unbedingt auch für die mehrstündige Opernaufführung in einer den meisten unverständlichen (italienischen) Sprache. So ist es denn auch kein Wunder, daß bei allem Interesse für eine schöne Arie, der man mit Bewunderung zuhören kann, Langeweile aufkommt, die unkonventionell durch eine lebhafte Konversation des Publikums wettgemacht wird.

Im gleichen Hause mit ihnen wohnen Landsleute aus Danzig, Herr und Mad. Schmidt und Herr Paleske, mit denen sie abends Vauxhall besuchen, ein Konzert hören und anschließend um 11 Uhr ein kleines Theater besuchen, mit künstlichen Wasserfällen und Marionetten. »Um zwölf wurde ein süperbes Feuerwerk abgebrannt. Nach dem Feuerwerk drängt sich alles nach den Lauben u. Tischen um zu soupieren.«

Die ganze Welt ist Bühne

Über die Londoner Bühnen erfahren wir mehr als aus den lapidaren Bemerkungen Arthurs in dem Reisetagebuch seiner Mutter: »Im Komischen, besonders im Possenspiel übertreffen die Engländer vielleicht alle anderen Nationen. Schon der bekannte, angeborene Ernst dieses Volkes macht seine seltene Lustigkeit umso ergötzlicher. Die Späße sind nicht immer die feinsten, oft ein wenig breit und plump, aber sie reizen unwiderstehlich zum Lachen; einige Schauspieler, zum Beispiel

Munden, brauchen nur sich zu zeigen, und das Haus erbebt bis in seinen tiefsten Grund von der rauschendsten, lautesten Freude. Viel will dies sagen bei einer Nation, die das Lachen für unanständig hält und dem Gebildeten höchstens nur ein Lächeln erlaubt. Hier siegt die Natur, unterstützt von der Kunst, und Regel und Zwang sind vergessen.«

Manchmal finden sich thematische oder sogar wörtliche Übereinstimmungen in den Tagebüchern von Mutter und Sohn. Sicherlich muß man unterscheiden, für den jungen Arthur sind die Aufzeichnungen Übungen und Gedächtnisstütze. Übungen in der Schönschrift, die der Vater wiederholt zu praktizieren anmahnt, denn ein ordentlicher Kaufmann muß seine Briefe und Rechnungen klar und unmißverständlich abfassen. Die Mutter schreibt professionell als perfekte Reiseschriftstellerin für das gebildete Publikum in Deutschland, ausführlich auf das Sujet eingehend und ebenso angereichert mit unbedingt Wissenswertem – und nicht zuletzt unterhaltend. Familiäres wird überhaupt nicht erwähnt, ganz im Gegensatz zu Arthur, der die Krankheit der Mutter, die Wünsche des Vaters, die langweiligen Londoner Regentage und selbst Vollmondnächte erwähnt, wenn der Mond über die gotische Westminsterkirche aufsteigt, sich im Wasser spiegelt und dem St. James Park eine so schöne Beleuchtung verleiht, daß er in ihm mit viel mehr Vergnügen als bei Tage spaziert...

An einem Abend gehen sie nach *Hay-Market*, um ein Schauspiel zu sehen, dessen Text aus dem *Don Quichotte* entliehen ist. Darauf folgt eine Farce, in der sich besonders ein komischer Akteur auszeichnet. Dann ereignet sich ein Zwischenfall, als auf der Galerie plötzlich ein Matrose anfängt, mit lauter Stimme zu singen. »Zuerst zischte man, da er indeß nicht aufhörte, ward es still: er sang wirklich gut, alles war aufmerksam, u. er wurde allgemein am Ende des ersten Verses applaudirt; im zweyten vergalloppirte er sich aber etwas, man lachte, er wurde nun aber doch beklatscht.« Johanna schildert den Vorfall, indem sie verallgemeinert und zugleich auf eine Eigenart des Londoner Theaterpublikums hinweist: »Zuweilen werden

24 London. St. James Park. Gemälde von Edward Dayes

die Zuschauer Schauspieler... Der Matrose sang für das, was
er war, gut genug und mit einer ganz erträglichen Stimme, dabei ganz furchtlos, obgleich sein Auditorium zu Teil aus den
Vornehmsten des Reiches bestand. Er fand vielen Beifall und
sollte nocheinmal singen. Jetzt wollte er es aber zu schön machen, überstieg sich über seine Kräfte und warf mitten in einer
Roulade förmlich um. Ein allgemeines Gelächter endigte für
diesmal die Szene.«

Die große italienische Oper in London hat Arthur hübsch
beschrieben. Die Mutter widmet den andern Theatern ihre
Aufmerksamkeit, die Arthur eher vernachlässigt, und um von
diesen etwas zu hören, überlassen wir Johanna Schopenhauer
das Wort: »Drury Lane. Dieses Theater ist von innen eines der
größten und schönsten der Welt, hell gemalt, geschmackvoll
dekoriert; es enthält vier Reihen Logen, ohne die Galerien.
Wenigstens fünfzig glänzende kristalle Kronleuchter und
noch viel mehr Spiegelwandleuchter sind ringsum in zierlicher
Ordnung angebracht, mehrere hunderte von Wachslichtern
brennen darauf, und doch schwindet ihr Glanz gegen den des
Theaters, sowie der Vorhang aufgeht. Erleuchtet durch eine
Unzahl von Lampen strahlt dieses wie im hellsten Sonnen-
scheine... Die glänzendsten Sterne des theatralischen Himmels hatten sich, wie wir in London waren, in Covent Garden
vereint; doch blieb Drury Lane, besonders im komischen Fach,

158

noch reich genug, um durch sehr ausgezeichnete Vorstellungen zu erfreuen.« Das über alles strahlende, glänzende Subjekt ihrer ungeteilten Bewunderung aber ist die Hauptdarstellerin, Mme. Jordan, die Geliebte oder heimlich angetraute Gemahlin des Königs, der sie vor aller Welt dadurch auszeichnete, daß er sie immer in seiner Equipage mit seiner Livree ins Theater fahren ließ.

Bei Herrn Solly[32] waren sie zum Mittag eingeladen. Da es aber entsetzlich regnete, mußten sie lange warten, ehe sie einen Fiaker erhielten, und kamen erst mit zweistündiger Verspätung an.

Covent Garden und Vauxhall werden von den Schopenhauers natürlich besucht, und es ist verständlich, daß sie diesen häufigen Theaterabenden den unvermeidlichen Einladungen zu einer Party wenn auch nicht den Vorzug geben, so darin doch einen anspruchsvollen Ausgleich finden zu den stundenlangen Soupers und Konversationen in den Boudoirs der Eitelkeiten. Natürlich sind es wieder die eleganten Dekorationen auch hier in Covent Garden, die zuerst auffallen. »Die zahllosen größeren und kleineren Spiegel, welche die Anzahl der strahlenden Wachskerzen ins Unendliche vervielfältigen. Auf diesen Brettern sah man oft die berühmtesten Künstler vereint, die in ihren verschiedenen Rollen und namentlich aufgezählt und beurteilt werden, zuerst Mme. Siddon, eine hohe, königliche Gestalt, deren ganzes Wesen zur Tragödie wie geschaffen war, der Ausdruck, die Form ihres schönen Gesichts paßte nur für das Trauerspiel. Als Isabella zum Beispiel in dem Trauerspiel *The fair Penitent* (Die schöne Büßende), wo sie im fünften Akt den Dolch sich ins Herz stößt, verschied sie mit einem lauten, konvulsivischen, herz- und nervenzerreißenden Gelächter, das ziemlich lange anhielt und den Zuschauern die Haare zu Berge sträubte. Aber so etwas will der Engländer, und halb London strömte ins Theater, um Mme. Siddons Lachen zu hören, obgleich die Damen Krämpfe und Ohnmachten davontrugen.«

Schließlich Vauxhall. Reizend, blendend, feenhaft am Ufer

der Themse unweit Londons gelegene Garten, »wenn er zur Feier des Geburtstags irgend eines Mitglieds der königlichen Familie« in den sogenannten Galanächten in doppelter Erleuchtung prangt und Tausende von Menschen ihn im Schimmer unzähliger Lampen in fröhlichem Gedränge unter blühenden Bäumen durchwandeln.

»Musik tönt durch die laue Sommernacht, alles atmet Lust und Vergnügen; es ist, als beträte man das Paradies der Mohamedaner.«

Es ist ein Freilufttheater. In der Mitte eines großen Platzes, von dem aus strahlenförmig Alleen unter erleuchteten Bäumen sich erstrecken, erhebt sich das große Orchester. Säle mit Statuen, Transparenten, Blumen und kristallenen Girlanden geziert, bieten Schutz gegen Kälte, Wind und plötzlich einfallenden Regen. Theatersänger lassen hier ihre Arien, Volkslieder, Kanons und vielstimmige Gesänge erklingen. Gedeckte Tische stehen mit Speisen und Getränken bereit. Zum Schluß wird getanzt, zuweilen wild und bacchantisch.

Von der bretternen Welt des Theaters erschöpft, wohnt Arthur eines Morgens einem traurigen Schauspiel der Wirklichkeit bei, einer öffentlichen Hinrichtung, wie sie alle paar Wochen den Londonern zur Abschreckung und grausamen Unterhaltung geboten werden. Er empfindet diese Szene zugleich abstoßend als einen »empörenden Anblick, Menschen auf eine gewaltsame Art umbringen zu sehen: indessen hat eine solche Hängeszene doch bei weitem nicht das gräßliche was sonst Hinrichtungen haben. Der Unglückliche leidet gewiß nicht eine halbe Minute; so wie das Gerüst fällt, ist er ohne Bewegung.« Die Schrecken dieses Auftritts sieht er dadurch gemildert, daß er ganz der Feierlichkeit entbehrt. Die Erschütterung geht tief, auch wenn er sie zu verdrängen versucht, denn es schauderte ihn, als man den Delinquenten den Strick um den Hals legte, denn »dies war der gräßliche Augenblick: ihre Seele schien schon in der anderen Welt zu seyn, es war als ob sie das alles nicht bemerckten...«

Den gleichen Abend verbringt er in einem Varieté, um sich

von den Künsten eines französischen Bauchredners in Erstaunen und Bewunderung versetzen zu lassen, der zum Beispiel, verborgen hinter einem Bettschirm, die ganze National-Versammlung mit einem Dutzend Stimmen, die von verschiedenen Quellen wechselweise sprechen, als Karikatur nachahmt. Am nächsten Tag sucht er Abwechslung in einer Menagerie bei einer außerordentlich zahlreichen Sammlung von wilden ausländischen Tieren und sieht mit den Eltern am Abend in Covent Garden zwei Schauspiele, zwischen welchen in der Pause ein Sänger, ein Tänzer und ein Stimmenimitator auftreten. Shakespeare mit Einlagen. »Die ganze Welt ist Bühne.«

Am Sonntag schließt sich ein Besuch der Quäkerkirche an, dessen Prediger so undeutlich sprechen, daß er nur wenig versteht und vorzeitig weggeht. Naturalien-Kabinette, die in jener Zeit großes Aufsehen erregten, hatte er schon auf seiner ersten Ausfahrt mit seinen Eltern in Göttingen, Kassel und Dresden bestaunt, hier mit so schön ausgestopften Tieren, daß sie ihm wie lebendig erscheinen, von Kapitän Cook auf seinen Weltumseglungen gesammelte Raritäten, auch Kunstsachen und das aus Gold und Edelsteinen imitierte Grab des Konfuzius.

Durch Marmor gesicherte Unsterblichkeit

Die Westminister-Abtei in London ist Krönungs- und Grabeskirche der englischen Könige. Die zahlreichen bedeutenden Engländern darin errichteten Grab- und Denkmäler weist sie als die Behausung berühmter Toter aus, als ein Ruhmestempel der englischen Nation. Auf Arthur macht dies wohl den tiefsten Eindruck, dem die Unsterblichkeit durch ein marmornes Denkmal gesichert erscheint. Johanna Schopenhauer ist von der Überfülle der unzähligen Monumente, die die große Kirche überladen und die Einheit des Raumes zerstören, überhaupt nicht angetan. »Ein großer Teil der Ausführung des schönen Zwecks geht durch die Art verloren, mit welcher alles unter-

und übereinander gestellt ist. Durch Staub, Schmutz und unzählige Spinnweben muß man sich drängen, um manches Monument in seinem engen Winkel zu betrachten, und dabei den Kummer fühlen, das wahrhaft Schöne und Große durch soviel Mittelmäßiges verdrängt und entstellt zu sehen.«

Einhellig werden von Mutter und Sohn »*The Poets Corner*« gewürdigt. Die Gräber Miltons, Garricks, Händels und Shakespeares erblickt man zuerst am Eingang: mit ernstem Gesicht steht Shakespeare in Lebensgröße auf seinem Grabe u. hält seinen schönen Vers über die Vergänglichkeit in der Hand.[33]

Kein Mensch kann erwarten, daß die Helden des Geistes und der Künste vollzählig in diesem schönen Pantheon versammelt sind. Johanna mäkelt denn auch: »Swift, Sterne und Pope suchten wir vergebens.« Andere hochgefeierte Verblichene sind in engen unscheinbaren Winkeln abgestellt. »Händel sitzt schreibend und aufhorchend, als belausche er die Melodie der Sphären...« Arthur philosophiert beim Anblick Garricks, der hinter einem Vorhang, den er zurückschlägt, hervortritt und in eine bessere Welt einzutreten scheine.

Man zeigte ihnen beim Rundgang eine Anzahl uralter Särge, »auf denen der Held den sie enthalten, von Holz geschnitzt, in voller Rüstung mit zusammen geschlagenen Händen liegt«.

Sie sahen auch das Grab der Königin Elisabeth mit ihrem Monument aus Wachs, in ihren letzten Kleidern, und das Grabmal ihrer Rivalin Maria Stuart. Abgeteilt stehen die Gräber von Zeugen der neueren Epochen, bekannter Schriftsteller und Gelehrter, besonders aber vieler Admiräle als sichtbarer Ausdruck des seebeherrschenden Albions. Johanna ist sichtlich erschüttert beim Anblick der Statue der Maria von Schottland, die man unweit ihrer Todfeindin und Mörderin zur letzten Ruhe gebettet hat.

Arthur macht die Versammlung all dieser Zelebritäten aus vielen Jahrhunderten eher nachdenklich bei dem schönen Gedanken, wie sie hier zusammen einträchtig ruhen, vereint über Raum und Zeit hinfort, in diesem ungeheuer weitläufigen Mausoleum, »u. was wohl jeder von dem Glanz, von der Größe, die ihn einst umgab, hinüber nahm«. Die Könige mußten Krone und Szepter zurücklassen, die Helden all ihre Waffen und Ränge, die Dichter ihren Ruhm, dies alles blieb zurück, die Insignien der Macht und Geltung, nichts als Staub und Asche. Nur den großen Geistern unter ihnen, vielleicht etwa den Philosophen, deren Glanz sie nicht von äußerlichen Dingen erhielten, sondern aus sich selbst, sie allein nehmen seines Erachtens »ihre Größe mit hinüber, SIE nehmen alles mit was sie hier hatten«.

In der Tat ein schöner Gedanke, der mit dem Nichts versöhnen könnte, aus dem die Welt besteht.

Schlösser und Gärten

Ausflüge in die landschaftlich abwechslungsreiche Gegend, in die königlichen Gärten gehören zum Gesellschaftsspiel der *upper ten*, deren Gäste die Schopenhauers hier ja sind. Durch den Londoner Hyde Park hindurch, vorüber an den botanischen Gärten von Kensington, führt die Straße zu den königlichen Gärten von Kew, die Pflanzen aller Weltteile und Zonen in sich vereinigen. Das Haus des Königs dient nur zum Absteigequartier bei den nicht seltenen Morgenpromenaden. In den eigentlichen *Pleasure Ground* werden sie nicht eingelassen. Nur der Mutter Arthurs verdanken wir eine Beschreibung, weil ein zufällig dort arbeitender deutscher Gärtner sich von seinen Landsleuten zu einer Führung überreden ließ. »Da gibts Tempel die Menge, der Bellona, dem Pan, dem Äolus, dem Frieden, der Einsamkeit und wem nicht sonst noch geweiht; da ist ein Haus des Konfuz, eine Wildnis mit einem maurischen Gebäude, eine chinesisch seinsollende Pagode, eine Moschee, römische Ruinen, kurz, viel zu viel für den guten Geschmack... denn dieses bunte Allerlei wird niemandem gefallen, der

Gelegenheit hatte, die liebliche Einfachheit der englischen Parks zu bewundern.«

An die Gärten von Kew schließt sich unmittelbar Richmond an, mit dem Blick von Richmond Hill auf Ebenen von sanften Hügeln begrenzt, von der Themse mit ihren von Villen geschmückten Ufern durchschlängelt. Dörfer und einzelne Landhäuser liegen zerstreut umher, grüne Wiesen mit weidenden Pferden und Kühen. Es ist der Blick auf eines der reizendsten Täler der Welt, meint Johanna begeistert. »Selbst England bietet keine solche zweite Ansicht dar, und außer dieser Insel, kann es keine ähnliche geben...«

Sie hat ganz England und Schottland vom Kanal bis zum Firth of Lone im hohen Nordwesten durchreist und müßte es eigentlich wissen. »Aus der Ferne schauen die ehrwürdigen grauen Türme von Windsor von ihrem Hügel herüber, unten, mehr in der Nähe, breitet sich stattlich das große königliche Schloß Hampton Court aus.«

An der Themse gelegen ist die Villa Popes,[35] in der er seine unsterblichen Gedichte schrieb, unübersehbar, aber leider einer Besichtigung unzugänglich.

Gestirne und Schiffe

In der Nähe von Salt-Hill liegt das Dorf Slough, in dem der Astronom Herschel[36] in einem vom König ihm geschenkten Haus wohnte. Arthur trägt über den Besuch bei dem weltberühmten Gelehrten und Autodidakten in sein Reisetagebuch nur einen einzigen Satz ein, während die Mutter ihrem Landsmann einige Seiten der Aufmerksamkeit widmet.

Arthur hat ausschließlich Interesse an den von Herschel selbst gebauten Teleskopen »von ungeheuerer Größe, u. auf proportionierten, das ist häuserhohen, Gerüsten, in seinem Garten aufgestellt«. Herschel zeigte ihnen seine astronomischen Instru-

164

mente, zahlreiche kleinere Fernrohre, denn mit diesen hatte er seine Entdeckungen verschiedener Himmelskörper gemacht, bei denen es nicht auf die Maße der Gläser, sondern viel mehr auf eine unablässige Beobachtung des gestirnten Himmels ankomme. Während des Krieges war der gebürtige Hannoveraner mit seinem Vater im Musikchor eines hannoverischen Regiments nach England gekommen. Neben seiner Hauptbeschäftigung als Musiklehrer und Musiker in Konzerten und im Theater widmete er sich den alten und neuen Sprachen, der Mathematik, Optik und Astronomie. Weil die optischen Instrumente zur Himmelsbeobachtung unerschwinglich teuer waren, begann er selbst mit dem Bau eines Newtonschen Reflektors, um mit seinen weltbekannten astronomischen Entdeckungen dem Kosmos einige Geheimnisse zu entreißen.

Nach einem der unablässigen Londoner Regentage unternahmen sie auf einem der numerierten Mietboote auf der Themse einen Ausflug nach Greenwich [37], um die dortige Sehenswürdigkeit, das Marine-Invalidenhospital, zu besichtigen.

An einem kilometerlangen Wald von Schiffsmasten von Seglern und Clippern vorbei befuhr das Boot den großen Strom, der von Barkassen und kleineren Wasserfahrzeugen aller Art wimmelte. »Eben ankommende oder abgehende große Schiffe bewegen sich majestätisch durch sie hin, von allen Seiten ertönt das Rufen des fröhlichen Schiffsvolks, Lebewohl und Willkommen schallen durcheinander... Von der Wasserseite aus gesehen nehmen sich die vier Gebäude des Hospitals, in denen nahe an dreitausend Veteranen ihren Lebensabend auf Kosten des Staates verbringen, wie ein einziger Palast aus. Mit verschwenderischer Pracht ist die Kapelle geschmückt.«

Arthur erklärt die ausgesuchte Lage des Hospitals mit der zutreffenden Bemerkung, daß die alten Seeleute täglich das Vergnügen genießen könnten, die ein- und ausfahrenden Schiffe zu sehen und selbst ihren maritimen Träumen nachzuhängen, Tummelplatz ihres einstigen Lebens. »Die Invaliden sind alle sehr ordentlich u. rein gekleidet; u. jeder hat seine eigene Schlafkammer.« Diese kleinen Kabinette sind Schiffskajüten nachgebildet. In einigen Sälen und Zimmern des Hauses hängen Kupferstiche, Bildnisse der Königin, des Königs oder bekannter Seehelden und Gemälde von Seeschlachten und fernen Häfen. Große Hallen dienen den Insassen zum Flanieren bei schlechtem Wetter, die größte unter ihnen hat eine gemalte Decke mit einer Kuppel, Säulen und Malereien. Auf der anderen Seite des Gebäudes steht in einem weiten Park die auf einem Hügel erbaute Sternwarte.

Am Geburtstag des Königs

Am Geburtstag des Königs führt ihr Gastgeber, Sir James Durno, die Schopenhauers in den St. James Park, wo Böllerschüsse die Auffahrt von mehr als tausend prächtigen Staatswagen begrüßten, mit denen sich der Adel Hofe fahren ließ. »Die Herzöge von Gloster und York sahen wir in Wagen, die an den Seiten ganz von Glas waren und vier Bedienten und Kammer-Husaren vorbeyfahren. In den Wagen saßen die Herren mit gestickten Kleidern und gewaltigen Haarbeuteln und die Damen mit Poschen.[38] Sir James Durno versprach uns aber, uns nächstens Billets zur Antichambre zu verschaffen, wo wir sie alle in der Hofkleidung sehen könnten.«

Das geschah einige Tage später. Die Hofdamen sahen aus wie verkleidete Bauernmädchen mit ihren gewaltigen Poschen und langen goldenen Schleppen, glossiert Arthur ein wenig herablassend den hier in der alten prächtigen Hoftracht versammelten ganzen Hofstaat. Dann zeigten sich schließlich auch der König und die Königin.

Vierzehn Tage danach besuchen sie Schloß Windsor und sehen wieder den König, der mit seiner Familie zwischen dem Volk, das Spalier gebildet hat, auf- und abgeht. Arthur betont, daß dieses höchstdemokratisch anmutende Ritual kein einmaliger Vorgang ist, sondern sich jeden Sonntag wiederhole, wenn es nicht regne. Der König geht mit seiner Familie arglos unter seinem Volk spazieren ohne eine soldatische Begleitung. Nur ein Konstabel geht voran, um ihm Platz zu machen. Respektlos, wie nur ein junger Mann aus reichem Hause sein kann, dem das volkstümliche Schauspiel wohl imponiert, der aber nicht davon abhalten kann, der Wirklichkeit ins Auge zu sehen, mit der ihm eigenen, fanatisch verfochtenen Wahrheitsliebe und einem kritischen Blick für die Realität schreibt Arthur:»Der König ist ein sehr hübscher alter Mann. Die Königin ist häßlich und ohne allen Anstand. Die Prinzessinnen sind alle nicht hübsch und fangen an alt zu werden.«

»Wir wollen die Löwen im Tower sehen...«

Einen lebendigen Anschauungsunterricht erfährt Arthur bei einem Besuch des Towers beim Anblick der von der spanischen Armada erbeuteten Waffen. Von einem Gardisten des Königs werden sie geführt, der die Uniform trägt, die Heinrich VII. seiner Garde verordnete:»ganz roth, mit blauem Samt u. Gold überall gepufft, ein platter runder Hut, die Krone u. das englische Wappen mit *Dieu et mon droit* auf dem Rücken gestickt u. eine große Hellebarde«. In diesem spanischen Waffenarsenal stand auch die Königin Elisabeth aus Wachs modelliert und mit der Rüstung gekleidet, in der sie 1588 ihre Ansprache vor der aufmarschierten Armee gehalten hatte. Im sich anschließenden Rüstsaal hängen alle Arten von alten Waffen und eine große Anzahl von Helmen und Harnischen für Menschen und Pferde. Im Zeughaus selbst lagerten für den eben ausgebrochenen Krieg mit Frankreich in einem Saal Waffen und Ausrüstung für 3000 Mann. Man zeigte ihnen aber auch die Reichskleinodien: Kronen für die ganze königliche Familie, Szepter, Reichsapfel, das Friedensschwert und die Ölungsflasche. Es ist nicht allzuviel, was Arthur von seinen Eindrücken des Towerbesuchs mitzuteilen weiß. Ein wenig kindisch ist wohl die Bemerkung, daß alle diese Gewehre, Pistolen und Säbel »mit so vielen Geschmack aufgestellt sind, daß sie einen allerliebsten Anblick gewähren«.

Verständlicher ist schon die Enttäuschung, die königlichen Kleinodien in einem Keller aufbewahrt zu finden, von zwei Kerzen kärglich angeleuchtet, daß es einem unheimlich werden könnte, hinter einem Gitter, um sie vor dem Betasten der Besucher zu verschonen. Arthur vergleicht nun rückblickend seine Visite im Grünen Gewölbe zu Dresden, dessen Kostbarkeiten jeder Besucher in die Hand nehmen konnte. Die Towerbesichtigung ist damit wohl kaum abgeschlossen. Arthur mag aber keinen Gefallen mehr an weiteren Aufzeichnungen gefunden haben, oder in dem umfassenden Besuchs- und Besichtigungsprogramm keine Zeit mehr dafür gehabt haben, denn er beendet ziemlich plötzlich diesen Rundgang mit einem seiner Lieblingsthemen, seiner auffallenden Aufmerksamkeit für die exotische Tierschau im Löwenturm.

Das Thema Menagerie greift auch die Mutter in ihrer Aufzeichnung über den Tower auf, woraus zu erkennen ist, wie nahe die faibles beieinanderliegen:»Wir wollen die Löwen sehen, sagen die englischen Pächter- und Landjunkerfamilien, wenn sie eine Wallfahrt nach der Hauptstadt und ihren Merkwürdigkeiten unternehmen. Diese Löwen, eigentlich die im Tower aufbewahrte königliche Menagerie, dienen ihnen, als die Hauptmerkwürdigkeiten der Stadt, zur Bezeichnung alles Sehenswerten in derselben... Grämlich und düster blickt dieser uralte Schauplatz unzähliger Greuel mit seinen grauen Türmen über den ihm umgebenden Wassergraben. Eine alte Sage gibt Julius Cäsar für den ersten Erbauer dieser Veste an; die Geschichte aber sagt uns, daß Wilhelm der Eroberer in der Mitte des elften Jahrhunderts den Grund dazu legte, um seine vielgeliebten Londoner in gehörigem Respekte zu erhalten.«

Eigentlich gleicht der Tower einer kleinen Stadt mit Straßen, Magazinen, Kasernen, einer Kirche, Zeughäusern und Münze. Ein Wassergraben läuft rings umher und auf einer Terrasse an der Themse harren 60 Kanonen aus, um bei feierlichen Anlässen abgefeuert zu werden. Natürlich sind die Löwen die Attraktion auch für die sonst mehr an gediegeneren Genüssen Geschmack findenden Schopenhauers. Auch Panther, Leoparden, Tiger und andere wilde Bestien, die nach englischer Sitte komfortabel »wohnen« in ihren Käfigen mit Schlaf- und Wohnkabinetten und mit christlichen Vornamen, wie Miß Howe, Miß Jenny, Miß Charlotte, Miß Nanny, als wäre man auf einer englischen Party.

In dem Verlies, das die Kronjuwelen behütet, sehen sie unter diesen Schätzen einer düster gehaltenen Unterwelt zum Beispiel den goldenen Adler, dessen Hals das heilige Öl zur Salbung der Könige als Gefäß aufbewahrt. Im weißen Turm zeigt man ihnen auch das Beil, »unter welchem der Anna Boleyn schönes Haupt fiel«, und viele andere traurige Merkwürdigkeiten aus den Kollektionen des Towers.

Was man von Wimbledon lernt

Bevor die Eltern nach Mittelengland und Schottland allein weiterreisen, fahren sie zusammen mit Sohn Arthur nach Wimbledon, um mit Herrn Lancaster über den mehrwöchigen Aufenthalt Arthurs zu verhandeln und die Gelegenheit zu benutzen, die Erziehungsanstalt genauer kennenzulernen. Gewöhnlich sind es Landprediger, die neben ihrem geistlichen Amt dieses Erziehungsgeschäft betreiben. Lancasters Heimschule (das ist wohl eine angemessenere Bezeichnung) gilt für eine der besten, zumal Lord Nelson für deren Reputation sorgte, indem er zwei seiner Neffen dort zur Ausbildung abkommandierte. Das Schulsystem ist in zwei Klassen eingeteilt, die der Schüler und die der Kostgänger; mit letzteren befaßt sich vornehmlich der ehrwürdige Herr Lancaster, um sie in Englisch zu unterrichten. Im übrigen erhalten die Schüler Unterricht in den alten Sprachen, in Geographie, Geschichte, Schreiben, Rechnen und Französisch. Für die sportlichen oder musischen Fächer (Fechten, Tanzen, Zeichnen, Musik), die extra bezahlt werden müssen, kommen Lehrer einmal wöchentlich von London herüber. Ein besseres Leben als die Schüler, denen ein schlechtes Essen vorgesetzt wird, die zum Spazieren getrieben werden und täglich, auch im Winter, in einem großen Bassin gebadet werden, haben die Kostgänger, die dem ehrwürdigen Herren von Lancaster dreimal soviel Guineen als die Schüler einbringen. Sie nehmen zwar an den Schulstunden teil, »essen aber an dem gut besetzten Tische, können nach Herzenswunsch im Lustgarten und im Obstgarten ihr Wesen treiben, während ihre Kameraden auf dem öden Hofe bleiben müssen und entsetzlich geprügelt werden, wenn sie sich einmal in jene verbotenen Reviere eingeschlichen haben. So müssen die Kinder schon in der Jugend lernen, daß dem Reichen alles erlaubt, und Geld daher das höchste Ziel ist, wonach man zu trachten hat.«

Johanna Schopenhauer rügt diese Lehrmethode und die mechanisch betriebene Erziehung ohne Rücksichtnahme auf Charakter, Alter und Begabung. Aber Arthur gehört zu den privilegierten Kostgängern und hat nicht persönlich unter den das Schulsystem dominierenden Zwängen zu leiden. Jedoch widert ihn die geradezu belästigende Bigotterie des Unterrichts an, die Andachtsübungen, Predigten, Bibelstudien, Gesänge und Litaneien, besonders an den Sonntagen, da alle lauten Ausbrüche der Freude hoch verpönt sind und streng bestraft werden.

In der *Boarding School* des Reverends Lancaster lernte Arthur ein Erziehungssystem kennen, das ihn, der eine individuelle und liberale Schulausbildung in Hamburg und Havre erfahren hatte, mit Widerwillen erfüllt. Er besuchte dieses Internat in der Zeit vom 30. Juni bis zum 20. September 1803, als seine Eltern sich auf der weiteren Reiseroute durch England und Schottland befanden.

In ihrem Reisebericht schilderte seine Mutter später dagegen die Boarding School als eine der besten in England.

In einem Brief seines Hamburger Freundes Georg Christian Lorenz Meyer, vom 23. August 1803, spiegelt sich eine Schilderung Arthurs über den Schulbetrieb an eben diesen Freund sarkastisch wider: »Unter allen Dingen, die Du mir sagst, die man des Sonntags unterlassen müßte (als tanzen, springen, schießen, fischen, singen, pfeiffen, zechen, schreiben, weltliche Bücher lesen, spielen, schreien (dein faible), klettern, Lärm machen u. s u. s.) so finde ich doch kein Verbot wegen des Schlafens. Ich würde mich hierzu entschließen, wenn ich nichts andres thun dürfte.«

Schon nach acht Tagen seines dortigen Aufenthalts beklagte sich Arthur in einem Brief an seine Mutter über den Mangel an Abwechslung und Freundschaften. In ihrer Antwort aus New Castle geht Johanna näher darauf ein:

»Du mußt nur denen Leuten ein wenig mehr entgegenkommen als es sonst wohl deine Art ist, bey jeder gesellschaftlichen Verbindung muß einer den ersten Schritt tun, und warum solltest Du das nicht so gut tun können als ein anderer, der obgleich er älter als Du ist, doch nicht den Vorzug gehabt hat, der Dir so früh zu theil geworden ist, oft und viel unter fremden Menschen zu leben...«

Auch das komplimentenreiche Wesen seiner Mitschüler stößt ihn ab, aber Johanna ermutigt ihn, sich diesen Höflichkeitsformen nicht zu entziehen, sondern sich ihrer zu bedienen. Er klagt auch über zu wenig Abwechslung in der frömmelnden Erziehungsanstalt. Bücher lesen, Flöte spielen, Zeichnen, Fechten und Spazierengehen füllen ihn nicht aus, und, wie die Mutter meint, solle diesem Zustand im August schnell abgeholfen werden, denn dann will der Vater es ihm erlauben, einmal in der Woche London zu besuchen und zu Gast bei den Percivals zu weilen.

Dann hagelt es Ermahnungen wie die von dem Vater, als Grundlage für ein erfolgreiches Kaufmannsleben vollendet die Schönschrift zu beherrschen und einzusehen, wie notwendig es für sein künftiges Fortkommen sei, »gut, schnell und deutlich zu schreiben, und ich kann nicht begreifen, wie es Dir mit sorgfältigem Fleiß und vieler Übung so schwer werden sollte eine so mechanische Übung zu erlernen!« Die Mutter steigert sich in eine Erregung hinein, die an Schuldvorwürfen nicht geizt und Drohungen, »schreibst Du also nicht gut, so ist es Deine Schuld und Du mußt die Folgen davon hinnehmen, denn es ist unsere Pflicht und unser Wille, alles zu Deiner Vervollkommenung beyzutragen was in unsern Kräften steht, die Art und Weise, wie wir es thun können wir nicht nach Deinem Gefallen abmessen«.

Mit der Reise sei es soweit gut gegangen, aber da der Vater nur ungern Bekanntschaften mache, habe sie nicht viel mehr Gesellschaft als die eigene gehabt. Das sind unverhohlene Klagen gegen die Gesellschaftsscheu des Vaters, der ihren Erlebnishunger und ihre Unternehmungslust nicht zu stillen vermag. Sie fühlt sich gesellschaftlich isoliert und klagt über Einsamkeit.

Im Labyrinth der schottischen Unterwelt

Ein wenig läßt sie sich über die Schulter ins Tagebuch schauen, wenn sie über das unbeschreiblich schöne Darbyshire schwärmt, auf dessen hohen malerischen Felsen sie sich nicht müde genug klettern konnte. Oder über Duguet, wo sie mit einem Führer in das Labyrinth der Unterwelt einer Höhle hinabsteigt und sich zweimal in einem flachen Boot ausstrecken mußte, um sich so unter den niedrigen Felsenklüften auf dem unterirdischen Strom fortschiffen zu lassen. An einer anderen Stelle nahm der Führer sie Huckepack und trug sie nicht ohne Gefahr die schmalen Felsenpfade an den reißenden Wassern entlang, eine gute Stunde wohl, bis sie wieder ans Tageslicht kamen. Über der Erde locken sie die prächtigen Ruinen einer alten Abtei aus dem 12. Jahrhundert, um dann wieder, diesmal

172

von ihrem Mann begleitet, in Kohlenminen bei Manchester einzufahren.

Aus Hamburg liegt gute Post vor. Adele, die in Danzig bei Johannas Schwester Julchen zurückgeblieben ist, fehlt nichts in der Heimat ihrer Eltern und Großeltern.

Auch der Vater richtet an Arthur von Edinburgh aus ein paar Zeilen, wieder ermahnenden Inhalts, besorgt über die spärlichen Nachrichten aus Wimbledon, und mahnt an, die Ratschläge der Mutter zu beherzigen, vor allem Schreiben in ganzer Vollkommenheit zu lernen, denn die anderen Dinge sind bloß Nebensache dagegen. »Im August habe ich Dirs gewähret, einen Tag wöchentlich in London zu seyn, aber keine Nacht und ermahne ich Dir in der Reitschule manierlich und vorsichtig zu seyn und alle 8 Tage auf feinem Papier zu schreiben.«

Es geht also auch aus der Ferne nicht ohne Ermahnungen, und nichts scheint dem Vater wichtiger zu sein, als Arthur zu einem Künstler der Feder zu erziehen, nicht ahnend, daß er es in der Tat einmal sein würde, aber mehr als Stilist und Aphoristiker denn als ein Schönschreiber, einer, dessen Lebensinhalt das Schreiben sein wird und der noch in den letzten Tagen die Feder nicht aus der Hand legt und Bogen um Bogen füllt, um etwas mehr, als eigentlich schon für die Unsterblichkeit hinreicht, an großen Gedanken der Nachwelt zu hinterlassen.

Am 4. August beschwert sich die Mutter aus Glasgow, daß sie in Edinburgh, wo sie sich 6 Tage aufhielten, keine Zeile aus Wimbledon erhalten hätten. Er sei verpflichtet, seinen Eltern regelmäßig Rechenschaft abzulegen, wie er seine Zeit verwende. Briefe, die nachgeschickt werden müßten, kosteten doppelt Porto, und »wir können am Ende das Vergnügen haben, sie in Deiner Gesellschaft in London zu erbrechen«. Dem Vater sei es sehr lieb, daß Arthur nun täglich zwei Stunden fürs Schreiben verwende, denn es sei das Klügste, was er tun könne. Auch den Ausdruck seiner Briefe bemängelt sie kritisch und gibt ihm den guten Rat, sie noch einmal durchzusehen, bevor er sie absende, überdies sei dies der einzige Weg, seinen Stil auszubilden und von Fehlern zu befreien. Ausdrücke wie »infame Bigotterie« würden gebildete wohlerzogene Leute sich nicht einmal in der Hitze des Gesprächs entschlüpfen lassen.

Es ist eine ziemlich lange Lektion, die sie ihm erteilt, vorsichtig in der Wahl und der Zusammenstellung der Ausdrücke zu sein und zu prüfen, welchen Eindruck er auf den Empfänger des Briefes machen werde. Arthur gefällt es immer weniger in der Schule des Geistlichen, er kann oder will sich nicht anpassen und damit auf ein Niveau begeben, das der schon in der Welt erfahrene junge Mann längst überschritten hat. Soll sich doch die Gesellschaft gefälligst an sein Niveau anpassen, nein, der Geist, der diese Erziehungsanstalt von Reverend Lancaster erfüllt, ist so gar nicht seine Sache – und er wird's schon überstehen. Auch ist London nicht weit, wo man mit seiner Zeit mehr anfangen kann, als Schulweisheit träumen läßt...

Die Fackel der Wahrheit

Das Gefühl fürs Schöne tauge nichts, läßt Johanna ihren Sohn wissen, um ihn auf den rechten Weg zu bringen, man müsse das Nützliche sich zum Leitfaden machen, anstatt die Zeit mit schöngeistiger Lektüre zu vertändeln: »... und alles in der Welt wollte ich Dich lieber werden sehen als einen sogenannten *Bellesprit*... die mit Hohn und Verachtung auf den arbeitenden prosaischen Geschäftsmann« herabsehen, der am Ende diese Künstler wohl auch noch finanziere.

Das Klima in dem Haus des Geistlichen und Lehrers in Wimbledon behagt Arthur ganz und gar nicht und erscheint ihm dunkel und undurchsichtig, auch heuchlerisch, denn er schreibt an die Mutter: »Die Wahrheit soll mit ihrer Fackel die ägyptische Finsternis in England durchbrennen!«

»Aber, mein Sohn, welch' eine Wahl der falschen Worte«, erteilt sie ihm wieder Unterricht und Belehrung in Stil und Ausdruck: »Wie kannst Du der Wahrheit so etwas zumuten? eine

Finsternis kann, so viel ich weiß, wohl erleuchtet werden aber brennen, mein Sohn, brennen kann sie wahrhaftig nicht!«

Die öden englischen Sonntage ohne Musik und Tanz und Theater findet er fürchterlich in dieser pietistischen Übertriebenheit und muß sich nun von seiner Mutter sagen lassen, daß er in Hamburg des Sonntags durchaus nichts Ordentliches vornehmen wollte, »weil es Dir Tage der Ruhe waren, nun kriegst Du der Sonntäglichen Ruhe satt und genug«. Ein wenig mokiert sie sich darüber, wie sich seine Einstellung geändert habe. »Nun ja, wir sind im August«, und sie vermutet, daß Arthur auch schon in London gewesen ist, und wenn er »auf dem Trocknen« sein sollte, die Landsleute Paleske oder Drewe würden ihm schon Geld geben, wenn er es nötig habe, schließlich sei er eher sparsam als ein Verschwender und das sei gut so.

Von der Reise hat sie zu vermelden, daß die Highlands und Pferderennen nun hinter ihnen lägen, und »schönere, merkwürdigere und interessantere Gegenstände werden mir wohl schwerlich vorkommen«. Ihren Danziger Landsmann Meyerhoff haben sie auf der Reise getroffen, ein Geschäftsmann und Freund des Vaters: »Er war gerade beim Vater im Komtoir da wir Danzig verließen und begleitete uns bis vors Thor, er hat viel nach Dir gefragt und läßt Dich grüßen.«

Danzig und die Stunde der Ausreise über Kopf und Hals begegnet ihnen auch hier im fernen England wieder und die Vergangenheit holt sie ein, jedenfalls in der zufälligen Begegnung mit dem Landsmann, der ihnen das letzte Geleit bis zum Olivaer Tor gab, wo das preußische Hoheitsgebiet angrenzte mit der »Zollbude« und dem Grenzbaum.

Schreibübungen und Schönschrift bis zur Unerträglichkeit

Die beiden letzten Briefe von der Reise durch England schreibt der Vater aus Liverpool und Bristol, aber er berichtet nicht über Reiseeindrücke, sondern erteilt Arthur Direktiven, wie und wieviel er zu schreiben habe, »denn ein Mensch der sich der Handlung ergeben will, schlechterdings gut und flüssig schreiben muß«. Die Übungen im Schwimmen, von denen Arthur begeistert über die erzielten Fortschritte berichtet, tut der Vater als ebenso unnütz wie gefährlich ab. Nur im Zeichnen und Singen müsse er weiterkommen und sich im übrigen einer »besten und deutlichen teutschen Handschrift befleizigen, und mir eine Antwort erläßt, die mir befriedigt«.

Aus der Reisekorrespondenz gewinnt man den Eindruck, daß Vater und Sohn aneinander vorbeischreiben. Arthur läßt wohl in keinem seiner Briefe erkennen, worüber der Vater dann endlich doch noch befriedigt lesen könnte, daß sich seine Hoffnung, der Sohn wolle »die Handlung« erlernen, erfülle. Keine Zeile davon fließt Arthur aus der Feder, wie denn der Vater stereotyp bis zur Unerträglichkeit auf Schreibübungen und Schönschrift besteht. Anderes führt er nicht in seinem Sinn. Auch in der fürchterlichen Grammatik kann er Arthur kein Vorbild sein, wahrscheinlich schreibt er englisch, französisch und holländisch besser. Inzwischen sind die Eltern wieder in London eingetroffen und erwarten ihren Sohn auch alsbald von Wimbledon zurück, allerdings nicht ohne ihn zu ermahnen, »zu lernen, die Feder so zu halten, daß man dieselbe durch den Fingern allein ohne die Faust fortzurücken gantz in seiner Gewalt hat und so auch wie spielend mit ihr wirken kann, ist das gantze Geheimniß schön und flüßig zu schreiben«.

Die Mutter langweilt sich indessen in London, »ich bleibe fleißig zu Hause weil ich nicht weiß wo ich hingehen soll, dabei deklamiere ich das beliebste Verbum, *je m'ennuie, tu t'ennuies* etc. und zur Gemühtsergözung spiele ich die Sonaten die mir alle Tage besser gefallen«.

Der Brief spricht Bände. Vom Vater ist keine Rede.

Johanna fühlt sich offensichtlich vernachlässigt und alleingelassen.

Nach einem Aufenthalt von 12 Wochen in Wimbledon kehrt Arthur nach London zurück und fühlt sich glücklich, wieder mit den Eltern vereint zu sein.

Man geht nirgends besser zu Fuß als in London

Die Schopenhauers sind vorerst gezwungen, in London zu verharren, weil wegen des Krieges die Schiffsverbindungen mit Frankreich unterbrochen sind. Arthur führt sein Reisejournal nur noch sporadisch fort, »da wir die Merkwürdigkeiten Londons fast alle während unseres ersten Aufenthalts gesehen haben«. Kensington Garden, das Britische Museum und St. Paul stehen aber noch auf dem Besuchsprogramm, und London selbst, über das Johanna in ihrem Reisebuch so ausführlich berichtet, ist immer reizvoll zu erleben:

»Man erzählt von einem der unzähligen kleinen vormaligen Souveräne des weiland Heiligen Römischen Reiches: er habe, da er spät abends in London seinen Einzug hielt, gemeint, die Stadt sei ihm zu Ehren illuminiert. Wäre er bei Tage durch die volkreichsten Straßen der City, etwa durch Ludgate Hill oder den Strand gekommen, er hätte ebenso leicht meinen können, ein allgemeiner gefährlicher Aufruhr setze die Einwohner alle in Bewegung.

Niemand, der es nicht mit seinen Augen sah, kann sich einen Begriff machen von dem ewigen Rollen der Fuhrwerke aller Art in der Mitte des Weges, von dem Wogen und Treiben der Fußgänger auf den an beiden Seiten der Straßen hinlaufenden, etwas erhöhten Trottoirs. Nicht die Leipziger Ostermesse, nicht Wien, selbst nicht Paris können hier zum Vergleiche dienen. Dennoch geht es sich nirgends besser zu Fuß als in London, sobald man sich in die Art und Weise der Eingeborenen zu finden gelernt hat. Dies gewährt den Fremden, besonders den reisenden Damen, einen großen Vorteil um alles zu sehen und zu bemerken. Wenn man wie in den anderen großen Städten immer in seinem Wagen festgebannt bleiben muß und keinen Schritt gehen kann, lernt man den Ort kaum zur Hälfte kennen; auf den schönen Quadersteinen der Londoner Trottoirs aber kommt man vortrefflich fort, selbst wenn das Wetter auch nicht ganz günstig wäre. In den Hauptstraßen sind diese breit genug, um sechs, acht und mehr Personen bequem nebeneinander hinwandeln zu lassen; in den engen winkligen Gassen der eigentlichen City ist's freilich nicht so bequem, weil die Fußpfade dort auch schmäler sein müssen. Fremde kommen indessen wenig in jenes, einem Ameisenhaufen ähnliche Stadtviertel, wo Handel und Wandel so ganz im eigentlichen Ernst ihr Wesen treiben und Mode und Luxus noch wenig Eingang fanden.

Die prächtigen Läden, die Ausstellungen aller Art trifft man größtenteils in den breiten Straßen, welche gleichsam das Mittel halten zwischen der arbeitsamen City und dem vornehmeren, nur genießenden Teile der Stadt.

Die Gewohnheit der Engländer, immer zur rechten Hand den Entgegenkommenden auszuweichen, erleichtert das Gehen sehr und verhindert fast alles Stoßen und Drängen. Den Damen und überhaupt den Respektspersonen läßt man immer die Seite nach den Häusern zu, sie mag zur rechten oder zur linken Hand stehen. Anfangs kommt es der Fremden wunderlich vor, wenn der sie führende Londoner, so oft man eine Straße durchkreuzt hat, ihren Arm losläßt und hinter ihr weg auf die andere Seite tritt; doch gar bald wird man von dem Nutzen dieser Nationalhöflichkeit überzeugt.

Elfhundert Mietwagen stehen den ganzen Tag auf den dazu angewiesenen Plätzen bereit, und dennoch ist's oft unmöglich, einen zu finden, wenn man ihn eben braucht. Die Italiener fürchten vielleicht den Regen nicht so sehr als die Londoner; naß werden ist ihnen eine schreckliche Idee; sobald nur ein paar Tropfen vom Himmel fallen, eilt alles, was keinen Regenschirm führt, sich in einer Kutsche zu bergen. Im Hui sind dann alle Wagen verschwunden, und man findet selbst jene große Anzahl noch bei weitem nicht zulänglich.«

Londoner Regentage sind, wie die Novembernebel, sprichwörtlich. Aber am Tage seiner Rückkehr aus Wimbledon hielt Arthur nicht einmal der Londoner Regen zurück, sich in der Stadt zu tummeln. Es regnete unaufhörlich. Und so kam es, wie es kommen mußte, bis aufs Hemd durchnäßt fand er, natürlich ohne eine Kutsche, wieder nach Hause zurück.

Königin Elisabeth an ihren unglücklichen Liebling

Die prächtige Vasensammlung des Sir William Hamilton bezeichnete Johanna Schopenhauer als die schönste Zierde des Britischen Museums. Arthur trägt in sein Reisetagebuch diese Antiken-Sammlung ebenfalls als den ersten Eindruck ein, die allerdings seine Erwartungen eher enttäuscht. Es erweckt den Anschein, als hätten hier Mutter und Sohn den Text abgesprochen oder Johanna hat bei ihren Manuskripten für ihr zehn Jahre später verfaßtes Buch sich als Vorlage an die Eintragungen Arthurs gehalten. Arthur notiert: »Diese Sammlung ist ziemlich zahlreich, u. enthält außer einer Menge römischer Geräthe, auch einige aegyptische Sachen: Mumien, Götzen usw. die alle sehr hübsch gearbeitet sind ... Wir durchgingen die ungeheuer große Bibliothek«, wobei sie sich eine alte Sammlung eigenhändiger Briefe von dem Führer erklären ließen, von den wichtigsten Männern aus allen Perioden der englischen Geschichte, wie zum Beispiel den Brief, den Wilhelm der Eroberer bei seiner Ankunft in England schrieb, oder einen anderen von Oliver Cromwell an seine Frau, Briefe von Maria Stuart aus der ersten Zeit ihrer Gefangenschaft und einige der Königin Elisabeth von England.

Man zeigte ihnen auch, wie Johanna ihrer Reisebeschreibung anvertraut, »einen ganzen Band eigenhändiger, mitunter ziemlich zweideutiger Briefe der Königin Elisabeth an ihren unglücklichen Liebling, Grafen Essex. Ihre Handschrift ist merkwürdig. Diesen nicht schönen, aber mit Schnörkeln überladenen, sehr großen Buchstaben sieht man es an, daß sie langsam und vorsichtig geformt wurden, und trotz aller Schmeichelworte, die sie ihrem Geliebten hinzirkelte, möchte man in etwas verändertem Sinne mit Schillers Maria Stuart ausrufen: ›Aus diesen Zügen spricht kein Herz.‹«

Auch von ihrer unglücklichen Rivalin finden sich hier Briefe, zum größten Teil in französischer Sprache verfaßt. Unter den Manuskripten neuerer Schriftsteller sahen sie Popes »*Essay on Man*«. Das ganze Gedicht ist, sichtlich das Papier sparend oder plötzlichen Inspirationen zufolge, auf winzigen Papierfetzen, Kuverts, Billetts, Visitenkarten und auf Zeitungsränder geschrieben.

In einer Glasvitrine wird hier das Original der berühmten Magna Charta aufbewahrt, das wichtigste altenglische Grundgesetz, dem König »Johann ohne Land« abgetrotzt, das die Rechte der Kirche, des Adels und zum Teil auch der Bauern und Bürger gegen Übergriffe der Krone schützt, ein Vorläufer parlamentarischen Gedankenguts. Auf den Spuren der geliebten Römer wandelnd, erinnern sie Schmuckstücke, Ringe, Lampen, Hausgötter und viel kleines Gerät, Ausgrabungsstücke von Pomeji und Herkulaneum, an die goldene Zeit, »an die schönen Jahrhunderte der Römer und Griechen«. Schnell durchstreifen sie dann die vielen Säle, wie die des Naturalienkabinetts oder das Münzkabinett und die »von Kapitän Cook aus dem fünften Weltteile mitgebrachten Merkwürdigkeiten, die hier ein ganzes Zimmer anfüllen«.

Im Innern der St. Pauls-Kirche fühlt Arthur sich zurückversetzt in den großen Saal des Rathauses von Amsterdam. Es ist ein erhabener, ehrfurchterregender Anblick dieser hoch gewölbten Kuppel, daß es ihn schwindelt, und wie die Menschen erstaunlich klein und unbedeutend erscheinen, »es sieht aus als wenn für ein Geschlecht wie sie, dies nicht gebaut wäre«. Er besteigt die höchste Galerie, die sich rings um die Kuppel in luftiger Höhe windet, von wo man eine Aussicht über ganz London gewinnt. St. Pauls ist ein barockes Meisterwerk, von Christopher Wren zwischen 1675 und 1710 in der Form eines Kreuzes erbaut.

Johanna ist von der schauerlichen, ehrfurchtgebietenden Stille und Einsamkeit des großen Raumes beeindruckt. »Ein feierliches Grauen, eine Art Bangigkeit, die uns fast den Atem raubte, ergriff uns, als wir, mitten in der Kirche stehend, da hinauf blickten, wo beinahe unabsehbar der Dom sich wölbt...« Sie denkt an den Baumeister, den Schöpfer dieses erstaunenswerten Werks, der es vor sich sah, noch ehe es sich in die Lüfte erhob und in seinem Geiste errichtete. »Jetzt ruhen der Werkmeister und die Arbeiter; aber ihr Werk wird stehen, trotzend der mächtigen Zeit, in herrlichen Ruinen, wenn die ganze volkreiche Stadt längst eine Wüste ward wie Palmyra und Persepolis.«

Welch kühne Vision Johanna hier in einer wunderbaren Formulierung vor unserm geistigen Auge aufzurichten vermag! Man liest es mit Bewunderung für den Meister und seine Helfer und erinnert sich Faustens: »Daß sich ein großes Werk vollende, genügt ein Geist für tausend Hände.«

Dem Echo einer Flüstergrotte nachgebildet ist die »Whispering Gallery« am unteren Teil der Kuppel, wo man, mit dem Ohr an die Mauer gelehnt, deutlich vernimmt, was der Gegenüberstehende leise gegen die Wand flüstert.

Auf dem Weg von London nach Paris

Der Aufenthalt in London neigte sich dem Ende zu. Nachdem sie zwei Wochen von Tag zu Tag auf eine Abfahrt mit dem eigens für die Überfahrt von Harwich nach Rotterdam gemieteten Schiff wegen Flaute hatten warten müssen, legten sie am 6. November von Harwich ab und gerieten gleich in einen Sturm. Sie hatten zwar das Schiff für sich allein und jeder sein

Bett, aber die vierzig Stunden auf See verbrachten sie krank im Bett, ohne etwas zu essen oder zu trinken. Noch am folgenden Tag waren sie seekrank und mußten eine Einladung zum Essen ausschlagen. In Rotterdam hielten sie sich noch einige Tage auf, um dann über Gorkum, Antwerpen und Brüssel nach Paris zu eilen.

Die ersten Eindrücke des Festlandes nach der Überquerung des Ärmelkanals rufen immer wieder unzureichende Vergleiche mit London hervor. Die stillen Straßen von Rotterdam mit den vielen kleinen Häuschen, wie aus einer Spielzeugschachtel entnommen, kamen Arthur doch recht sonderbar und unzulänglich vor, wenn er sie mit dem weltstädtischen London vergleicht; die Stadt der Könige und Paläste, der englischen Gärten, der Parks und Schlösser ist unvergleichlich und erhaben. Indessen wird die optische Enttäuschung der festländischen Topographie von der auffallenden Freundlichkeit der gegen Fremde außerordentlich zuvorkommenden Rotterdamer wieder über alle Maßen ausgeglichen, deren angenehmer Ton ihrer liberalen Umgangsformen sprichwörtlich zu sein scheint und um so mehr auffällt, »da wir lange Zeit nichts wie die steifen langweiligen englischen Dinners gesehen hatten...«

Von holländischen Geschäftsfreunden werden sie eingeladen: zum Mittagessen bei Herrn Suirmond, nach Tisch in ein Liebhaberkonzert von Herrn de Free und an den Abenden bei den Herren van der Kin oder van der Pot, dessen Bekanntschaft sie bei Herrn van der Kin gemacht hatten. Einen Tag nach der Abreise von Rotterdam erreicht die Reisegesellschaft die Kleinstadt Gorkum, die Arthur auf einer Morgenpromenade besichtigt und schlecht gebaut findet. Aber mit diesem Ort hat es seine besondere Bewandtnis.

Es ist die alte gotische Kirche, »an der mein Ur-Ur-Groß-Vater mütterlicher Seite Prediger gewesen ist«, trägt Arthur beflissen in das Reisetagebuch ein. Es ist die Begegnung mit seiner Herkunft, der holländischen Abstammung der erblich belasteten Großmutter Soermans, für ihn »eine große Merckwürdigkeit«, nicht mehr und nicht weniger, aber doch der Erwähnung für wert befunden. Über Breda und Antwerpen, mit einer Zwischenstation in Mecheln, dem Geburtsort des Danziger Stadtbaumeisters der Renaissance, Anthony van Obbergen, gelangen sie nach Brüssel, dessen schöner Stadtpark Arthur zu einer Promenade verführt. Aber wieder überdeckt das Vorbild England den Vergleich, nicht was man in England darunter versteht, »sondern ein sehr wohl unterhaltenes Hölzchen eben nicht groß...«

Napoleon vor Augen

Brüssel, das ihnen Meisterwerke gotischer Baukunst bot, verließen die Schopenhauers auf eiligem Weg nach Paris bei Sternenlicht am Morgen des 24. Novembers, um bereits nach drei Tagen Paris zu erreichen, wo sie von einem Geschäftsfreund aus Danzig, Herrn Muhl, empfangen wurden. Schon am nächsten Abend wird ihnen die Begegnung mit dem Weltgeist der Epoche, dem ersten Konsul, wie Arthur ihn korrekt bezeichnet, Napoleon Bonaparte, zuteil. Sie sahen im Théatre des français eine Übersetzung von Kotzebues Versöhnung, »Le Conciliateur« und »Les deux Frères«. Kurz vor dem Beginn plötzlich ein allgemeines lautes Geklatsche: es ist Bonaparte. Arthur ist von dessen Erscheinung aber keineswegs erregt oder von Ehrfurcht erfüllt. Er sieht, wie er sich leicht verbeugt für den ihm gespendeten Applaus und sich in seiner Loge zurucksetzt. Um ihn genauer zu betrachten, wechselt Arthur seinen Platz: »Ich gieng in die Loge seiner gegenüber, um ihn besser zu sehen: indessen konnte ich auch dort seine Gesichtszüge nicht ganz genau unterscheiden, weil es in seiner Loge zu dunkel war.« Arthur registriert nüchtern die schlichte französische Uniform des Schlachtenlenkers und die Tatsache, daß er, von zwei Offizieren flankiert, ganz allein war.

Arthur schildert die Begegnung scheinbar unbewegt, als könnte er die Bedeutung dieses Mannes für die Geschichte

Europas nicht begreifen, der die Grenzen der Staaten, die Schicksale der Völker und die Landkarte Europas gründlich verändern wird, eingeschlossen Arthurs Heimatstadt Danzig, die sich nach den siebenjährigen französischen Leiden, wirtschaftlich ihres einstigen Reichtums beraubt, an einem Tiefpunkt befand, aus dem es keinen Wiederaufstieg in republikanische Freiheit mehr geben konnte.

Im Januar 1804 wiederholt sich die historische Begegnung an zwei aufeinanderfolgenden Tagen, als eine merkwürdige Duplizität der Historie: im Hof der Tuilerien an einem Sonntag, als der erste Konsul Revue hielt über 6000 Mann italienischer Truppen: »Ich war an einem Fenster auf dem Platze der Thuillerien, von wo ich die Revue ganz übersehen konnte. Es war ein herrlicher Anblick. Die Person des Konsuls konnte ich sehr gut unterscheiden, doch war ich zu weit ab, um seine Gesichtszüge zu erkennen.« Bonaparte reitet einen prächtigen Schimmel und teilte jedem der Regimenter nach der Revue feierlich seine Fahnen aus. Am darauffolgenden Montag sieht Arthur ein drittes Mal den nach dem Sturz der Direktorialregierung 1799 zum 1. Konsul auf zehn Jahre gekürten Alleinherrscher, der sich mit 30 Jahren zu seinem Wohnsitz den Königspalast der Tuilerien erwählte. 1802 hatte er sich, gestützt auf allgemeine Volksabstimmungen, zum lebenslänglichen Konsul selbst ernannt. Arthur notiert: »Der ERSTE KONSUL war da«, man gab im *Théatre faideau* ein neues Stück, in dem nur Frauen spielten. »Ich war so placirt, daß ich ihn während der ganzen Zeit der Vorstellung sehr gut sehen konnte.«

Also scheint die Aufmerksamkeit des jugendlichen Theaterbesuchers diesmal mehr dem Sieger der Revolutionskriege und Führer der Ägyptischen Expedition, dem er, kaum bewußt, schon als elfjähriger in Havre begegnete, als dem Geschehen auf der Bühne zu gehören. In der Tat, die Bretter, die die Welt bedeuten, vermochten weniger sein Interesse zu wekken als jene Figur des gegenwärtigen Weltgeschehens, deren Geist ihn angeweht haben mochte, ohne sich des eigenen Wertes wohl bewußt zu sein. Die napoleonischen Kriege begannen.

Napoleons Kaiserkrönung findet ein Jahr später in Notre Dame in Gegenwart des Papstes statt. Der russische Feldzug (1812), in dem die Große Armee unterlag, führte zur Wende der napoleonischen Herrschaft über Europa. 1814 dankte Napoleon in Fontainebleau ab, nachdem der Senat die Absetzung des Kaisers ausgesprochen hatte. Als Napoleon in der Verbannung auf der Insel St. Helena 1821 starb, hatte Arthur Schopenhauer das Fundament seiner Berühmtheit, das philosophische Hauptwerk *»Die Welt als Wille und Vorstellung«*, bereits abgeschlossen (1818).

Während ihres zweimonatigen Aufenthalts in Paris hatten die Schopenhauers, die in dem eleganten Palais Duc de Grammont wohnten, die Sehenswürdigkeiten, Theater, Kirchen, Paläste, Kunstsammlungen und Gärten in Augenschein genommen, in denen die Stadt sich ihnen als (in den Augen der Franzosen) die »Hauptstadt der Welt« präsentierte. »Vom Gipfel seiner Vortrefflichkeit blickt er (der Franzose) mitleidig auf uns übrige Barbaren herab. Die Hauptstadt von Frankreich war von jeher dem Chamäleon zu vergleichen, das in ewigem Wechsel die Farbe verändert, aber die Urform bleibt dennoch immer dieselbe«, schreibt Johanna Schopenhauer in ihrem Reisetagebuch.

»Der neue Kaiser ließ, schon während der Zeit unseres Aufenthaltes an der Verschönerung seiner guten Stadt auf das eifrigste arbeiten… Gewiß bleibt sie noch lange, was sie damals lange schon war: eine der häßlichsten und schönsten zugleich, die man sich denken kann: Immer werden in ihr schöne breite Straßen, große, von Palästen umgebene Plätze, enge, winklige und dennoch lebensvolle Gassen grenzen, in welchem der Fremde sich zwischen dem Gewühle rasselnder Wagen und eilig laufender Fußgänger nur mit Zagen sich durchzuwinden vermag, während das Getöse der ewig rollenden Räder, das Schreien der ihre Waren ausrufenden Verkäufer, das Lachen und Toben und Fluchen des Volkes alle seine Sinne betäubt.«

Der Besuch des Hôtel des Invalides[39] führt Arthur gleich in den ersten Tagen seines Pariser Aufenthalts mit dem Empereur

185

zusammen, wenn auch nur mit einem berühmten Porträt Bonapartes, in Lebensgröße, auf einem sich bäumenden Schimmel,
wie er seine Armee über den Mont St. Bernard führt: »Sein Gesicht ist voller Ausdruck. Mit der Hand zeigt er auf die Spitze
des Berges mit einem Blick als ob er sagen wollte: dort oben
winkt mir der Nachruhm.« Das Gemälde ist ganz auf den Per-
sonenkult ausgerichtet, den Arthur gekonnt persifliert. In dieser beispielhaften Interpretation kündigt sich schon das Talent
seiner schriftstellerischen Begabung an.

Am Neujahrstag 1804 sind die Schopenhauers zum Mittag
bei dem General de Boigne in Beauregard eingeladen. Auf
dem Hinweg unternahmen sie eine Besichtigung von
St. Cloud.[40] Das Schloß und seine Einrichtung wird von Arthur
enthusiastisch beschrieben. Die Schlafzimmer des ersten Konsuls durften sie nicht sehen. Dafür aber die Zimmer der Mad.
Bonaparte und des Konsuls Bibliothek, »u. auch das Zimmer in
welchem er Conseil hält, der Stuhl worauf er hier sitzt ist dadurch ausgezeichnet, daß die Armlehnen vorne ganz zerhackt
sind, woran der Consul während des Conseils immer mit seinem Federmesser arbeitet«. Das sind die Spuren Bonapartes,
auf denen Arthur wandelt und Erkenntnisse sammelt, die seine
Erfahrung in einem Maß bereichern, das sich mit keinem von
einem Schulbuch nüchtern vermittelten Wissen messen oder
noch weniger vergleichen lassen könnte.

Palais Royal – das »Herz von Paris«

In den ersten Tagen ihres Aufenthalts in Paris zieht Arthur
ständig Vergleiche mit dem in vielfältiger Hinsicht unvergleichlichen London. So halten die Straßen im Ganzen gesehen
keinen Vergleich mit den »wohlgepflasterten, reinlichen, mit
breiten erhabenen Trottoirs versehenen Straßen von London
aus«. Der Louvre aber und das Palais der Tuilerien finden die
uneingeschränkte Bewunderung Arthurs, die den »Ruhm ver-

dienen, zwey der schönsten Gebäude in Europa zu seyn«. Auch fände die Pariser Place Vendôme ohne Zweifel in London nicht ihresgleichen. Im *Jardin des plantes* kann Arthur wiederum seiner Vorliebe für die Menagerien frönen, mit Elefanten, wie man sie in Europa selten erblicken könne, auch »Löwen, Tyger, Panter, Leoparden, Wölfe, weiße und schwarze Bären, Hyänen etc, etc.«

Im Palais Royal mit den Boutiquen, Kaffeehäusern und Eisbuden fallen ihm die vielen Spaziergänger auf, die man den ganzen Tag unter den Arkaden wandeln sieht. »Das *Palais Royal* ist zu jeder Jahreszeit eine sehr unterhaltende Promenade, u. gewiß einzig in seiner Art.« Für Johanna Schopenhauer ist es das Herz von Paris. Ähnliche Beobachtungen stellt sie in ihrem Reisejournal an, wenn ihr auffällt, daß zu den bevorzugtesten Vergnügen der eleganten Pariser Welt Besuche und Spazierfahrten gehören, die Hauptfreude aber die Promenade, das Spazierengehen bleibt, »denn diese, wie das Theater und das tägliche Brot ist dem Franzosen ein unentbehrliches Bedürfnis, ihm ist es dabei um das Gedränge vieler Leute zu tun, also zu sehen und gesehen zu werden«.

Den schönen *Jardin des plantes* fände man, ebenso wie den Garten des Palastes Luxembourg, fast immer unbenutzt, in denen sich nur Greise und Kranke unter den prächtigen Bäumen sonnten, während den Garten der Tuilerien das bunte Gewimmel der Pariserinnen erfüllte, »scharenweise, gefolgt von dem Schwarm ihrer Bewunderer«. Die Gärten seien auch ein Paradies für Kinder, denn, »nirgend in der Welt ist die Kindheit anmutiger und lieblicher als in Paris«, wo die Kinder, von ihren ewig plappernden Bonnen bewacht, ihr munteres Wesen treiben können.

An diesem bunten Gewimmel der Promenierenden finden Mutter und Sohn gleichermaßen Gefallen, als seien sie selbst von diesem eigenartigen Charme der Pariser angesteckt. Ein wenig erinnert diese stille Freude an Fausts Osterspaziergang und den Monolog auf den Frühling:

»Vom Eise befreit sind Strom und Bäche
durch des Frühlings holden, belebenden Blick...
Ich höre schon des Dorfs Getümmel,
Hier ist des Volkes wahrer Himmel,
Zufrieden jauchzet Groß und Klein:
Hier bin ich Mensch, hier darf ichs sein.«

In einem merkwürdigen Gegensatz dazu steht Schopenhauers späteres Bekenntnis:

»So oft ich unter Menschen war,
bin ich als geringerer Mensch zurückgekommen.«

Eigentlich rügte schon die Mutter seine Introvertiertheit, sich von den Menschen abzukapseln und in sich selbst zu ruhen.
Dieser Einsicht entsprechend sagte er auch konsequent:

»Ganz er selbst sein darf jeder nur,
solange er allein ist.«

Nach einem Besuch in Versailles trägt er über die Wandlung von dessen Bestimmung durch die Französische Revolution mit einigem Bedauern ein: »Das Schloß von Versailles ist ein außerordentlich schönes, prächtiges u. unermeßlich großes Gebäude. Man hat es jetzt zum Musée de l'école françoise gemacht und es enthält eine sehr große Sammlung von Gemälden französischer Meister, worunter viele sehr gute Bilder sind. Die Möbeln u. Tapeten des Schlosses sind alle verkauft, u. keine Spur der alten Pracht ist mehr zu finden.«

Vor den »lebenden Steinen«

Einige Tage später fuhren sie zum erstenmal zum Louvre. Diesem Besuch sollten noch mehrere folgen, denn es ist nicht möglich, diese großen Kunstsammlungen auf einmal zu überblikken, wenn man nicht Wichtiges übersehen sollte. Und: »Man weiß nicht, wo man zuerst hinblicken soll, wenn man zum ersten Mal in den ANTIKEN SAAL kömmt. Alle diese lebenden Steine scheinen in Bewegung: nur nach u. nach gewöhnt sich das Auge an diesen Anblick, u. man betrachtet jede Statüe einzeln.«

Beim zweiten Besuch der Antiken-Sammlung des Louvre wird diese Erkenntnis, jedes Stück einzeln zu betrachten, noch vertieft, indem er es für wünschenswert hielte, sich vor den meisten der Statuen stundenlang aufzuhalten, »bis sie einem etwas sage?«. Ja, so ist es auch, denn, »je länger man sie ansieht, je mehr vertieft man sich in den Sinn, der so wunderbar aus diesen Steinen spricht...«

Das pausenlose Betrachten nacheinander stumpfe die Aufmerksamkeit ab und man verlöre den Genuß. »Man thäte daher wohl am besten, jedes Mal nur wenige von diesen Meisterstücken zu betrachten, aber diesen seine ganze Aufmerksamkeit zu schenken.«

Noch einmal Le Havre

Das Versprechen des Vaters, auf der Reiseroute gelegentlich auch den Ort seiner glücklichsten Jugendjahre, *Le Havre*, wiederzusehen, erfüllt sich wenige Tage vor Weihnachten. Es ist eine Nachtfahrt mit einer Diligence[41] zu der Stadt, in der er sein zehntes, elftes und zwölftes Jahr erlebt hatte, ein sehnlicher Wunsch, der nun endlich wahr wird.

Er empfindet es als sonderbar, plötzlich wieder unter Menschen zu sein, von denen er in seiner vierjährigen Abwesenheit

189

keinen einzigen gesehen und wenig von ihnen gehört hatte. Alles Denken und Träumen von den Menschen und ihrer Stadt, wo er oft so froh gewesen, war zu einem bloßen Bild der Einbildungskraft geworden, weil er niemanden hatte, mit dem er davon sprechen konnte. Die Stadt erschien ihm nicht fremd, aber weit von der Wirklichkeit entfernt, und auf eine merkwürdige Weise kamen ihm Dinge und Gesichter, an die er in seiner Abwesenheit nicht gedacht zu haben glaubte, wieder ins Gedächtnis, als wäre er gar nicht fortgegangen. Und noch eine Empfindung drängte sich ihm auf: »Alles war auffallend kleiner geworden, dies hat vielleicht seinen Grund darin, daß ICH größer geworden bin, u. alle meines ehemaligen Aufenthalts mit mir, in meiner Vorstellung von ihnen, gewachsen sind, od. vielleicht kommt es davon her, daß ich seitdem mehr gesehen habe.«

Sein Wunsch war jedenfalls in Erfüllung gegangen, wenn auch die unmittelbare innere Freude des Wiedersehens ein wenig gedämpft wurde durch die Diskrepanz von Vorstellung und Realität.

Die Erkenntnis dieser Fragwürdigkeiten hat er später in einem schönen Aphorismus festgehalten:

> *»Bisweilen glauben wir,*
> *uns nach einem fernen Orte zurückzusehnen,*
> *während wir eigentlich uns nur nach der Zeit*
> *zurücksehnen, die wir dort verlebt haben.*
> *So täuscht uns alsdann die Zeit unter der Maske des Raumes.*
> *Reisen wir hin, so werden wir der Täuschung inne.«*

Die Mitte der Zeit ihres Aufenthalts ist mit dem Blick zurück auf Havre überschritten. Viele Besuche von Theatervorstellungen, Museen, Palästen, Schlössern und Gärten stehen noch auf dem Besuchsprogramm. Der Anblick von Statuen fesselt ihn auch in den Kirchen oder Bibliotheken und natürlich wieder bei den noch ausstehenden Visiten des Louvre. Selbst in der *Bibliotheque nationale* mit den ungeheuren Mengen in großen

Sälen aufgestellter Bücher bewundert er das Antiken-Kabinett mit einer bemerkenswerten Kollektion ägyptischer Antiken, unter ihnen zwei große silberne Schilder mit Bas-Reliefs Scipios und Hannibals.

Ein einziges Mal erwähnt er seinen *ersten* Aufenthalt in Paris mit seinem Vater auf der Reise nach Le Havre, beim Wiedersehen mit dem *Champs de Mars*: »Es ist nichts weiter wie ein großes Feld; man hat die kolossalischen marmornen Ochsen u. Löwen weggenommen, die ich mich erinnere vor sechs Jahren hier gesehen zu haben. An dem einen Ende des Feldes steht die École militaire, ein sehr schönes Gebäude.«

Die Schopenhauers waren welterfahren und ließen sich als skeptische Realisten über die im nachrevolutionären Paris zur Schau gestellte Ansammlung herrlichster Preziosen nicht täuschen, denn zum Schluß bemerkt Johanna Schopenhauer skeptisch: »Die fast dem ganzen Europa geraubten Kunstschätze waren zur Zeit unseres Aufenthalts in Paris dort auf einem Punkte versammelt. Wir brauchten nur unsere Fremdencharte vorzuzeigen, und zu allen der Kunst geweihten Galerien und Sälen wurden uns die Türen geöffnet, während einem eigentlichen Pariser der Zugang zu denselben nur an einzelnen dafür bestimmten Tagen offensteht. Dieser aber behandelte auch dafür das ihm geöffnete Heiligtum wie eine gewöhnliche Promenade, die man besucht, um viele Leute zu sehen und von vielen Leuten gesehen zu werden.

Auch der Ton der Gleichheit, den die Revolution eingeführt hatte, war schon damals verblichen und vergessen. Alle Frauen und Mädchen hießen wieder Madame und Mademoiselle, von der vornehmen Dame bis zur Ravandeuse, die vor dem Hause jener, in einer echten Diogenes-Tonne sitzend, sich davon nährt, die zerrissenen Maschen aller Strümpfe in ihrem Quartier augenblicklich auf das Künstlichste wieder zu ergänzen.«

Längs der Loire nach Südfrankreich

Während Arthur Paris mit den Augen eines Engländers sah, erlebt er das andere Frankreich des Südens aus der Sicht eines Parisers, als einen großen Weingarten längs der Loire, »ländlich und ärmlich«. »Auf dem ganzen Wege von Orléans bis nahe bey Bordeaux, wird man in jedem Städtchen, auf jeder Poststation, von einer unausstehlich zudringlichen Menge Weibern belästigt, die mit MESSERN handeln.« Aber der Frühling hat hier gegen Ende Januar schon seinen Einzug gehalten und die häufig am Wege zu sehenden, mit Blüten bedeckten Mandelbäume machen einen angenehmen und wunderbaren Eindruck auf Arthur, weil »bey uns in diesem Monat die Bäume vom Schnee weiß sind und nicht von Blüten«. Die Leute nennen aber sinnig den vorwitzig blühenden Mandelbaum den Baum der Torheit, *l'arbre de la folie*, »weil der erste freundliche Sonnenschein ihn verführt, seine Blüten zu entfalten, wofür er dann oft später büßen muß«.

In der felsigen Gegend vor Tours fallen ihnen die Höhlenbewohner alter Steinbrüche, in die Felsen gehauene Häuser auf, ein Anblick, der Arthur zu einem schönen poetischen Bild inspiriert, »als wenn der Fels das Haus gebähren wollte«. Dann wieder sind es die Ruinen eines Karthäuserklosters, die sie an die Schreckenstage der Revolution erinnern, und auf dem Wege längs der Loire überall viele alte und neue Schlösser, die sie für die oft unsäglichen Mühen und Anstrengungen der Reise mit der Kutsche entschädigen. Es sollte aber alles noch schlimmer kommen, denn Arthur hatte es nicht für möglich gehalten, daß die Wege noch schlechter sein konnten, als sie sie bisher erlebt hatten. Auf dem Wege zur Dordogne bestand ein Teil der Route »aus lauter großen Steinen oder Stein-Haufen, welche die unerträglichsten Stöße verursachen: diese Steine u. die Zwischenräume von einem zum andern, sind mit einem dikken Schlamm bedeckt u. ausgefüllt, in welchem die Räder bis an die Axe gehen: u. obgleich wir vor unserm sehr leichten englischen Wagen zwey Pferde mehr wie gewöhnlich gespannt

hatten, blieben wir ein Paar Mal so darin stecken, daß die Po-
stillions absteigen u. die Pferde durch die schrecklichsten
Hiebe bewegen mußten aus der Stelle zu gehen«.

Wochen in Bordeaux, Tage in Nîmes

Der Aufenthalt in Bordeaux dauerte fast acht Wochen, länger
als vorgesehen, auch wegen einer Unpäßlichkeit des Vaters.
Arthur findet die Stadt die schönste Frankreichs, am Ufer der
Garonne und am Meer gelegen, das der Stadt den Namen ver-
lieh, *au bord de l'eau.* Auffallend viel deutsch wird hier gesprochen. Die Gastfreiheit der Bewohner ist berühmt. Die Schopenhauers waren viel in Gesellschaften, auf Bällen und Maskeraden der letzten Woche des Karnevals und in Theatern auf alle
Fälle. Die Namen der Gastgeber lassen wohl darauf schließen,
daß viele von ihnen deutsche Geschäftsleute sind, die hier die
deutsch-französischen Handelsbeziehungen pflegen, wie die
Wüßtenbergs, Pohls, Bethmanns, Cramers, Schielers und
Crauses. Über Toulouse, Carcassonne und Montpellier erreichen sie schließlich Nîmes und bewundern hier die berühmten
Ruinen aus der Römerzeit, die zugleich Arthurs Phantasie über
die Vergänglichkeit des Menschen anregen, mit den in die
Steine eingegrabenen Namen und Wappen, und er trägt einen
seiner überlieferten Gedanken in das Tagebuch ein:
  »Wenn die Dauer des Menschen sich kurz nennen läßt, so ist
es im Vergleich mit der Dauer seiner Werke.«
  Diese Steine haben »Tausende längst verwester Menschen
gesehen«, die erloschenen Krater menschlicher Vergnügungs-
sucht, der strengen Polarität des Krieges die Lebenslust ani-
mierenden Brot und Spiele entgegengesetzt; eine beunruhi-
gende Vision vergangenen Seins, die ihn jetzt öfter in seinen
Reisebericht Meditationsstücke einfügen läßt. Der junge Philosoph schärft seinen Blick an diesen unausweichlichen Bildern
menschlicher Nichtigkeit in einer Schule des Sehens, in der er,
anders als in der Schule, »für das Leben« lernt.

In Bézier erreichen sie endlich die Mittelmeerküste, den glücklichen Süden mit einem ersten Blick auf das Meer. Von dieser Stadt überliefert ein Sprichwort, daß der liebe Gott diese Stätte zu seinem Wohnplatz erwählen würde, wenn er einmal vom Himmel herabsteigen wollte. Arthur schwärmt denn auch von der schönsten Gegend Frankreichs, in der sie sich indessen aus unergründlichem Entschluß nur eine Stunde aufhielten, die sie damit zubrachten, von einer Anhöhe das blühende Land anzusehen, »wie die bunten Früchte eines ausgeschütteten Füllhorns«, formuliert Arthur poetisch. Johanna Schopenhauer drückt dagegen ihr Bedauern über die Kürze ihres Aufenthaltes philosophisch aus: »Das Schöne erblicken und es dann ungenossen verlassen, das ist das Schicksal des Reisenden. Das Übelste ist nur, daß er sich dieses Schicksal gewöhnlich selbst macht.«

Erstaunen bereitet in Nîmes das römische Erbe, zuerst in der massiv-erhabenen Gestalt der Arena, des Amphitheaters, dessen übereinandergetürmte Quader selbst die Länge der Jahrhunderte, die über sie hinweggegangen, nicht einzureißen vermochte: »Es war mir eine sonderbare Empfindung«, schreibt Arthur in ehrfürchtiger Bewunderung vor dieser Architektur eines vor tausend Jahren untergegangenen Weltreichs, »als ich mich auf denselben Sitzen befand, von welchen die Römer ihren Schauspielen einst zusahen. Auf vielen Sitzen sah ich halb verwischte Karaktere und Zeichen eingegraben... diese Spuren von den verschiedenen Jahrhunderten, welche diese grauen Steine gesehn haben.«

Vor dem den Söhnen des Augustus geweihten römischen Tempel, der halb in den Boden versunken noch immer den Glanz klassischer Harmonie verbreitet, die *maison quarée*, mit den das Dach stützenden dorischen Säulen, reflektiert Johanna Schopenhauer, daß sie davor stundenlang zu verweilen gewünscht hätte, wie vor dem unvergleichlichen Standbild des Apoll von Belvedere, um sich bei seinem Anblick mit immer neuer Freude zu ergötzen und der vielen Jahrhunderte zu gedenken, die an dieser hohen Schönheit vorübergegangen sind.

Auf einer Ausfahrt von Marseille nach Toulon sahen sie in Hières die berühmten Orangengärten »von Millionen Bienen umschwirrt, in denen Hunderte von Nachtigallen unaufhörlich laut schmetterten, als wollten sie die Herrlichkeit, die sie umgab, aller Welt verkünden«. Vor ihnen erhoben sich, schwimmenden Gärten ähnlich, die mit Wäldern gesäumten Hièrischen Inseln im Mittelmeer.

Sie hatten nun den südlichsten Punkt ihrer Reise erreicht, und eines der schönsten Paradiese, die die Welt zu vergeben hat, gesehen: »Die Deichsel unseres Wagen ward wieder dem Norden zugewandt. Wir sahen dies nicht ohne ein trübes Gefühl, obgleich wir wußten, daß unserer noch viel Schönes harrte, ehe wir die Heimath wieder erreichten.« (Johanna Schopenhauer, Reisetagebücher)

Die Galeerensklaven von Toulon

Von diesem Erlebnis des Paradieses zutiefst gerührt und erhoben, werden sie noch am gleichen Abend im Arsenal von Toulon mit einem menschlichen Jammer konfrontiert, den ihnen der Anblick der dort mit den Schiffsausrüstungen beschäftigten Galeerensklaven bietet. Johanna trägt in ihr Tagebuch ein, daß Männer, die im Kriege und in Lazaretten das Schrecklichste mutig betrachten lernten, vor diesem höchsten Jammer versunkener Menschlichkeit schaudernd zurückbeben: »Die größten Verbrecher sind an ihre Bänke nebeneinander geschmiedet, von denen sie sich nur wenige Schritte entfernen können, so weit es nämlich die nicht lange Kette erlaubt.« Die Hoffnungslosigkeit und das Elend ihres Schicksals drückt Arthur erschüttert mit den Worten tiefsten Mitgefühls aus:

»Läßt sich eine schrecklichere Empfindung denken, wie die eines solchen Unglücklichen, während er an die Bank der finstern Galeere geschmiedet wird, von der ihn nichts wie der Tod mehr trennen kann?« Es ist die später berühmt gewordene Betrachtung menschlichen Leidens und Mitleidens.

»Während ihrer Sklaverei werden sie ganz wie Lasttiere behandelt: es ist schrecklich, wenn man es bedenkt, daß das Leben dieser elenden Galeeren-Sklaven, was viel sagen will, ganz freudlos ist: u. bey denen, deren Leiden auch nach fünf u. zwanzig Jahren kein Ziel gesetzt ist, auch ganz hoffnungslos. Ich erschrack, als ich hörte, daß hier sechstausend Galeerensklaven sind. Die Gesichter dieser Menschen können einen hinlänglichen Stoff zu physiognomischen Betrachtungen geben.«

In seiner Philosophie von der schlechtesten aller Welten und dem Mitleid werden sich diese Kindheitserlebnisse menschlichen Elends einmal niederschlagen. In seinem berühmten »Cholera-Buch«, auf der Flucht vor der in Berlin grassierenden Cholera achtundzwanzig Jahre später geschrieben, vergleicht er sich mit dem über die Leiden der Menschen erschütterten Gautama. »In meinem 17ten Jahr, ohne alle gelehrte Schulbildung, wurde ich vom Jammer des Lebens so ergriffen, wie Buddha in seiner Jugend, als er Krankheit, Alter, Schmerz und Tod erblickte.« Und so wird auch er, ein Buddha der westlichen Philosophie, die bis auf ihren Urgrund, die Upanishaden, von ihm zurückgeführt werden wird, den unsterblichen »Gesang des Erhabenen« anstimmen.

In der zeitlosen Erhabenheit der weißen Gipfel

Nach dem Anblick von Genf und dem See geht die Fahrt bei schönstem Sommerwetter weiter nach Chamonix, wo Arthur allein mit Bergführern auf einer mehrstündigen Bergtour die Herrlichkeit der Alpenwelt erlebt, mit fragendem Blick zum Sternenhimmel. Diese tiefen Eindrücke der Natur werden einmal als frühes Erlebnis in seinem Werk nachklingen; die Klarheit und Ausdrucksfähigkeit seiner Sprache im Angesicht der schneebedeckten Gipfel lassen bereits den brillanten Formulierer und souveränen Stilisten der kommenden Jahre und Jahrzehnte ahnen:

196

»Um zehn Uhr machten wir uns auf den Weg um den Chapeau zu besteigen, ein Berg der am Eismeer gränzt, u. von welchem man eine schöne Aussicht auf dasselbe hat, obgleich sie nicht so ausgedehnt ist, als die vom Montanvert. Bis zum Fuß des Chapeau fuhren wir im Char à banc. Alsdann ritten wir, meine Mutter auf einem Maulesel u. ich zu Pferde. Der Berg ist bis zur Spitze mit Tannen bedeckt. Zum Anfang gieng unser Weg längst einem außerordentlich wilden Waldstrohm, der sich mit entsetzlichem Brausen über Felsstücke ins Thal stürzt. Je höher wir kamen, desto ausgebreiteter u. schöner wurde die Aussicht auf das Thal von Chamouny. Ungefähr auf der Mitte des Berges hat man einen überaus herrlichen Anblick.

Zur rechten sieht man das himmlische Thal von Chamouny, mit dem Dorfe in der Mitte, mit der brausenden Arve, die es durchstreicht, u. mit den majestätischen Bergen u. Gletschern die es umgeben: zur Linken hat man die Valée d'Argentière, ein kleines ebenso lachendes Thal, in dessen Hintergrunde der breite schneebedeckte Col de Balme steht, u. das Thal schließt. Es ist ein so schöner Abstand zwischen den grünen friedlichen Thälern, mit den stillen Dörfchen, die darin liegen, u. den schrecklichen Massen von Felsen, Schnee u. Eis, wild durcheinandergeworfen, die man über den Thälern erblickt, u. die wie ein drohendes Schreck-Bild hingestellt scheinen.

Wir ritten über Wege, die so aussahn, daß ich nie geglaubt hätte, daß ein Pferd darüber gehen konnte, u. mit Erstaunen sah ich wie es mit der größten Behutsamkeit über die großen Steine hinwegkletterte, die den Weg bey jedem Schritt versperrten. Dann giengen wir auf einem Weg, der grade so breit war wie das Pferd, u. längst einem senckrechten Abhange führte, in dessen Grund das Thal liegt, u. in den man nicht ohne Schrecken hinabsehen kann. Endlich wurde der Weg so, daß es garnicht mehr möglich war zu reiten: wir stiegen ab u. giengen jetzt immer längst dem Glacier des bois, welcher vom Eis-Meer, bis ganz ins Thal hinab geht: u. uns fortwährend einem Chaos von Eis-Spitzen u. fürchterlichen Spalten u.

Klüften zeigte, in deren blauen Rachen man mit Schrecken hinein blickt.«[42]

Auf diese Bergwanderung hatten Mutter und Sohn (der Vater hatte es vorgezogen, sich solchen Strapazen nicht auszusetzen) außer ihrem bewährten Bergführer Alexis aus Salanche noch einen mit den lokalen Verhältnissen gut vertrauten Bergführer aus Chamonix mitgenommen. Nach einem ungewöhnlichen Kristallfund überquerten sie eine große Schneelawine und erblickten über sich einen Wasserfall, der senkrecht herunterrauschte. Nach einem weiteren Anstieg längs dem Gletscher erreichten sie endlich die Spitze und waren am eigentlichen Ziel ihrer Wanderung angelangt. Über ihren Köpfen erblickten sie die hohen Spitzen Géant und Oru, die so schroff sind, daß kein Schnee darauf liegen bleibt.

Vor ihren Augen lag der Gletscher, eine ungeheure Eismasse, wovon uns Arthur eine anschauliche Schilderung in Anwendung eines Wortschatzes gibt, dessen Ausdruckskraft der Sprache das Talent eines überaus begabten Schriftstellers verrät: »Das Eismeer soll seinen Namen davon erhalten haben, weil es die Gestalt eines von Wellen bewegten Meeres hat: die vielen unregelmäßigen Spitzen überall hervorragen geben ihm wirklich dieses Ansehen: zwischen denselben sind schreckliche Schlünde u. Brüche im Eis, die dem, der sich ihrem gefährlichen Rande naht, in den blauen Abgrund zu vernichten drohen. In den Eisritzen laufende brausende Bäche, vom geschmolzenen Schnee u. Eis. Auch hört man von Zeit zu Zeit ein hohles Getöse wie der stärkste Donner, welches von den gewaltigen Eisschollen verursacht wird, die sich losreißen u. auf der Oberfläche des Gletschers, od. in den unteren Eis-Hallen des Meeres fallen, sich zerschellen, andere Stücke mit fort reißen u. die anhaltenden Donnerschläge bewircken, welche vom Echo wiederholt u. verstärckt werden.

Dieses Schauspiel, der Anblick der ungeheueren Eis-Massen, die schallenden Schläge, die brausenden Bäche, die Felsen ringsum, mit den Wasserfällen, oben die schwebenden Spitzen u. Schneeberge, alles trägt ein unbeschreiblich wunderbares

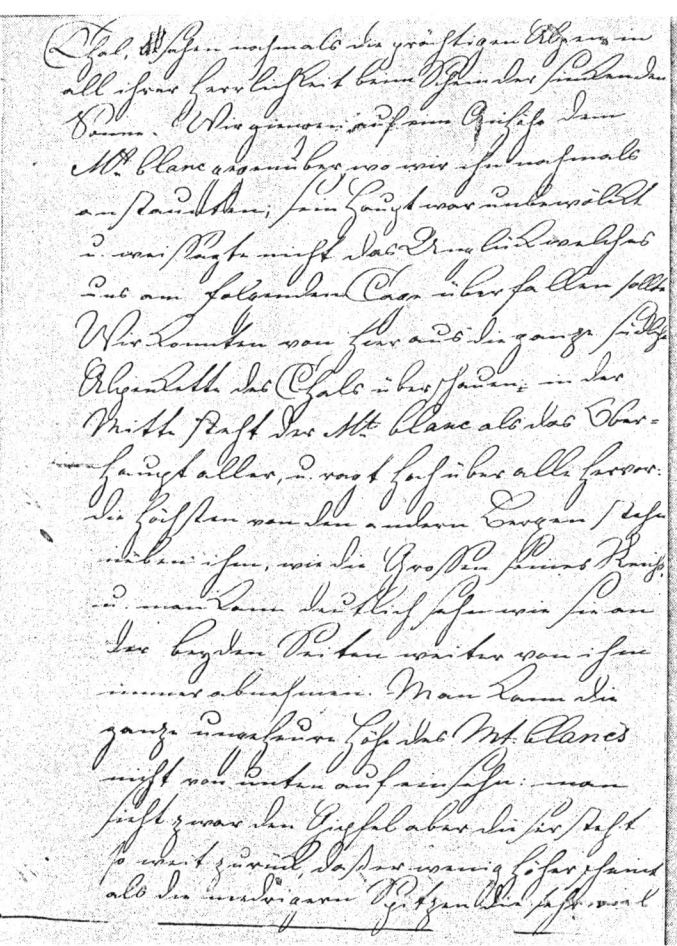

25 *Autograph Arthurs. Tagebuchaufzeichnungen:*
16. Mai 1804

Gepräge, man sieht das Ungeheuere der Natur, sie ist hier nicht mehr alltäglich, sie ist aus ihren Schranken herausgegangen, man glaubt ihr näher zu seyn. Ist es nicht unbegreiflich, wie hier mitten zwischen grünen Wiesen und Wäldern das ewige Eis liegt, u. wie es da, wo man das Eis berührt, nicht kalt ist. Und auffallend kontrastirt gegen diesen erhabenen großen Anblick, das lachende Thal der Tiefe!«

Das Erlebnis der Alpenwelt bedeutete für den 16jährigen vielleicht schon eine erste innere Abkehr von der Welt: bei dem Anblick des abseits von der Zeit liegenden Gebirges. In der zeitlosen Erhabenheit der weißen Gipfel mag die Nichtigkeit des Seins sich leichter offenbaren als im gewöhnlichen Alltagsleben. Die Berge haben eigentlich jeden zum Nachdenken angeregt, wie vielmehr wohl einen zukünftigen Philosophen, der in diesem jugendlichen Alter zum ersten Mal in seinem Leben erlebt, wie die weiten Täler scheinbar endlos zu den Bergen ansteigen, deren Gletscher einen für einen kurzen Augenblick in die Eiszeit zurückführen und die Kürze der geschichtlich aufgeschriebenen Zeit in den Jahrmillionen der Evolution erkennen lassen.

Nachmittags machten sie mit dem Bergführer noch einen Spaziergang im Tal und sahen noch einmal die Alpen »in all ihrer Herrlichkeit beim Schein der sinkenden Sonne«. Ihnen gegenüber erhob sich der Mont-blanc: »als das Oberhaupt aller, u. ragt hoch über alle hervor: die höchsten von den andern Bergen stehn neben ihm, wie die Großen seines Reichs...«

Die Schweizer Bergwelt hält noch eine Überraschung für Arthur bereit: mit der Ersteigung des Pilatus. Mit dem Bergführer Kaufmann aus Luzern fährt er über den Vierwaldstädter See nach Alpnacht, dem Ausgangspunkt der Bergtour. Am Fuß des Pilatus bildet der See eine Art Amphitheater von sich im klaren Seewasser widerspiegelnden Gebirgen:

»Als die Gipfel der Schneeberge beim Sonnenaufgang in goldenem Purpur erglänzten, war ich diesen Morgen schon auf. Und die Glocke welche die frommen Landleute zur Frühmesse rief, gab auch mir das Signal zu eilen, um Gottes Welt von oben zu betrachten. Ich war schon vor Fünf mit meinem Führer auf dem Wege zum Mt. Pilatus.«

Nach einem langen, ermüdenden Aufstieg erreichen sie endlich um zehn Uhr den Gipfel. Die Aussicht liegt in einer unbeschreiblichen Pracht vor ihnen. Arthur bekennt, daß es ihn beim ersten Anblick des fernen Jura, der hell im Nebel verschwand, schwindelte, und er zieht daraus den naheliegenden Schluß, daß der Blick von einem hohen Berg außerordentlich viel zur Erweiterung der Begriffe beiträgt: »Alle kleinen Gegenstände verschwinden, nur das Große behält seyne Gestalt bey. Alles verläuft ineinander, man sieht nicht eine Menge kleiner abgesonderter Gegenstände, sondern ein großes, buntes, glänzendes Bild, auf dem das Auge mit Wohlgefallen weilt... Die Welt von oben zu überschauen, ist ein so eigenthümlicher Anblick, daß ich dencke, daß er für den der von Sorgen gedrückt ist, etwas sehr tröstliches haben muß.«

München und Wien mit seinen kleinen Prinzen

Sie haben nun Bern und Zürich gesehen, den Bodensee überquert, um in Meersburg das deutsche Ufer zu erreichen, nachdem sie das Schauspiel des Rheinfalls bei Schaffhausen erlebten, und streben nun über Augsburg nach München: München leuchtet und erscheint gegen Augsburg als ein kleines Paris. Hofgarten und Englischer Garten stehen auf dem Besuchsprogramm als ein Treffpunkt der beaumonde, und natürlich fehlt am Abend nicht der unerläßliche Besuch des Hoftheaters. München ist eine Kunststadt, und das zeigt sich an seinen Galerien und Museen: Man könnte manchen Tag in der Beschauung dieser schönen Sammlung mit Vergnügen zubringen; aber man muß über alles hinwegeilen. Das Schloß mit Schätzen von Gold und Edelsteinen; der Garten hat eine Ähnlichkeit mit dem von Versailles. Aber selbst ein München muß man lassen, wenn noch das schöne Österreich mit Wien, wenn Böhmen und Sachsen mit dem Versprechen, das bekannte Dresden endlich wiederzusehen, vor einem liegen.

In dem Übertritt nach Österreich werden sie fast eine Woche durch bürokratische Schikanen festgehalten, weil sich in ihren Pässen kein österreichisches Visum findet, das erst in Wien zu besorgen ist. Dafür entschädigt sie Wien mit seinen kleinen Prinzen und Prinzessinnen, die Arthur häufig in der Nähe des Marstalls mit großer Aufmerksamkeit und unverhohlener Bewunderung betrachtet. Wien widmen sie dann auch gleich mehrere Wochen, nicht nur, um den Staub der Reisewege abzuschütteln, der sie sehr geplagt hat, denn in den ersten vierzehn Tagen ihres Aufenthaltes in Wien regnet es unaufhörlich, »nur dann u. wann war ein einzelner schöner Tag«. Die Burg, Kabinette, Galerien, Sammlungen erfordern ihre geflissentliche Aufmerksamkeit, Wien ist nicht nur der Hof, aber Wien muß man gewißlich den Hof machen.

»Das Belvedere ist eins von den Sehenswürdigkeiten, die man selbst bey einem langen Aufenthalt in Wien täglich mit Vergnügen besuchen könnte.« Wegen der weiten Wege aber mußten sie sich mit drei oder vier Aufenthalten begnügen, wissend, daß man denn bei der ungeheuren »Menge der Kunstschätze doch nur halbe Muße hat«.

Wien ist für die Theaterfans natürlich seiner Bühnen wegen ein begehrter Platz, mit vier Schauspielhäusern, das am Kärntner Tor, das Hoftheater, das Theater an der Wien, das Schikanedersche genannt, und das Theater in der Leopoldstadt. Für Arthur ist die Summe der Besuche aller dieser Bühnen (und auch der Gesellschaften), daß es wohl besser sei, sie im Winter zu besuchen: »Ich hoffe, daß es so ist, denn sie machen so der Kaiserstadt wenig Ehre.« Die Schopenhauers erleben Wien mitten im Sommer, mit den eleganten Fiakern, die, wie Arthur eingesteht, er nirgendwo sonst so gut gesehen habe.

Der berühmte Prater in der Vorstadt, ein Gehölz, eine Art Park an dem Donau-Arm, ist der Haupttummelplatz der Wiener, auf dem das beliebte Gesellschaftsspiel der beau monde von 5 bis 7, zwischen Mittags und der Comedienzeit, abläuft:

»Man fährt die Allee zwey bis drey Mal auf u. ab: alles sieht u. wird gesehn.«

Wieder erfüllt sich, jetzt hier im Schönbrunner Schloßgarten, ein Lieblingswunsch des jungen Arthur: »die vollständigste Menagerie, die ich je gesehen habe...«

Auch einen Abstecher nach Preßburg wollen sie sich nicht entgehen lassen, etwas reisemüde schon, »hauptsächlich um sagen zu können, daß wir in Ungarn gewesen sind«.

Auf der Schneekoppe im Riesengebirge

Die Reise nach Schlesien über Böhmen ist mit vielen unangenehmen Überraschungen verbunden: »Hier sind überall Chaussée-Wege, die auf eine Art unterhalten werden die sie für den Reisenden der sie befahren soll, schrecklich machen: der Weg ist nemlich mit großen Steinen gefüllt, welche zu zermalmen den Wagen überlassen ist.« Oder noch viel schlimmer auf dem Wege zwischen Königgrätz und Trautenau: »Die sogenannten Wege sind nichts wie ein Chaos von ungeheueren aufeinandergethürmten Feldsteinen. Wir mußten fast den ganzen Weg gehn. Bey jedem Schritt dachte ich der Wagen würde sich zertrümmern, u. es ist ein Wunder daß es nicht geschah.«

Bald werden sie die schlesische Grenze erreichen und von weitem eines der letzten Reiseziele, das Riesengebirge, sehen. Schlesien entschädigt die tapfere Reisegesellschaft für alles böhmische Ungemach mit gut passierbaren Straßen. Von Landshut aus unternehmen sie einen Ausflug nach Adersbach, um die eigenartige Landschaft mit den wunderbaren Felsen ganz aus der Nähe zu erleben: »Der Weg dahin ist eine der schönsten Spazierfahrten: die Gegend wird immer schöner je weiter man kömmt: das Land ist außerordentlich fruchtbar u. besonders schön zeigen sich die großen Felder von Flachs in himmelblauer Blüthe. Dazwischen sieht man waldige Hügel, u. in der Ferne das Riesengebürge, auf dessen höchster Spitze, der Schneekoppe, man wie einen kleinen kaum sichtbaren Punkt, die daraufstehende Kapelle unterscheidet.«

Von Krummhübel, einem Dörfchen am Fuß der Ausläufer des Riesengebirges aus, unternimmt Arthur mit einem Bergführer eine Bergwanderung in Begleitung einiger Breslauer Bergsteiger. Natürlich stellt er Vergleiche mit den Schweizer Alpen an und sieht in der Schneekoppe, die über alle Berge hervorragt, doch nur einen Zwerg gegen die erstaunlichen Alpen. Aber die Rache Rübezahls folgt dieser Degradierung der Schönen unter Deutschlands Bergen auf den Fuß, denn kaum kamen sie in der Hämpelbaude an, brach ein Gewitter los und die Schneekoppe war von Wolken verhüllt, und sie mußten »zusehn wie uns die morgende Aussicht, die Frucht unseres mühevollen Heraufsteigens verhagelte«.

Die Mühe einer Ausdauer wurde am nächsten Morgen, nach der Übernachtung auf dem Heuboden, belohnt, als sie in der Frühe den Gipfel des Berges erreichten: »Wir warfen uns alle auf die Steine hin, wo die gänzliche Erschöpfung unserer Kräfte, nachdem wir gefrühstückt hatten, bald aufhörte u. wir fähig wurden das große Schauspiel des Sonnenaufgangs zu genießen.« Ein unauslöschlicher Eindruck ist es für ihn, wie die Sonne emporschwebte und sich in ihren »entzückten Blicken spiegelte«.

»Unter uns in ganz Deutschland war es noch Nacht«, auf dem Gipfel aber belichtete die Sonne eine durch keinen Gegenstand beschränkte unermeßliche Aussicht: »Man sieht die Welt im Chaos unter sich: auf einer Seite übersieht man Böhmen, auf der anderen Schlesien, die Gränze theilt gerade den Gipfel der Schneekoppe.«

In dem Hüttenbuch, das sie zu ihrem Zeitvertreib vor der Gipfelerstürmung durchblätterten, fanden sie zu ihrem Trost auch »Klagen über das Schicksal was heut das unsrige war«. Man hat später auch Arthurs Schriftzüge in diesem Buch entdeckt, einen gereimten Zweizeiler, der in schlichter Kürze das Gipfelerlebnis ausdrückt:

»Wer kann steigen
Und schweigen?
Arthur Schopenhauer aus Hamburg«

Der einzige Gedanke, daß »nichts unser ist«

Es ist bereits August geworden, der letzte Monat der langen Kutschreise durch halb Europa ist angebrochen, und nach dem Höhenrausch im Gebirge nimmt sie die Ebene des flachen Landes auf. Es ist wie ein Ausatmen nach dem Abstieg von Zeit und Raum.

Breslau, die Hauptstadt Schlesiens, bereitet ihnen für nur wenige Tage ein gastliches Quartier. Arthur trägt gegen Ende der Reise ziemlich lustlos nur noch sporadische Eindrücke ein, aus denen zu erkennen ist, daß die seelische Anspannung dieser an Länge der Strecke und Dauer nicht zu übertreffenden Reise abgeklungen ist. Das ungeliebte Kontor erwartet den nun zum Weltmann gereiften Jüngling, dem indessen nichts mehr widersteht als die Aussicht auf ein Leben, das ihn an eine Bürostube fesseln wird, eingeschlossen wie ein Eremit in seiner Klause...

In Breslau, notiert er lapidar ins Reisebuch, ist die einzige Sehenswürdigkeit der Garten des Fürsten von Hohenlohe: »Wir haben hier keine andere Bekanntschaft gemacht wie die eines Herrn Hofmann: an den Hern. Schreiber hatten wir auch Adreß Briefe, die jedoch ohne Wirkung blieben. Das Schauspielhaus ist ziemlich hübsch ABER KLEIN: Wir sahen hier die neue Oper Titus, die noch mittelmäßig gut ausfiel.«

Am 12. August kamen sie »unter heftigem Regen im lieben Dresden an«. Sie blieben zehn Tage dort, obgleich ihnen die Stadt nach mehrfachen Aufenthalten gut bekannt war, und besahen auch nochmals einige von ihren vielen sehenswürdigen Sammlungen. »Besonders die herrliche Bildergalerie, die ich so viel wie möglich täglich besuchte, deren Kunstschätze sich mit den ersten aller Sammlungen die ich noch gesehn habe, vergleichen lassen.«

»Auch das berühmte grüne Gewölbe haben wir nochmals besucht. Auch jetzt, nachdem ich soviele Schatzkammern gesehn habe, finde ich noch daß es alle an Reichthum weit übertrifft. Man glaubt sich in einem Feen-Palast versetzt, u. wird von der unendlichen Pracht geblendet, wenn man die glänzenden Zimmer betritt, in denen sich die kostbaren goldenen Gefäße u. Spielwerke von Diamanten an den Spiegelwänden vervielfachen: das Auge kann wirklich nur mit Mühe auf dem blitzenden Brillanten-Schmuck weilen.«

In der Rüstkammer erfreut er sich an dem Anblick der schön gearbeiteten Harnische, der Waffen, uralten Kleider und der kostbaren, mit Edelsteinen belegten Pferdegeschirre. Auch die Umgebung von Dresden besuchten sie, den Plauener Grund, die Aussicht von den Ruinen in Tarant »ist unstreitig eine der schönsten, die es giebt«, Meißen und Pirna und schließlich eine schöne Ausfahrt nach Liebethal, mit dem die große Reise das letzte Ziel verläßt, um in wenigen Tagen am 25. August in Berlin zu enden. Während der Vater von Berlin aus direkt nach Hamburg eilt, wo ihn dringende Geschäfte nach langer Abwesenheit in seinem Handelshaus erwarten, reist die Mutter mit Arthur nach Danzig weiter.

Mit dem Shakespeare-Zitat beschließt er in einem Anruf der Vergänglichkeit und Unabänderlichkeit des Todes sein Reisetagebuch, um seine Gedanken gleichsam mit dem Stempel des Philosophen zu besiegeln:

»From all the evils, that befall us may,
The worst is death – and death must have it's day!
Shakespear. K. Richard II.«
(Originaltext von Arthurs Hand) [43]

und

»In coelo quies,
tout finis ici bas.«

(Die Stimmung erinnert an die Bilder der
in Eintracht über die Zeiten hinfort
versammelten Könige und Heroen in Westminster).

Der einzige Gedanke, der bleibt, ist der, daß nichts unser ist.
Im Himmel allein ist Ruhe und hinieden endet alles«, alle irdischen Übel in der endgültigen Gewißheit des Todes. Für den
jungen Mann, der eben weit über ein Jahr Europa bereiste, ist
dieses Bekenntnis nichts weniger als der Kern und der Grund-
gedanke seiner hier schon sich ankündigenden Philosophie.

Das eigentliche Resümee dieser Reise, die ihm das Unglück
der Menschen vor Augen führte als die Wahrheit, die laut und
deutlich aus der Welt sprach, faßte er in einem Satz zusammen,
aus dem die Erkenntnis der Nichtigkeit und die Entbehrlichkeit
des Daseins spricht:

»In meinem 17. Jahre, ohne alle gelehrte Schulbildung,
wurde ich vom Jammer des Lebens so ergriffen, wie Buddha in
seiner Jugend, als er Krankheit, Alter, Schmerz und Tod erblickte... und mein Resultat war, daß diese Welt kein Werk
eines allgütigen Wesens sein könnte, wohl aber das eines Teu-
fels, der die Geschöpfe ins Dasein gerufen, um am Anblick ihrer Qual sich zu weiden. Darauf deuten die Data und der
Glaube, daß es so sei, gewann die Oberhand.«

VI. Der heimatlose Arthur Schopenhauer

»Zeitlebens hat er sich
für heimatlos gehalten.«

DIE SCHOPENHAUER-WELT
Ausstellungskatalog zum 200.
Geburtstag. 1988. Kramer, Frankfurt a. M.

*26 Danzigs Kohlenmarkt mit Zeughaus (rechts) und
Stadttheater. Gemälde von Eduard Meyerheim*

Arthur begegnet dem historischen Danzig

Der junge Arthur sah viele Länder und Städte auf dieser langen
Reise durch Europa. Aber wenn er jetzt die Augen öffnet, am
Morgen des letzten Reisetages vor der Ankunft in Danzig, sieht
er die grünen Waldhügel und in der Morgensonne die glänzenden Spiegel der Moräne-Seen des Kaschubenlandes, die zierlichen Zwillingstürme der Kirche des Zisterzienserklosters von
Oliva, die Pelonker Höfe zur Rechten und hinter hohen Wällen
die Giebel der Stadt wie ein rotes Dächermeer aus dem Dunst
des frühen Tages steigen, die Heimat seiner Väter und Mütter,
seine Geburtsstadt Danzig, die er zum erstenmal seit der Emigration seiner Eltern wiedersehen wird, um die Kindheitsein-
drücke zu vertiefen und zugleich Abschied zu nehmen für immer.

An einem schönen Septembermorgen werden sie an der Tor-
wache vor dem Hohen Tor vom Prinzipal Kabrun empfangen,
in dessen Handelshaus Arthur nun die Kaufmannslehre fortset-
zen wird. Über ein Jahrzehnt ist nun vergangen, seit er mit seinen Eltern Danzig verlassen hatte (von Kaufmann Meyerhoff
bis ans Olivaer Tor begleitet).

Die ersten Eindrücke sind verwirrend. Auf dem Kohlenmarkt, den sie zuerst aufsuchen, wird das vor drei Jahren im neuklassizistischen Baustil eröffnete Stadttheater in Augenschein genommen, dessen Errichtung vor allem Kabrun zu verdanken ist. (So ist es verständlich, daß er seinen Gästen zuerst den Musentempel zeigt, denn die Schopenhauers sind ja bekannt für ihre Theaterbesessenheit, und da ist das Interesse, diesen jüngsten profanen Neubau der Stadt zu sehen, nur zu verständlich.)

Der Kohlenmarkt ist einer der großen historischen Plätze der Stadt mit einer bis in die Zeit der Aufführung von Shakespeares Stücken zurückreichenden Tradition der alten »Fechtschule«, dem berüchtigten Stockturm und dem Prachtbau des Zeughauses im Stil der niederländischen Renaissance.

Kenner der Danziger Geschichte sehen die Jahrhundertwende um 1600 als den Zenit der Entwicklung Danzigs an, den Gipfel von Macht, Reichtum und Einflußnahme. Die alten Mauerbefestigungen wurden damals von einer neuen, großzügigen, die Stadt erweiternden Fortifikation abgelöst. Rund um die Stadt bildete sich ein Zackenkranz von Wällen, Bastionen und Wassergräben. Das neuerbaute Hohe Tor sicherte in vorgeschobener Linie den westlichen Stadteingang. Am Kohlenmarkt wurden die alten Stadtmauern, von denen heute noch Rudimente am Strohturm überdauern, abgetragen, um dem Prachtbau des neuen Zeughauses zu weichen. Im Ziegelrohbau wurde es vierschiffig, als zweistöckige Rüstkammer erbaut.

In reich geschmücktem Renaissancestil wird die dem Kohlenmarkt zugewandte Rückseite des Zeughauses, mit den Giebeln, welche den Bürgerhäusern ähnlich sind, von vier Satteldächern gedeckt. Die Giebel sind reich bestückt mit explodierenden Geschossen, vergoldet mit Medaillons und den in Danzig üblichen Standbildern, die, wenn man sie alle zusammentrüge, eine stattliche Versammlung steingewordener Honoratioren bildeten. Zwischen den beiden Portalbögen steht, zurückgesetzt in einer Nische und doch unübersehbar, ein martialisch anzusehender Krieger in Feldharnisch mit Prunkhelm und Kurzschwert. Die Löwenfiguren verkünden hier wie über den Portalen des Zeughauses überall an den Danziger öffentlichen Gebäuden so die Stärke und den Stolz der Stadt.

Die der Jopengasse zugewandte Hauptfassade zeigt zwei achteckige Türme mit Turmhelmen, die chinesischen Pagoden ähneln. Sie sind von der Straße durch schmiedeeiserne Gitter getrennt und geben der Ostfassade des Zeughauses eine weitere Dimension der Tiefe. Zwischen den beiden Eingangsportalen steht ein ebenfalls von einem kunstvollen Eisengitter geschützter Brunnen, über welchem in einer Mauernische das Standbild der Minerva erscheint.

Bei der Anlage einer zweiten, höheren Stadtmauer wurde im Jahre 1346 dem alten gotischen Langgasser Tor ein hoher Befestigungsturm mit einem Tordurchgang vorgebaut. Die Stadt war in der aufblühenden Ordenszeit, in der die heute noch überall sichtbaren gotischen Kirchen- und Wehrtürme entstanden, durch Schiffahrt und Handel zu Wohlstand und Wachstum gelangt und mußte, je reicher sie wurde, um so mehr um Wehrhaftigkeit und Verteidigung bemüht sein.

So wurde der »Hohe Turm«, im Volksmund »die Fronfeste«, zum überragenden Wehrbau der aufstrebenden Stadt an der Weichselmündung.

Danzig war auch nach dem Verlust seiner Selbständigkeit durch die preußische Annektion ein blühender Handelsplatz und weltoffener Hafen geblieben.

1803 wurden in der Stadt registriert: 44 Tuchmachermeister, Zeugmacher, Strumpfwirker, Hutmacher, Bierbrauer, Branntweinbrenner, Gold- und Silberdrahtzieher, Kürschner, Fleischer, Bäcker, Schneider, Schuhmacher und viele andere Gewerbe.

Die Speicherinsel wurde mit den ersten Laternen beleuchtet.

Die Bevölkerung der Stadt war auf 44 000 angestiegen. Der Fürstbischof vom Ermland und Abt von Oliva, Johann Carl von Hohenzollern, ließ Grünanlagen auf dem Carlsberg und der Kaufmann Johann Labes ähnliche auf dem Johannisberg in Jäschkental herrichten.

Ein 1803 der Marienwerderschen Regierung zugesandtes

27 Mattthäus Deisch: Hauptwache der Stadt und Peinkammer, 1765

Verzeichnis aller zur Unterstützung Bedürftiger in der Stadt Danzig ausgefertigten Vermächtnisse nennt die beträchtliche Summe von 974 790 Fl. sowie zum Besten der Witwen, Studierenden und Kranken einen jährlichen Ertrag von 46 654 Fl. Sowohl das Spendhaus als auch das Kinderheim konnten nur durch beträchtliche Zuschüsse zu den vom Magistrat ausgewiesenen Armengeldern bestehen. Auch aus der Lotteriekasse der königlichen Zahlenlotterie flossen weitere Geldmittel der Wohlfahrt zu.

1803 wurden an den Straßenecken Schilder mit den Gassennamen angebracht. Im selben Jahr wurde das Glockentor abgebrochen und die Hauptwache vom Stockturm in die Georgshalle verlegt.

Die Kunst- und Handwerksschule wurde in den Räumen der Marienschule eröffnet und später in die Säle des Langgasser Tores verlegt, deren Leitung der Direktor der Magdeburger Kunstschule, Johann A. Breysig, übernahm.

Die Hundegasse verläuft wie alle Gassen der Rechtstadt von den westlich die Stadt umgebenden Wällen über die an der

Reitbahn gelegenen Festungstürme des Stadthofs in einem leicht geschwungenen Bogen zum Hafenfluß der Mottlau, die mit ihren beiden Flußarmen die Speicherinsel umgibt. Abgeschlossen wird sie an dieser Wasserseite vom Kuhtor, durch dessen spitzbögige Öffnung Aufbauten, Masten und Segel der Schiffe am Auge des Betrachters vorüberziehen. In dem Jahr vor der Ankunft des jungen Arthurs in seiner Geburtsstadt liefen den Hafen knapp zweitausend Schiffe an, die meisten davon aus England, Frankreich und den nordischen Ländern. Sie hatten vor allem Lebens- und Genußmittel geladen, englisches Bier, Heringe aus Schweden, Champagner- und Burgunderweine, auch Kaffee, Baumöl, Sirup, Tabak und Reis und Zukker, aber auch Eisen und Kalk. Im gleichen Jahr verließen den Hafen 1836 Schiffe. Davon gingen 492 nach England, 480 nach Dänemark, mehr als 300 nach Holland, andere nach Spanien, Portugal, Frankreich und Italien mit Getreide, Branntwein, Doppelbier, Bernstein, polnischer Leinwand (nach England, Schottland, Dänemark, Frankreich, Portugal, Spanien und den Hansestädten).

Von den Fenstern seines Quartiers in dem Kabrunschen Haus in der Hundegasse war es nicht weit bis zum Hafenfluß, der Mottlau. Die Kuhbrücke führte über den westlichen Flußarm auf die Speicherinsel und von dort über den östlichen Ausläufer der Mottlau die Mattenbudener Brücke zur Niederstadt. Als kleiner Junge an der Seite seiner jungen Mutter hatte er diese Szenerie zum erstenmal erlebt, den Hafen mit einem lebhaften Schiffsverkehr, die Speicherinsel, das steingewordene, reich illustrierte Buch der Hafen- und Handelsgeschichte der Stadt, wo sich jahrhundertelang ihr Tor zur Welt geöffnet hatte. Vor seinen Augen mögen die Bilder der frühen Kindheit wie auf einem Film abgelaufen sein, die ihn daran erinnern mochten, wie er hier als Kind glücklich gewesen...

Weshalb die Welt für das Kind ein Arkadien ist, in welchem wir alle geboren sind, erklärt er in seinen Aphorismen zur Lebensweisheit. Vom Unterschied der Lebensalter: Wir sind in unserer Kindheit den Dingen noch ungeteilt hingegeben, von

28 Getreideschiffe auf der Weichsel. Der Getreidehandel war die Haupteinnahmequelle der Danziger Kaufmannschaft, der auch Arthurs Gastgeber und Lehrherr Jakob Kabrun angehörte

nichts zerstreut und haben sie angenommen, als wären sie die einzigen ihrer Art, in der bloßen Vorstellung. Während andererseits ihr subjektives Dasein, das allein im Willen besteht, Schmerz und Trübsal bedeuten. »Alle Dinge sind herrlich zu SEHN, aber schrecklich zu SEYN.« Also liegt die Welt vor dem Kind wie ein Eden.

»In der Kindheit stellt sich uns das Leben dar wie eine von weiten gesehene Theaterdekoration, während wir sie im Alter wie aus nächster Entfernung sehen.«

»Wenn, in meinen Jünglingsjahren, es an meiner Tür schellte, wurde ich vergnügt: denn ich dachte, nun käme es, die unbefriedigte Sehnsucht nach Glück.«

Im Haus des Geschäftsfreundes Kabrun

Eigentlich hält den jungen Mann in dieser merkwürdig nordisch anmutenden Stadt mit einer Architektur aus *Italien und Holland*, und dem Krantor, der Marienkirche und König Artus' Hof am Langen Mark nichts mehr, hat er doch in den letzten beiden Jahren auf der Reise durch halb Europa die großen Metropolen, mit ihren Schlössern, Theatern, Museen, Galerien, die mediterranen Küsten, alpinen Hochgebirge und Gletscher und weiten Seen erlebt. Diese preußische Provinzhauptstadt kann ihm keine begeisterten oder kritischen Tagebucheintragungen mehr abgewinnen. Der Alltag im Kontor, die Kaufmannslehre, die Ermahnungen des Vaters in seinen letzten beiden Briefen an den Sohn überschatten nun die Eindrücke der langen Reise, deren Höhenflug jäh am Stehpult eines Handelshauses enden sollte, denn das dem Vater gegebene Versprechen einzulösen und sich auf den Beruf vorzubereiten, gebot nun die Stunde, in welcher das teure Pfand der Reise auszulösen war. Bei dem väterlichen Geschäftsfreund,[44] einem der reichsten Männer der Stadt, der eine bedeutende Kunstsammlung sein eigen nannte und selbst literarisch tätig war, ist er für die drei Monate seines Aufenthaltes in Danzig gut aufgehoben. Arthur wird das gastliche Haus und den gebildeten Gastgeber nicht vergessen, dem er später mit einer handgeschriebenen Widmung seine Erstlingsschrift vermachte.

Am 23. Oktober 1804 richtet der Vater an ihn einen Brief mit einigen ihm wichtig erscheinenden Verhaltensanweisungen, schön zu schreiben, perfekt zu rechnen, sich aufrecht zu halten und Herrn Kabrun zu danken, »daß er dir die Wechselbriefe und die Fakturen schreiben läßt auf seinem Kontor, damit diese weiter so aussehen, daß sie in alle Welt gehen können. Es sind wenige Häuser, wo du dich so gut vorbereiten kannst, ein guter Contorist zu werden, wie bei diesem meinem werten Freunde Kabrun in Danzig.« Im Englischen und Französischen möge er sich üben, fleißig Flöte spielen und guten Unterricht auf einer Reitschule suchen.

Diese und ähnlich belehrende Ermahnungen sind Arthur nun schon zu geläufig, als daß er sie ernst nehmen müßte, denn sie bereicherten schon die Briefe aus Mittelengland oder Schottland, die ihn im Erziehungsinstitut von Wimbledon erreichten, zum Beispiel mit dem vorsorglichen Rat eines besorgten Vaters, die sportlichen Höhenflüge des Heranwachsenden in Grenzen zu halten, wie, in der Reitschule »manierlich und vorsichtig« zu sein oder Arthurs Lieblingssport, das von ihm bevorzugte Schwimmen als »gefährlich und unnütz« abzutun.

Und mit welchem Vergnügen wird Arthur gerade in Danzigs Gewässern geschwommen sein, die dem »nordischen Venedig« zur Ehre gereichten und den jungen »Wasserratten« zum Vergnügen.

Viel wichtiger ist dem Vater das ständig zu übende Schönschreiben, Fehler in Kaufmannsbriefen sind unverzeihlich und können wohl auch zu Ärger und Prozessen führen, denn: »Hin und wieder finde ich die großen Buchstaben Deiner Schreiberei noch immer wahre Mißgeburten, besonders im Deutschen, welches als Deine Muttersprache Dir keines einzigen Fehlers in der Handschrift zeihen müßte!« Daher möge Arthur auch seine »Angelobung« tunlichst befolgen, schön und fließend schreiben zu lernen. Auch in den Fremdsprachen möge er sich vervollkommnen, obgleich dem Vater bekannt sein mußte, daß Arthur Schwierigkeiten hatte, sich nach dem zweijährigen Aufenthalt in Le Havre auf deutsch zu verständigen. Auch mit dem Englischen, das er in Wimbledon in ständiger Konversation so exzellent erlernte, daß er seinen Shakespeare ohne Mühe im Urtext verstand, wie es seine Mutter in ihrer Jugend gehalten hatte.

In einem Brief vom 20. November wird er innerlich auf die nun bevorstehende Konfirmation vorbereitet und auf den dann bald bevorstehenden Abschied von Danzig, »das gute Danzig«. Aber es wird auch nicht versäumt, wieder auf eine gute Haltung hinzuweisen: »Und was Dein Geradegehen und Sitzen betrifft: so rate ich Dir, jedweden, der mit Dir umgeht,

217

zu bitten, Dir einen Schlag zu reichen, wenn Du gedankenlos ob dieser großen Sache Dich antreffen läßt.«

Arthurs Gastgeber und Lehrherr Jacob Kabrun entstammt einem schottischen Geschlecht, das sich etwa anfangs des 18. Jahrhunderts in Danzig ansiedelte. Die Familie nannte sich ursprünglich Cockburn und führte auch eine Anzahl von Hähnen in ihrem Wappen. Der Vater Kabruns lebte von 1723–1796 und übte den Kaufmannsberuf aus. Jacob Kabrun (jun.) lernte bei seinem Vater, der 1775 nach Unglücksfällen Geschäft und Vermögen verlor, und trat 1780 bei der Handelsfirma Josna und James Kennworthy ein. Eine wirtschaftlich erfolgreiche Reise nach Holland und England wurde die Grundlage seines späteren Reichtums. Zunächst wurde er Teilhaber, und nach dem Tod der anderen Inhaber gelangte er 1800 in den alleinigen Besitz des blühenden Handelshauses. Bald stieg er aufgrund seiner weitreichenden Handelsbeziehungen und einem außergewöhnlichen Unternehmungsgeist zu einem der bedeutendsten Kaufleute auf, der auch neue Handelswege erschloß, die seine Schiffe bis nach Buenos Aires führten. Aus Süddeutschland holte er erfahrene Damastweber nach Danzig. Damit trat er in die Fußstapfen seines Vaters, der, interessiert an naturwissenschaftlichen Forschungen, sich der Zuckerproduktion widmete und mit dem Danziger Kaufmann de la Motte die erste Zuckerraffinerie eröffnete.

Als Danzig 1806 französisch besetzt und zu einem Freistaat proklamiert wurde, empfing Napoleon ihn im Haus des befreundeten Cornelius von Almonde auf Langgarten, um sich über die Danziger Handelsverhältnisse berichten zu lassen.

In den sieben Leidensjahren der Stadt unter der Drangsal des napoleonischen Statthalters, General Rapp, erwies sich Kabrun als Wohltäter der bedrängten Bevölkerung und entwarf den Plan einer Bürgerkasse zur Beschaffung der Kontributionsauflagen, der indessen an dem Widerstand anderer Großkaufleute scheiterte. Seine Expertise »Ideen eines Geschäftsmannes über Staatsbedürfnisse und Geldmangel« (Weimar 1809) fand die Anerkennung Hardenbergs, des preußischen

29 *Portal eines Patrizierhauses in der Hundegasse.*
Eines dieser Häuser war Eigentum
von Jakob Kabrun, dem Geschäftsfreund von Arthurs Vater,
Großkaufmann und Kunstmäzen

Staatskanzlers. Nach der Befreiung vom Napoleonischen Joch brachte er durch Kollekten in der Londoner City allein 5000 englische Pfund für die verarmte Danziger Bevölkerung auf.

In der aufgeklärten Atmosphäre dieses Hauses eines kultivierten Weltbürgers fand der junge Arthur eine angemessene, freundliche Aufnahme während seines Aufenthalts in seiner Vaterstadt im Spätjahr 1804. Der Vater konnte mit der Wahl, ihn anläßlich der bevorstehenden Konfirmation im Haus eines befreundeten und wohlhabenden Geschäftsfreundes unterzubringen, zufrieden sein. Und für Arthur wurde der gute Geist und die Gastlichkeit ebenso zum Gewinn wie damals, als er in seinem zehnten und elften Jahr in ähnlichem Ambiente eines Handelshauses in Le Havre gelebt hatte. Um ein guter Kontorist zu werden, hätte es allein eines solchen Domizils nicht bedurft, eher denn, um als ein Mann von Welt sich einst sehen lassen zu können.

Arthur gedieh in diesem weltoffenen Umfeld aber auch zu dem, was man später einen Sportsmann nennen würde: Reiten, Fechten, Schwimmen, Tanzen, Schlittschuhlaufen, nach dem täglichen Einerlei im Kontor, waren ihm hier zu einer lieben Gewohnheit geworden. Auf der oft schon in der zweiten Novemberhälfte zugefrorenen Mottlau, auf dem Weg von der Steinschleuse über Ohra nach Krampitz zum Beispiel.

Der Vater hatte ihm wohlweislich eine schicke Winterweste besorgen lassen, immer in Sorge um Arthurs Gesundheit und Wohlergehen. Solche Schlittschuhpartien gehörten zu dem traditionellen sportlichen Zeremoniell der Danziger Jugend, die sich ein Wintervergnügen solcher Art um nichts in der Welt versagen mochte.

Die Eisläufer

An den Kopfweiden
der Ufer
des zugefrorenen Flusses
fliegen sie pfeilschnell

vorbei, die Eisläufer,
wie Vogelschwärme,

die der Winterhimmel
aus seinen Ärmeln schüttelt,
über das Eis,
das den Fluß
gefangenhält
in kristallener Fessel.

Mit ihren kurzgeschorenen
Weidenköpfen
verlieren sich
die Wassergräben
von Ohra-Niederfeld
in der Weichselniederung.

In der Luft liegt Schnee.
Die Kinder jagen,
in wollne Schals gehüllt,
in Sweater und Pudelmützen
davon, mit Stößen der Eisstöcke
aus Bambusrohr. Gelb auf weiß.

Spuren und Zeichen
ritzen die Kufen
in das schneebestaubte Eis,
das unter ihren Körpern
entflieht, unendlich weit,
als suche der Fluß
einen Fluchtweg aus der Gefangenschaft.

Gierig saugen sie
die kalte Luft ein
und lassen weiße
Rauchfahnen

üppig wehen
und hinter sich.

Schießen
über das Eis,
frei,
wie die Fische
im fließenden
Wasser.

Wie die Vögel
im Flug,
frei
und jeder für sich allein:
Vogel und Fisch
zugleich zu sein.

Das Haus Kabrun hat Johann Friedrich Abegg,[45] der sich sieben Jahre zuvor als Gast Kabruns in Danzig aufgehalten hatte, in seiner Reisebeschreibung aufgezeichnet und eine eindrucksvolle Charakteristik seines Gönners abgegeben:

»Des morgens des 21. May 1798 brachte mir der Hausknecht einen Brief von G. Ph., den Herr Kabrun gestern abend noch mir selbst bringen wollte. Gegen 10 Uhr ging ich zu Herrn Kabrun. Ich traf ihn in seinem Comptoir. Ein Mann in dem Zeitpunkt der glücklichsten Lebenszeit kam mir mit würdevoller Feinheit und Freundlichkeit entgegen, und wiewohl er zu gleicher Zeit mit einem englischen Schiffscapitän und einem anderen Kaufmann in Geschäften zu tun hatte, ließ er mich doch nicht in der widrigen Stimmung, in welcher man sich überflüssig fühlt, indessen wollte ich nicht lange bleiben. Er lud mich zum Essen und sagte, daß er gerade heute im Stande sei, mir den ganzen Nachmittag und Abend Gesellschaft zu leisten, ich möchte also bei ihm bleiben. Ich sagte es zu. Nach 1 Uhr holte er mich ab, und führte mich in eine kleine aber erlesene Gesellschaft von Kaufleuten, die in einem Garten speisten. Die Unterhaltung war mannigfach, aber doch, besonders durch Kabrun, sehr geistreich.«

Nach dem Essen zeigt Kabrun ihm das Haus und seine große Gemäldesammlung, über die sie ein angeregtes Gespräch führen und so miteinander vertraut werden. Abegg ist Gast in einem Trauerhaus. Das wird ihm erst schmerzlich bewußt, als Kabrun ihn auf ein Gemälde aufmerksam macht, das eine ungewöhnlich schöne junge Frau zeigt, deren Porträt aber nach der Phantasie erst nach ihrem Tode verfertigt wurde. Abegg lauschte den Worten Kabruns mit stummer, aber inniger Teilnahme und ließ ein tiefes Mitgefühl anmerken, als Kabrun die tragischen Umstände des Todes mitteilte: »Es war meine Frau, meine unaussprechlich geliebte, mich unaussprechlich beglückende Frau, die mir in wenig Wochen mit dem neugeborenen Knaben entrissen worden ist.«

Vom Bischofsberg, hoch über der Stadt, zog sich ein grüner Gürtel von Höhenwäldern bis zur Steilküste an den Uferrand der Ostsee. Zur Linken sah man auf die zum Greifen nahen Türme der Stadt und das flache Niederungsland des Weichsel-Nogatdeltas, und zur Rechten breitete sich das Panorama der Danziger Bucht aus. Von hier aus mochte der junge Arthur Schopenhauer über das die Stadt umgebende Land und die bis zum Horizont sich ausbreitende Unendlichkeit des Wassers geblickt haben, wie nur wenige Jahre zuvor Abegg, als Kabrun seinen süddeutschen Gast zum Observatorium des Arztes und Astronomen Dr. Wolf auf den Bischofsberg geführt hatte. Vom Dach der Sternwarte erblickte Abegg die Ostsee, wie er seinem Tagebuch anvertraut, in einer neuen Gestalt: »Es war windig, und so öffneten sich unzählbare Rachen, die drohend, schäumend, sich auf- und zuschlossen... auf der linken Seite übersieht man eine Fläche, so duftbraun und bewölket als ich in meinem Leben noch nicht gesehen habe, die sogenannte Danziger Nehrung.«

In Danzig war Arthur nun noch einmal in seiner Heimat angekommen. Eine lange Reise durch halb Europa lag hinter ihm. In vielen Ländern und Städten, auf den Straßen und in gastlichen Häusern konnte er kein Zuhause finden. Auch in dem freundlichen Kabrunschen Haus in der Hundegasse blieb er der Unbehauste, Heimatlose, Fremde in der eigenen Heimat seiner Väter und Vorväter. Der Vater hatte ihm geraten, bei Tische auf die Rede Kabruns zu achten, denn er wurde aufgenommen wie ein Sohn des Hauses, das Abegg bei seinem Aufenthalt in der vollendeten Gepflegtheit Altdanziger Wohnkultur empfunden und beschrieben hat: »Kabrun, einer seiner Handlungsbedienten, Egloff und ich speisten zusammen. Noch nie habe ich wohltuender, süßer, die Harmonie der inneren und äußeren Bildung empfunden. Das Zimmer, so wie überhaupt alle Zimmer daselbst sind mit eigentümlichem Geschmack eingerichtet. –

Auf einem runden Tische standen vier Leuchter, weiß mit blaßgrünen Streifen, und Teller ebenso aus Wedgewood's Fabriken, der Kabruns Freund war, so wie noch seine Söhne. Gespeist wurde ein National-Danziger Gericht, Sauerampfer, durch allerlei Ingredienzien zu einer überaus lieblichen Speise, die man wie Suppe genießt, bereitet. Sodann Spargeln mit Beilage und endlich Braten und Salat. Dann köstliche Weine und ebenso köstliches Bier, und endlich die geistvollste Unterhaltung.«

Nach dem Essen wurde die Post gebracht. Der Lord major von London, Anderson, ein geborener Danziger, zeigte an, er sei Baronet geworden. Aus England kamen weitere Briefe, wie auch aus Bozen und Triest. Einige Jahre später wird Arthur Schopenhauer mit an diesem Tisch im Speisezimmer sitzen und vielleicht von seiner mit den Eltern eben beendeten Reise Neuigkeiten aus England oder Frankreich berichten. Länder, die Kabrun von Geschäftsreisen kannte, Themen also, die ihn mit lebhaftem Interesse erfüllten und über die Arthur aus unmittelbarem Erleben erzählen konnte. Ein besonderes Interesse Kabruns galt der englischen und französischen Literatur, deren Bücher er in der Landessprache las. Im vergangenen Jahr war er Zuhörer Dr. Kochs in der Astronomie. Auch über den Bau des Theaters und die mit diesem Unternehmen verbundenen Schwierigkeiten war die Rede, »wo die Alltags-Menschlichkeit, wie überall, Mühe, Verdruß und Hindernisse in den Weg legt«.

Kabrun legte Abegg Risse und Pläne des Theatergebäudes vor, das ein Denkmal des Geschmacks der Zeit und der Menschen, seiner Stifter, werden sollte: »Aber mit den ledernen Seelen«, sagte Kabrun, »ist nichts anzufangen.« Aber Kabrun überwand in seiner verbindlichen Art die sich dem Neubau in den Weg stellenden Einwände, und noch im Jahr der Anwesenheit Abeggs (1798) konnte der Grundstein gelegt werden. 1801 war der klassizistische Quaderbau, mit der charakteristischen kleinen Kuppel als Krönung, vollendet worden.

Als Arthur 1804 nach Danzig kam, wurden unter der Leitung von Jean Bachmann einige hervorragende Neuaufführungen gegeben: Schillers »Die Jungfrau von Orleans«, »Maria Stuart«, »Wilhelm Tell« und »Wallensteins Tod« zum Beispiel, die Arthur als begeisterter Jünger der Muse Thalia erlebt haben mag, denn schon auf der Europareise mit den Eltern wurde kaum ein Theaterabend ausgelassen, und in seinen späteren Jahren in Frankfurt verbrachte er die meisten Abende vor den Brettern, die ihm die Welt bedeuteten.

Bei einem Besuch der Marienkirche, in der Arthur getauft wurde und nun in einigen Jahren konfirmiert werden wird, hat es Abegg besonders das Tryptichon Hans Memlings angetan, das noch immer als ein Werk des van Eyk ausgegeben wurde. Er war von dem Gemälde so fasziniert, daß er wünschte, allein sechs Wochen Zeit zu haben, um hier verweilen zu dürfen, es anzusehen, zu studieren und auszulegen.

Um seinen Sohn macht sich Heinrich Floris Schopenhauer keine Sorgen mehr. Der Vater hatte nun seinen Wunsch Gestalt werden lassen; der Sohn wird das gegebene Versprechen einlösen und ein guter Kaufmann hansischer Tradition werden, um so in Wohlstand sorglos leben zu können. Aber immer noch plagen den Vater Zweifel ob des Gelingens, wenn er zetert: »Vom Tantzen und Reiten kann man nicht leben als Kaufmann dessen Briefe gelesen werden sollen und folglich gut geschrieben werden müssen.«

Die väterlichen und großväterlichen Landsitze und Ländereien waren in andere Hände übergegangen. Ob Arthur sich ihrer überhaupt erinnerte? Wir wissen es nicht. Es waren fremde Bilder, die in seiner Erinnerung auftauchten, keine eigenen, wie sie sich ihm jetzt in der altehrwürdigen Stadt mit ihrem reichsstädtischen Gepräge und Gepränge aufdrängten. Stutthof und Pelonken, die Stätten frühester Kindheit, waren für ihn beliebige Namen, die sich in seiner Biographie eingefunden hatten, ohne von ihm eingebunden zu werden. Einzig mochte Tante Julchen, eine der wenigen überlebenden Verwandten, ihm vertraut geblieben sein. In ihrer unbekümmerten Heiterkeit und Warmherzigkeit hat sie ihm wohl am nächsten gestanden. Nun begrüßte sie den weitgereisten jungen Mann, den noch die Lehre drückte, nach einer für die erste Lebensphase langen Trennung von mehr als zehn Jahren, herzlicher, als er vielleicht erwarten durfte, mit den Worten, er sei im Vergleich zu Gleichaltrigen klein anzusehen, aber sein »Stumpfnäschen« stünde ihm lustig zu Gesichte.

Wenn Arthur durch die engen Gassen seiner Geburtsstadt schlenderte, mochte er vor dem Haus in der Heiligengeistgasse, in dem er geboren wurde, ein wenig nachdenklich verweilen, ohne es interessant zu finden, denn: »Jeder Zustand, jeder Mensch, jede Scene des Lebens braucht nur rein objektiv aufgefaßt und zum Gegenstand einer Schilderung, sei es mit dem Pinsel oder mit Worten, gemacht zu werden, um interessant, allerliebst, beneidenswerth zu erscheinen: – aber steckt man darin, ist man es selbst, – da (heißt es oft) mag es der Teufel aushalten. Daher sagt Goethe:

Was im Leben uns verdrießt,
Man im Bilde gern genießt.

In meinen Jünglingsjahren hatte ich eine Periode, wo ich beständig bemüht war, mich und mein Thun von außen zu sehen und mir zu schildern; wahrscheinlich um es mir genießbar zu machen.«[46]

In der Marienkirche

Zum Abschluß seines Aufenthalts in Danzig wird Arthur in seiner Taufkirche St. Marien zu Danzig von Archidiakonus Abraham Friedrich Blech[47] konfirmiert.

Eine Gelegenheit für ihn, sich in dieser großen Hallenkirche umzusehen, die das Flügelaltarbild von Hans Memling »Das jüngste Gericht« in der Reinholdskapelle birgt, bei dessen erstem Anblick seine Mutter als Mädchen einst meinte, dabei das wahre Wesen der Kunst erlebt zu haben. Auch Arthur wird wohl lange still vor diesem bedeutendsten Kunstwerk der Stadt gestanden haben, um es für sich zu erfassen.

Kunstsinnigen Betrachtern gibt er den Rat, wie man einem großen Kunstwerk begegnen müsse:

»Mit einem Kunstwerk
muß man sich verhalten
wie mit einem großen Herrn:
nämlich sich davor hinstellen
und warten,
daß es einem etwas sage.«[48]

Im Kirchenbuch von St. Marien ist sein Tauftag als der 3. März 1788 eingetragen. In diesem Buch findet sich auch die Eintragung der Trauung seiner Eltern, denn das Brautpaar gehörte zum Sprengel der Marienkirche: »1785, den 16. Mai sind auf Nachgeben des Herrn Präsidenten HERRN JOHANN GOTTFRIED REYER, Hochedlen Gestreng. Herrlichkeit in der Kirche zu ALLEN GOTTES ENGELN, ein für allemal proclamiert und sogleich nach der Frühpredigt copuliert worden: Heinrich Floris Schopenhauer und Johanna Henriette Trosiener...«

30 Mittelschiff der Taufkirche von Arthur Schopenhauer:
St. Marien

In die Marienkirche tritt man ein wie in einen großen Wald. So umgeben einen die Pfeiler, und der Himmel ist das mit unzähligen goldenen Sternen besteckte Netzgewölbe. Die wertvollsten Kunstwerke des alten Danzigs standen nicht in Museen. Sie belebten die Kirchen, die selbst Kunstwerke der Baukunst geblieben sind. Viele Kunstschätze der Marienkirche sind verlorengegangen oder in die Museen gewandert, wie das bedeutendste Werk von Hans Memling, »Das jüngste Gericht«, von dem nur eine Kopie in der Marienkirche blieb, während das Original ins Museum im Franziskanerkloster gebracht wurde.

Das Tryptichon spricht von einer alles erlösenden Spannung des Welterlebens nach dem irdischen Ende, zwischen Höllensturz und Auferstehung. Es ist erfüllt von einer scheinbar unaufhörlichen Bewegung und einem Schwebezustand von Werden und Vergehen. Der Mensch steht in seinem zeitlichen Weltenraum, zwischen Schrecken und Verzückung, Furcht und Erlösung, in einer reinen, verwundbaren Blöße des nackten Leibes ohnmächtig vor dem Spruch des Jüngsten Gerichts...

Im südlichen Teil des Gotteshauses, das über zwanzigtausend Menschen aufnehmen kann, standen die Ratsgestühle und Betstuben. Den Paramentenschatz kostbarster kirchlicher Gewänder und Gerätschaften nahm einst die Barbarakapelle auf. Der einzigartige Schatz, mit über fünfhundert Einzelstücken aus Italien und dem Orient, ist den weitverzweigten Verbindungen des bis zum Jahre 1309 in Venedig residierenden Hochmeisters des Ritterordens zu verdanken. Venedig war damals Hauptplatz der Seidenstoffe, welche für die Chormäntel und andere liturgische Gewänder, Stolen, Altardecken und Kelchtücher verwendet wurden.

Zum sichtbaren Inventar gehört dunkles, schweres Eichengestühl, das in einem harmonischen Kontrast zu den weißgetünchten Wänden und Pfeilern steht. Vor goldenen Altären mit Bildern und Heiligenfiguren spannen sich schmiedeeiserne Gitter. An den Pfeilern hängen Epithapien, Fahnen und Blaker, die an dunklen Winterabenden das Kircheninnere mit warmem Kerzenlicht erfüllen. In ihren getriebenen Rahmen aus massivem Messing spielt der Widerschein der angezündeten Kerzen im Innenspiegel, um welchen sich, miteinander verbunden und ineinander verschlungen, Weinreben, Rosenblüten und eine Fülle von Blumenornamenten und Blattfiguren ranken, ähnlich wie sie als Motiv im Schnitzwerk der Danziger Dielenschränke oder in den figürlichen Darstellungen der Reliefs in den Beischlagbrüstungen wiederzufinden sind.

Im nördlichen Querschiff stand der Barbara-Altar der Schuhknechte, dort befanden sich auch die astronomische Uhr, an die sich eine dramatische Legende von der Blendung ihres Erbauers knüpft, das Sakramentshaus und die Dorotheenkapelle, in welcher Memlings »Jüngstes Gericht« früher stand.

Im Stil der Thorner Schönen Madonna barg die Danziger Marienkirche in einem hölzernen Schrein in der Reinholdskapelle ein Marienstandbild von ungewöhnlicher Anmut und Schönheit. Diese Danziger »Schöne Madonna« ist aus dem weichen Material des Kunststeins fein gearbeitet. Die zarten Farbtöne von Blau, Weiß, Rot und Gold, die weiten, schwingenden Falten des Gewandes, der verinnerlichte Blick, das glänzende Blond des über die Schultern fließenden Haupthaares und die elegante, ja gelöste Haltung der Arme und Hände, sind Ausdruck überirdischer Erscheinung. Der Strahlenkranz und Mantel erhöhen die Gestalt mit dem Signum der jungen Mutter Gottes, die das Christuskind in ihrem Arm geborgen hält.

Ein Abschied

Während Schwester Adele und die Mutter Danzig wiedersehen werden, ist es für Arthur ein Abschied für immer. Als reifer Mann bekennt er, der eine andere Heimat nicht mehr zu finden vermochte, sich zur Heimatlosigkeit. Und noch eine andere Erkenntnis gewinnt er dieser Zeit ab: »Es leuchtet ein, daß mir durch diese langandauernde Reise zwei Jugendjahre, welche sonst zur Erlernung der klassischen Lehrfächer und Sprachen verwendet zu werden pflegen, in dieser Hinsicht gänzlich nutzlos verstrichen, und dennoch zweifle ich heute noch, ob nicht eine Frucht jener Reise mir zugut gekommen ist, die jenen verlorenen Vorteil vollständig ausgleicht, ja überwiegt.«

Der Schluß für die Bedeutung der Anschaulichkeit der Welt und ihres Bildes gegenüber der Schulweisheit, mit ihren gelehrten Worten und Berichten von den Dingen, den er aus dieser Einsicht zieht, kann als eines der geistigen Fundamente seiner Philosophie gelten. Er habe, so führt er aus, statt dessen durch die Anschauung der Dinge genährt gelernt, was und wie die Dinge seien... »Besonders erfreue ich mich dessen, daß mich dieser Bildungsgang frühzeitig daran gewöhnt hat, mich nicht mit dem bloßen Namen von Dingen zufrieden zu geben, sondern die Betrachtung und Untersuchung der Dinge selbst und ihre aus der Anschauung erwachsende Erkenntnis dem Wortschalle entschieden vorzuziehen, weshalb ich später nie Gefahr lief, Worte für Dinge zu nehmen.«

Alles löst sich auf im Strom der Zeit

Nach der Rückkehr von der großen Reise durch Europa fand Heinrich Floris Schopenhauer nicht mehr zu sich selbst. Vermögensverluste, Krankheitserscheinungen, Kümmernisse bedrückten ihn bis zur Geistverwirrung, die schon seine Brüder frühzeitig ergriffen und aus der Bahn geworfen hatte. Freunde, die ihn in seinem Kontor aufsuchten, erkannte er nicht mehr wieder und wies sie als lästig aus seinem Haus.

Am frühen Tag des 20. April 1805 nahm er sich mit einem Sturz aus seinem Speicher in das Wasser sein Leben. Arthur verlor mit seinem Vater die Verpflichtung, ein Leben lang den ungeliebten Kaufmannsberuf ausüben zu müssen. Dennoch setzte er, in innerer Bindung an das seinem Vater geleistete Versprechen die Ausbildung fort. Über ihn äußerte er sich später in tiefer Verehrung: »Daß ich die Kräfte, die mir die Natur

*31 Johanna Schopenhauer mit Arthurs Schwester Adele
(Caroline Bardua. Weimar, 1806)*

gab, ausbilden und zu dem verwenden konnte, wozu sie bestimmt waren, daß ich dem angeborenen Triebe folgen und für Unzählige denken und arbeiten konnte, während keiner für mich etwas tat. Das danke ich Dir, mein Vater, danke es Deiner Tätigkeit, Deiner Klugheit, Deiner Sparsamkeit und Sorgfalt für die Zukunft. Darum sei Du mir gepriesen, mein edler Vater! Und jeder, der an meinem Werk irgendeine Freude, Trost oder Belehrung findet, soll Deinen Namen vernehmen und wissen, daß, wenn Heinrich Floris Schopenhauer nicht der Mann gewesen wäre, der er war, Arthur Schopenhauer hundert Mal zu Grunde gegangen wäre.«

Hamburger Literatur in der Aufklärung

In der Zeit der Französischen Revolution dominierte in den Aufklärungsgesellschaften, zu denen die Klubs hinzugekommen waren, Vereine, die Unterhaltung, Geselligkeit und Belehrung verbanden, die Lektüre und Diskussionsforen anboten, eindeutig der politische Lesestoff.

Zeitungen und Zeitschriften aus ganz Europa wurden stark nachgefragt und zum Gegenstand lebhafter Debatten. Sieveking, der mit dem französischen Gesandten Francois Lehoc 1792 eine Sociét-é de Lecture gründete, die von konservativen Kräften inner- und außerhalb Hamburgs mit Mißtrauen als politischer Zusammenschluß beobachtet wurde und zum Jahresende ihre Arbeit einstellen mußte, war ein Kenner sowohl der Zeitungen, Journale und Flugschriften aus aller Welt wie auch der neuesten Literatur.

Der Weimarer Gymnasialdirektor Karl August Böttiger, der 1795 Hamburg besuchte, nannte ihn das Orakel der leselustigen Frauen, denen er mit viel Kennerschaft die Lecture auf ihrer Toilette reguliert. Aus Katalogen von Privatbibliotheken, Lesegesellschaften und Klubs geht hervor, daß in diesen bewegten Jahren auch die Belletristik durchaus Interesse fand. Neben den großen Namen war auch die Trivialliteratur vertreten. Besonderer Wertschätzung erfreute sich in Hamburg ein politischer Schriftsteller, nämlich Adolph Freiherr Knigge.

Als der vielseitige Aufklärer, Reformer und Senator Günther 1805 starb, erhielt die Patriotische Gesellschaft seine Bibliothek. Während er einen Teil seiner Belletristik seiner Familie vererbte, überließ er der Sozietät, die er über viele Jahre geprägt hatte, Werksausgaben von Abbt, Friederike Brun, Engel, Forster, Garve, Lessing, Lichtenberg, von Loen, Möser, Schiller, Sturz, Wieland, sowie von Rousseau und Voltaire. Diese Autoren schienen ihm in einer praktisch-gemeinnützig orientierten Büchersammlung gut aufgehoben.

In Günthers Todesjahr wurde die ›Gesellschaft der Freunde des vaterländischen Schul- und Erziehungswesens‹ gegründet, der älteste noch bestehende Lehrerverein der Welt. [49]

Nach dem Tod des Vaters im April und dem Hausverkauf im August 1805 verbringt Arthur noch zwei Jahre in Hamburg. Im ersten Jahr lebte er noch mit der Mutter zusammen, während er in seinem letzten Hamburger Jahr bei dem Makler Gisbert Willinck in Pension war, am Magdalenen-Kirchhof 68. Hier richtete er sein Zimmer nach eigenem Geschmack ein und stattete es mit seinen Möbeln aus.

In diesen Jahren löste er sich von den elterlichen Bindungen zu immer größerer Selbständigkeit des Denkens und Handelns eines beginnenden neuen Lebensabschnitts, der ihm den Abschied von Hamburg und von dem ungeliebten Kaufmannsberuf bescheren sollte mit dem Beginn der gymnasialen Vorbereitung auf Studien und Gelehrtenstand.

Da Arthur seinerzeit kein Tagebuch führte und auch andere schriftliche Aufzeichnungen nicht oder nur in nicht hinreichendem Maße vorliegen oder verwertbar sind, können uns die Korrespondenz mit der Mutter in Weimar und des Freundes Anthime und die spärlichen Fragmente seiner eigenen Briefe Aufschluß über diese beiden wichtigen Jahre für die Entwicklung seiner Persönlichkeit weiterhelfen. Die politischen und wirtschaftlichen Verhältnisse hatten sich in diesen Jahren von Grund auf zum Schlechten für Deutschland gewandelt.

Kurz nach 1800 veröffentlichte der Domherr Friedrich Johann Lorenz Meyer seine Skizzen zu einem Gemälde von Hamburg. Nach einem kritischen Vergleich zwischen dem Athen und dem Rom der Antike einerseits und dem Paris und dem London der Moderne andererseits kam er zu der bitteren Feststellung: »Das, was dort geschah und hier geschieht, kann Deutschland seinen Künstlern nicht leisten; aber viel besser könnten wir doch auch daran sein, wenn Geschmack und guter Wille die Fürsten und Reichen leiteten. In Hamburg ging es von jeher nicht besser als anderswo in Deutschland. Sehr unrepublikanisch behandelte unsere Republik die Kunst.«

Welche Künstler arbeiteten in der Zeit von 1789 bis 1814 in Hamburg? Außer den schon genannten Angehörigen der Familie Tischbein war es eine Versammlung von Kleinmeistern, etwa Gerdt Hardorff dem Älteren und Heinrich Joachim Herterich; für nur kurze Zeit wirkte hier der emigrierte Porträtmaler Jean Laurent Mosnier, ehe er in seine Heimat zurückkehrte.

Nur einen großen Maler hatte Hamburg aufzuweisen. Philipp Otto Runge, aus Wolgast gebürtig, der 1795 nach Hamburg gekommen war, weil der Achtzehnjährige nach dem Willen der Eltern bei seinem ältesten Bruder Daniel, der eine Speditions- und Kommissionshandlung betrieb, eine Lehre absolvieren sollte.

Hier traf der junge Runge auf den geistig anregenden Freundeskreis des älteren Bruders, zu dem die Buchhändler Friedrich Perthes und Johann Heinrich Besser gehörten, die genannten Maler Hardorff und Herterich, der Dichter Matthias Claudius und die Kaufleute Friedrich August Hülsenbeck, Johann Friedrich Wülffing und Johann Michael Speckter. Man darf sagen, daß sich durch diesen Kreis Runge überhaupt erst seine eigentliche Bildung erwarb.

Der Freundeskreis erkannte die bislang verborgen gebliebene künstlerische Begabung Runges. Die beiden Maler gaben ihm Unterricht, und von 1799 bis 1801 besuchte Runge die Kopenhagener Kunstakademie; erst 1804, nach einem

Zwischenaufenthalt in Dresden, kehrte er nach Hamburg zurück.

In den sechs Jahren, die ihm noch blieben, entstanden hier seine Ossian-Illustrationen, seine Porträts und Selbstbildnisse und die ersten beiden Gemälde zum geplanten Tageszeiten-Zyklus. Hier entstand auch die in der 1810 publizierten Schrift »Die Farbkugel« entwickelte Farbenlehre des jungen Malers, der wenige Monate nach deren Erscheinen, erst dreiunddreißig Jahre alt, an Lungentuberkulose starb.

»Ende Oktober 1807 wurden die letzten Reste des Doms beseitigt. Die Steine, soweit nicht mit Gewinn verkauft, wurden zur Befestigung der Elbdeiche von Ochsenwerder und Spadenland verwertet.

Und da man mit dem Abreißen so gut im Zug war, wurde 1807 auch die Franziskanerkirche St. Maria Magdalenen (an der Stelle der heutigen Börse) der Spitzhacke geopfert. 620 Jahre hindurch war sie ein ehrwürdiger Sakralbau Hamburgs gewesen... Die völlige Schleifung der Festungsanlagen war 1805 abgeschlossen. Die Stadt ließ sich das Ende ihrer Festungszeit, also das Abtragen der Wälle, 360 000 Mark courant kosten. Um diese Summe aufbringen zu können, wurden die bislang zur Verteidigung eingesetzten Bronzekanonen für 240 000 Mark courant verkauft.«

An der Elbchaussee entstanden in den letzten Jahren des 18. Jh. die Sommersitze reicher Hamburger, wie z. B. das Landhaus Sieveking, Böhls, Thorntons, das Baursche Elbschlößchen, das Hirschparkhaus von Johann Cesar Godeffroy, das Weiße Haus von Peter Godeffroy und das Landhaus John Blacker. Die Elbchaussee entstand um 1800 in der alten Gestalt, als das ausgewogene Bild eines typischen Ensemble althamburgischer Wohnkultur.

O Wollust, o Hölle...

Aus den Briefen seines Freundes Anthime wissen wir, daß der Tod des Vaters, die Auflösung des Haushalts, die Abreise von Mutter und Schwester und die Aussichtslosigkeit, den Gelehrtenweg je zu gehen, Arthur mit Melancholie erfüllten. Viel später bekennt er die Zwiespältigkeit seines Schicksals in jener Zeit des Alleingelassenseins mit den Worten: »Obwohl ich sozusagen schon mein eigener Herr war, und meine Mutter mir in nichts im Wege stand, fuhr ich fort die Stelle bei dem Kaufmann zu versehen, teils weil der übergroße Schmerz die Energie meines Geistes gebrochen hatte, teils weil ich mir ein Gewissen daraus machte, die Beschlüsse des Vaters alsbald nach seinem Tode wieder aufzuheben.«

Vielleicht um seinen Kummer in Liebesabenteuern zu ertränken, unternimmt er Ausbruchsversuche, die ihren dichterischen Ausdruck in Versen finden, die keinen Zweifel lassen, wie ihn die Leidenschaften überwältigten:

>»O Wollust, o Hölle,
> O Sinne, o Liebe;
> Nicht zu befried'gen
> und nicht zu besiegen!
> Aus Höhen des Himmels
> Hast du mich gezogen
> Und hin mich geworfen
> In Staub dieser Erde...«

In einer erhalten gebliebenen Briefstelle preist er in seiner mißlichen Situation die Musik als einzigen Trost: »Wie fand das himmlische Samenkorn Raum auf unserm harten Boden, auf welchem Notwendigkeit und Mangel um jedes Plätzchen streiten? Wir sind ja verbannt vom Urgeist und sollen nicht zu ihm empordringen.« »Die Pulsschläge der göttlichen Tonkunst haben nicht aufgehört zu schlagen durch die Jahrhunderte der Barbarei, und ein unmittelbarer Widerhall des Ewigen ist uns in ihr geblieben, jedem Sinn verständlich und selbst über Laster und Tugend erhaben.«

Als Anthime im Juni 1806, um die deutsche Sprache zu erlernen, nach Deutschland kam, suchte er die Nähe Arthurs. Eine Annäherung zwischen den Freunden bedeutete auch der Briefwechsel, der ein leichtes, ganz dem Vergnügen gewidmetes Leben der beiden zu dieser Zeit verrät. Der frühere Herausgeber der Schopenhauerbriefe, Ludwig Schemann, bemerkt dazu: »So nützlich der vertraute Umgang mit diesem Jugendfreund für die weltmännische Entwicklung Schopenhauers ohne Zweifel gewesen ist, so wenig war er es für seinen im bürgerlichen Sinne moralischen Lebenswandel. Ist es an sich schon nicht unbedenklich für einen leidenschaftlich veranlagten jungen Sturmgeist, in dem über alles sittenlosen Hamburg zum Manne heranzuwachsen, so scheint ihm der junge leichtfertige Franzose noch überdies ein nur allzu erfolgreicher Lehrmeister in der Benutzung eines solchen Terrains gewesen zu sein, wogegen es denn um so erfreulicher anmutet, zu sehen, wie gleichzeitig Schopenhauer seinen Freund in seinem edleren Tun, nämlich der Hebung der deutschen Geistesschätze, unterwiesen hat.«

»Das sich nach außen hin sittenstreng und geschäftig gebende Hamburg war zu Beginn des 19. Jahrhunderts nicht nur bei gewissen Hanseaten berühmt und berüchtigt für sein verbreitetes Prostitutionswesen, sondern offenbar weit über die Stadtgrenzen hinaus.« Hamburg ist ein schönes Städtchen/ Weil es an der Elbe liegt/ Drinnen gibt es viele schöne Mädchen/ Aber keine Jungfer mehr, lautete ein bekanntes Lied, das nicht nur in Hamburg gesungen wurde. Eins allerdings darf nicht vergessen werden, viele der berühmt und berüchtigten schönen Mädchen lebten auf polnische Art, wie das Zusammenleben von Unverheirateten damals genannt wurde, weil sie sich eine Ehe nicht leisten konnten. Wer heiraten wollte, mußte das Bürgerrecht besitzen, und das kostete Geld. So waren viele Arme bis in die 30er Jahre des 19. Jahrhunderts hinein gezwungen, in wilder Ehe miteinander zu leben, mokierte sich

Theodor Mundt in seinem in Altona erschienenen Almanach
»Der Delphin«:

»Die Hamburger Gesellschaft ist die prüdeste und vorur-
theilsvollste, die man in Deutschland, England oder China nur
treffen kann, geknebelt von der eignen Schicklichkeit.« Das
aber war nur die Fassade, denn »›gegen die cyclopenhaften
Baccanalien, die im Hamburg... gefeiert werden,‹ ›trage das
Berliner Grisettenwesen in seiner ›decenten Gemeinheit eine
rührende moralische Bescheidenheit an seiner Stirn‹«.

»›Sind die gehäuften Klagen neuerer Schriftsteller über Hamburg gerecht?‹«, hieß eine Schrift, die 1800 erschien. Wie der
Titel schon vermuten läßt, wurde die Frage verneint. Danach
lebten die Hamburger weit moralischer als die Berliner oder
Wiener. Zwar konnte man die Existenz der Prostitution nicht
gänzlich bestreiten, aber man war stolz darauf, daß es das Laster nicht wagte, »›sein Haupt öffentlich empor zu heben.‹«

»Damit bestätigt der Autor nur die Beobachtungen
Mundts. Nach außen wurde der Schein gewahrt, während in
Wahrheit die Prostitution florierte und wohl von allen Schich-
ten in Anspruch genommen wurde. Aber das mochte niemand
zugeben. Offiziell verteidigte man die Sittlichkeit der Vaterstadt.

Bei der Beurteilung der sexuellen Moral der Hanseaten um
1800 schieden sich also die Geister. Die einen diagnostizierten
Sittenverfall, die anderen lobten die Hamburger Verhältnisse.
Neu war aber, daß das Thema überhaupt in dieser Form dis-
kussionsfähig wurde.«[50]

Im Mai 1806 verlegte Johanna ihren Wohnsitz von Hamburg nach Weimar.

Der Abschied von Arthur gestaltete sich unzeremoniell
brieflich: »Du bist eben fortgegangen, noch rieche ich den
Rauch von Deinem Zigarro und ich weiß, daß ich Dich in langer Zeit nicht wieder sehen werde. Wir haben den Abend
recht froh miteinander hingebracht, laß das der Abschied
sein. Lebe wohl, mein guter lieber Arthur... ich kann das Ab-
schiednehmen nicht aushalten... denn ich weiß, wie schwach

ich in solchen Augenblicken bin, und wie sehr mich heftige
Rührung angreift. Lebe wohl.

Gott segne Dich.

Deine Mutter J. Schopenhauer.«

Brückenbau

Ein Jahr ist seit dem Tod Heinrich Floris Schopenhauers ins
Land gegangen. Ihr künftiger Lebenskreis, dem auch Arthur
alsbald zugehören wird, öffnet sich ihr nun im goethischen Weimar, einem der geistigen Kristallisationspunkte Deutschlands,
dem Johanna sich schon zugehörig fühlt, weil sie hier eine Viel-
zahl von aufgeschlossenen Persönlichkeiten kennt, deren Nähe
sie sucht, um in deren Gesellschaft zu brillieren und sich ihren
Lebenswunsch, Schriftstellerin zu sein, zu erfüllen. Der erste
Brief, den sie an Arthur aus Weimar adressiert, offenbart
schon in den ersten Sätzen den Prozeß der Abnabelung, der
nun mit einer Vehemenz einsetzt, der sich nichts mehr in den
Weg stellen wird: »Dich, mein lieber Arthur, habe ich oft zu
uns gewünscht, denn nie hat mir eine Reise mehr Vergnügen
gemacht«... Große Reisen durch das von der französischen
Revolution aufgewühlte Europa liegen hinter ihr. Ihr Gesichts-
kreis hat sich in diesen Reisejahren mit ihrem Mann vielfältig
erweitert.

Jetzt ist sie ganz auf sich gestellt, in völliger Freiheit der Pla-
nung und Gestaltung eines neuen Lebensentwurfs. Weimar ist
Ziel und Bleibe. Bekannte und Freunde erwarten sie hier, die
alles mögliche für sie tun wollen und werden, um ihr das Einleben zu erleichtern. Vorerst will sie nur einige Wochen hier weilen, um, wie sie an Arthur schreibt, »mit mir und meinen Wünschen aufs reine zu seyn, ich glaube, ich werde hier Hütten
bauen...« Aber sie denkt nicht allein an sich, sondern bezieht
in ihre Überlegungen und Gedanken auch Arthurs Wohlergehen, wenn man das so sehen will, mit ein. Er möge Geduld mit

240

seinem kleinen Schwesterchen üben, »und wirds Dir zu bunt, so esse Mittags im Adler, denn es wird so viel mehr im Haus und am Wein erspart...« Freude bereitet es ihr auch, das er sich Sulzers Werk, »Allgemeine Theorie der schönen Künste« zugelegt habe.

Nach wenigen Tagen des Aufenthalts in Weimar steht also schon Johannas Entschluß fest, hier zu bleiben, zunächst zur Miete, in Herders früherem Haus an der Esplanade, unweit des Theaters. Eigentümerin ist eine Hofrätin Ludekus, die unter dem Pseudonym Amalie Berg vorwiegend Romane publizierte. Erwähnenswert vor allem scheint ihr der äußerst gebildete Ton in der Gesellschaft. Mit ihrem agilen Landsmann Johann Daniel Falk[51] und auch mit Fernow,[52] dessen Bekanntschaft sie Arthur dringend ans Herz legt, hat sie bereits Kontakt aufgenommen. Goethe hält sich zur Zeit in Jena auf, wohin sie sich in den nächsten Tagen begeben wird, dann weiter nach Dresden, »da ich einmal im Gange bin will ich diese Freude noch mitnehmen«. Sie denkt auch schon an die Rückreise, aber alles hat keine Eile, wenn Arthur auch gebeten wird, in Hamburg aus ihrem Plan der Übersiedlung nach Weimar kein Geheimnis zu machen. Die Zelte werden abgebrochen, doch soll es kein Aufsehen erregen und nicht auf eine überstürzte Flucht schließen lassen, die es doch eigentlich anzunehmen Gründe genug gibt. In einem Jahr etwa hofft sie sich, »im Fall es mir nicht zu sehr mißfällt, welches ich nicht glauben kann, auf einen festen Fuß ein[zu]richten«. Selbst die Teenachmittage zieht sie ins Kalkül, einmal in der Woche »die ersten Köpfe in Weimar und vielleicht in Deutschland um meinen Teetisch zu versammeln«.

Die Begegnung mit Goethe stehe unmittelbar bevor, ein Ereignis, das sie nicht hoch genug zu bewerten glaubt, denn »O Lord, o Lord what an honour is this«, Goethe zu sehen, der sie schon eingeladen hat, mit ihm die barocke Bibliothek der Residenz zu besichtigen, die eine Weimarer, leider oft unterschätzte, Sehenswürdigkeit ist. Wenn ein Goethe darauf brennt, sie näher kennenzulernen, muß ihr ein legendärer Ruf voraneilen.

*32 Weimar, der Ort, an dem sich Arthurs Mutter wohlfühlte, in
einem »zwar kleinen aber höchst interessanten Kreyse«*

Sie kehrte dann nach einer kleinen Rundreise über Jena,
Dresden und Halle noch einmal im Frühherbst 1806 nach Hamburg zurück, um den Haushalt aufzulösen und Arthur in Pension zu geben, der weiter in der Lehre bei Senator Jenisch ver-
blieb. Dann reiste sie am 21. September 1806 mit der Tochter
Adele endgültig von Hamburg ab, um in Weimar ein neues Leben im Kreis erlauchter Geistesgrößen zu finden.

Aus Weimar schreibt sie ihm am 29. Sept. 1806 über ihre
Rückreise durch das Kriegsgebiet auf einem Weg, »wo ich fast
nichts von den Armeen zu sehen kriegte«. Grüße gelten auch
Willinks, in deren Pension Arthur nach Johannas Abschied von
Hamburg wohnt, und Ganslandt, dem Handlungsbevollmäch-
tigten, der die Geschäfte des Handelshauses Schopenhauer bis
zu dessen endgültiger Liquidation weiterführt.

Im nächsten Brief beruhigt sie ihren Sohn wegen der Gefahr,
in die sie sich hier mitten in den Kriegsvorbereitungen begeben

242

habe. Napoleon rücke mit großer Macht an, »es muß bald etwas entscheidendes geschehen, und viele denken wohl mit Falstaff, ›would it were night and all was over‹.

Falk versorgt sie mit Nachrichten und Bertuch nimmt sich ihrer redlich an, »Riedel sorgt wie ein Bruder für mich«. Dennoch weiß sie es als Schicksal zu empfinden, in dieser stürmischen Zeit ins friedliche Weimar sich versetzt zu finden mit einer untrüglichen Vorahnung, daß dieses Land wahrscheinlich der Schauplatz eines blutigen Krieges wird.

Dann wieder widmet sie sich ganz der Sorge um ihren Arthur, den sie allein in Hamburg zurückgelassen weiß, als Kind das eine, als Freund das andere Mal: Wie es um seine Gesundheit ums Gehör stehe, »wie ist's mit deinem Humor? Bist du noch oft verdrießlich? oder nimmst du mit dieser närrischen Welt vorlieb weil eben keine bessere zur Hand ist«. Kummer und Ironie in einem Satz. Auch über seinen Freund Anthime will sie das neueste hören, »und da du Tygerherz ihn nicht nehmen willst, so sage mir wo er ungefähr bleiben wird«. Arthur war klug genug, sich den ungestümen Freund vom Leib zu halten. »Der arme Anthime mit seiner Melancholie! Eigentlich wunderts mich nicht...«

Aus einem Brief Arthurs an seine Mutter Anfang 1807 als Antwort auf ihren Brief vom 18./19. Okt. 1806 über die Ankunft in Weimar, Goethes Antrittsbesuch (»... erlauben Sie mir, Ihnen den Geheimen Rath Göthe vorzustellen?«) und den Vorschlag General v. Kalckreuths, vor den angreifenden Franzosen nicht zu fliehen (»Sie riskieren nichts, wenn Sie bleiben«), mit dem Bericht über die Besetzung Weimars durch die siegreiche Napoleonische Armee nach der Schlacht bei Jena und Auerstedt:

»Dies ist ein so seltsamer Zug der menschlichen Natur: man würde dergleichen nicht glauben, wenn mann's nicht sähe. Herrlich hat Tieck es ausgedrückt in ohngefähr den Worten: »»wir stehn u. jammern u. fragen die Sterne wer je unglücklicher gewesen als wir; indeß hinter unserm Rücken schon die spottende Zukunft steht, u. lacht über den vergänglichen

Schmerz des Menschen‹« – Aber gewiß, es soll so seyn: nichts soll standhalten im vergänglichen Leben. Kein unendlicher Schmerz, keine ewige Freude, kein bleibender Eindruck, kein dauernder Enthusiasmus, kein hoher Entschluß, der gelten könnte fürs Leben. Alles löst sich auf im Strohm der Zeit. Die Minuten, die zahllosen Atome von Kleinigkeiten, worin jede Handlung zerfällt, sind Würmer, die an allem Großen u. Kühnen zehren u. es zerstören.

Das Ungeheuer Alltäglichkeit drückt alles nieder was emporstrebt. Es wird mit nichts Ernst im Leben: weil der Staub es nicht werth ist.

Was sollten auch ewige Leidenschaften,
dieser Armseeligkeiten wegen.
(Zitat v. Wilh. Heinr. Wackenroder: »Die Wunder der Tonkunst«, aus: Phantasien über die Kunst für Freunde der Kunst«, hg. v. Ludwig Tieck, Hamburg, 1799.)

In der Zeit der beiden letzten Jahre seines Aufenthalts in Hamburg kündet ein häufiger Briefwechsel zwischen der Mutter in Weimar und Arthur über die Verhältnisse und Arthurs Wohlergehen, um das sie in Sorge ist oder ihn auch zur Geduld ermahnt, bei dem trockenen Zahlenwerk der täglichen Mühle des Handelskontors auszuharren. Die Briefe der Mutter lassen eine herzlich gefühlvolle Zuneigung erkennen, die das Zusammenleben in Hamburg nicht offenbaren konnte. Sie berichtet mit heller Begeisterung über ihre Teenachmittage im Kreis der Weimarer Honoratioren, in deren Gesellschaft sie auflebt und sich glücklich fühlt: »Seit lange, seit meinen Kinderjahren bin ich nicht so zufrieden als jetzt gewesen.«

Ähnlich hat sich Arthur über die glücklichen Tage von Le Havre geäußert. Die Trennung bedingt doch eine andere Art, einander zu sehen, und verwischt die offensichtliche und sich alsbald in schweren Konflikten entladende Verschiedenheit beider Charaktere. Dies äußere Aufleben in Johannas, der Literatur und den Künsten aufgeschlossenem Wesen, entgegenkommenden Weimarer Atmosphäre führt auch zu einer inneren Beruhigung, die sich auch auf die Beziehung zu Arthur

33 *Karl Ludwig Fernow, Johanna Schopenhauers Vertrauter,*
    der Arthur riet: »...werde Arzt oder Jurist, aber ein
    Brodstudium mußt du dir wählen...«

auswirkt. Sie sendet ihm Gedichte von Goethe, die sie selbst abgeschrieben hat, und eigene Handzeichnungen. Aus Arthurs Briefen muß sie aber auch erkennen, wie unglücklich er sich in dem ungeliebten Kaufmannsberuf fühlt und beruhigt ihn, tröstend, auszuharren.

In ihrem Brief vom 9. Jan. 1807 erwähnt sie ihren Freund Fernow, der die Übersiedlung von Hamburg nach Weimar einleitete.

Von Danzig kamen traurige Nachrichten im Zusammenhang mit der napoleonischen Belagerung und der Besetzung der Stadt,[53] »es herrscht Mangel u. Elend, in der Stadt ansteckende Krankheiten, Ruhr und Nervenfieber unter den Soldaten«. Die Große Allee soll abgeholzt, Neugarten umgerissen oder abgebrannt sein, »wie glücklich bin ich hier zu seyn und dich in Hamburg zu wissen«.

Aber Arthur ist schon auf dem Weg, der ihm bestimmt ist, und philosophiert über das nichtige Los des Menschen, »der geht rasch fort auf der Brücke, deren Grund er nicht kennt, ohne rechts oder links zu schauen seinen kleinen Fußpfad, ohne zu denken woher noch wohin, nur emsig zum nächsten Schritte strebend«.

Vertröstungen

Johanna schreibt befriedigt, daß ihr langer Brief über die französische Besetzung Weimars in die Hände Arthurs gelangt ist und ihn eigentlich ermutigen sollte, weil er begreifen könne, durch große Gefahren sicher zu gehen, »wenn uns das Glück eben wohl will, und wir nur den Kopf nicht verlieren«. Sie rückt wieder ihren Liebling Fernow in den Vordergrund, der jeden Morgen zu ihr komme und sie Italienisch lehre, »einer unserer ersten Köpfe«. Und sie unterläßt es nicht, Arthur seine Schriften zu empfehlen, die ihm sicherlich Freude bereiten würden, besonders die Römischen Studien. »Die Mahlerey fange ich nächste Woche wieder an, und Professor Meyer wird mir auch als Freund mit Rath und That beystehen. Ich werde jetzt in Oel in Lebensgröße mit Adelen gemahlt, die Bardua[54] ließ mich nicht eher in Ruhe, bis ich ihr zu sitzen versprach...«

Sie läßt Arthur wissen, wie sehr sie sich in Weimar eingelebt habe, in einem »zwar kleinen aber höchst interessanten Kreyse... Künste und Wissenschaft theilen sich meine Zeit« oder im gleichen Brief sich wiederholend in der Einsicht, ihren Ort zu seiner Zeit im idealsten Sinne gefunden zu haben: »Du siehst wohl, daß es mir hier gefallen muß, die leichte Art mit der ich die vorzüglichsten Menschen für mich interessiert habe ist mir selbst ein Wunder...« Der Zirkel ihrer Teenachmittage bis in den späten Abend ist ein Treffpunkt der interessantesten Köpfe dieses kleinen Olymp im »Ill-Athen« und »Göthen« ist von dieser Idee begeistert, einen Vereinigungspunkt gefunden zu haben: »Ich gebe Thee, nichts weiter, das übrige Vergnügen muß von der Gesellschaft selbst entstehen«, »wärst Du doch hier, lieber Arthur, welchen Wehrt könnte gerade dieser Zirkel für Dich haben...« Also Arthur ist in Gedanken bei ihr, und sie wird wohl Wege finden, ihn bald ganz bei sich zu haben.

Der über zwanzig Druckseiten lange Brief Johannas nach der Schlacht von Jena und Auerstedt ist an sich ein literarisches Ereignis. Johanna bittet ihren Sohn, diesen Brief wegen seines Informationsgehalts an ihre Schwester Julchen nach Danzig zu übersenden. »Adieu, lieber Arthur, sey meinetwegen nicht besorgt, der Horizont wird täglich heller...«

Trotz aller überstandenen Kriegswirren und Schrecken nimmt das Leben seinen alltäglichen Gang, wenn auch festlich unterbrochen durch große Augenblicke im persönlichen Bereich: »Göthe hat sich am Sonntag mit seiner alten geliebten Vulpius der Mutter seines Sohnes trauen lassen, er hat gesagt, in Friedenszeiten könne man die Gesetze wohl vorbey gehen lassen, in Zeiten wie die unsere müsse man sie ehren.«

Johanna ist die erste Adresse der weimarischen Gesellschaft, die Goethe mit seiner angetrauten Christiane aufsucht, wohlwissend, daß er bei der großbürgerlichen Hofrätin eine herzliche Aufnahme finden würde, jedenfalls eine herzlichere als in

Hofkreisen. Und so geschah es denn auch »…ich denke wenn Göthe ihr seinen Namen giebt können wir ihr wohl eine Tasse Thee geben«. Daß die Freude Goethes über Johannas Benehmen groß war, ließ er sich deutlich anmerken, denn »so gesprächlich und freundlich…hat man ihn seit Jahren nicht gesehen«. »Und erst mit dieser Tasse Tee, die Goethe der Schopenhauerin nie vergessen wird, ist Christiane in ihrer neuen Würde ratifiziert.«[55]

Vielleicht plant die Mutter von langer Hand, Weimar zu gewinnen und Hamburg (sprich: Arthur) nicht zu lassen. Es hat ein ganzes Jahr gedauert. Nun hat sie Hütten gebaut und es so gehalten, erst in einem Jahr ein neues Haus zu erwerben. Alles hat seine Zeit, und es kann nicht schaden, Arthur brieflich mit den Verhältnissen in Weimar schon vertraut zu machen. Sicherlich wird es ihm keine zweite Heimat sein, wie Hamburg es ihm auch nie hat werden können, aber Goethe könnte vielleicht einmal sein Mentor werden, ein väterlicher Freund, ein geistiger Führer und Vertrauter über die schmalen Gebirgspfade der Erkenntnis hinweg…z. B. die Farbenlehre.

Zuweilen empfängt Arthur aus Weimar auch mütterlichen Trost, in Hamburg ohne die familiäre Geborgenheit (die er indessen ohnehin meistens hat vermissen müssen) auszuharren und nicht den Mut zu verlieren, »auch Deine Zeit wird kommen, wo es Dir nach Wunsch gehen wird, wenn man seine Wünsche zu beschränken weiß so kann man sicher auf Glück hoffen…« Ihre Sorgen gelten aber auch ihren Familienangehörigen in Danzig, von denen sie keine Nachrichten hat, weil seit Wochen keine Briefe die französischen Linien passieren dürfen. Dann fragt sie nach dem Schicksal des ihr gut bekannten Generals v. Kalckreuth (dem die Verteidigung der Stadt Danzig gegen Napoleon anvertraut wurde). »Wie mag es Kalckreuth gehen? Wo ist er jetzt?« Zuletzt hatte sie Kunde von ihm aus Königsberg. Sie könne nicht begreifen, wie man sich dem Unbesiegbaren entgegenstellen möge, »er geht seinen Gang, und was ihm in den Weg kommt wird zertreten«. In Weimar haben sie diesen Sturm halbwegs verschont überstanden, und überall mithelfend und selbstlos, mutig der Gefahr zu begegnen, hat Johanna an Ansehen in der Gesellschaft gewonnen und kann jetzt hier fortdauernd ruhig – und also glücklich leben.

Auch im nachfolgenden Brief an Arthur betont sie wieder die intakte Häuslichkeit und die um sie versammelte Gesellschaft, die wohl in Deutschland und nirgends ihresgleichen fände, »könnte ich Dich nur einmahl herzaubern. Göthe fühlt sich wohl bey mir und kommt recht oft, ich habe einen eigenen Tisch mit Zeichen Materialien für ihn in eine Ecke gestellt... welch ein Wesen ist dieser Göthe, wie groß und wie gut, es ist das vollkommenste Wesen das ich kenne...«

»Wie fand das himmlische Samenkorn Raum auf unserm harten Boden, auf welchem Nothwendigkeit und Mangel um jedes Plätzchen streiten? Wir sind ja verbannt vom Urgeist und sollen nicht zu ihm empordringen. Das eiserne Urtheil des Bedürfnisses ist über der Armen Geschlecht ausgesprochen, Mangel und Nothdurft liegen unabwälzbar auf ihm, fordern jede Kraft und hemmen jedes Streben. Nur wenn sie völlig befriedigt sind, darf der Geist, ermüdet und abgestumpft, durch die Nebel der Erde geblendet, aufwärtsblicken. Tadle die Armen nicht, wenn sie im Staube nach der Freude wühlen. O Gott, wir müssen es ihnen vergeben, wenn sie nach dem Bösen greifen; denn ihr Himmel ist verschlossen und wenige Strahlen scheinen durch bis zu ihnen. Und doch hat ein mitleidender Engel die himmlische Blume für uns erfleht und sie prangt hoch in voller Herrlichkeit, auf diesem Boden des Jammers gewurzelt. – Die Pulsschläge der göttlichen Tonkunst haben nicht aufgehört zu schlagen durch die Jahrhunderte der Barbarei und ein unmittelbarer Widerhall des Ewigen ist uns in ihr geblieben, jedem Sinn verständlich und selbst über Laster und Tugend erhaben.«[56]

Die Lage in Danzig findet Johanna immer wieder mitteilenswert wegen der Gefahren und Nöte, die die französische Belagerung mit sich bringen. In einem Brief vom 2. Dezember schreibt ihr Kabrun, daß die Bewohner in Angst versetzt sind und er selbst jetzt eine Einquartierung von preußischen Soldaten habe.

Besorgt ist sie auch über Arthurs Gehörleiden, das sich offenbar verschlimmert hat. »An Deine Taubheit mag ich ungerne dencken, sie ist das einzige was mich jetzt an meinem vollkommenen Glücke hindert, hätte ich nicht die Hoffnung daß Du davon befreit werden wirst, so würde mich dieses sehr quälen, fasse nur Muht, und lasse dich nicht zu sehr davon niederdrücken, damit auch dein Gemüht nicht kranck werde, Muht und Fassung sind ja unsere einzige Schuzwehr gegen alle Übel der Welt...«

Es ist der letzte Brief Johannas an Arthur im Jahr 1806, eben vor Weihnachten geschrieben, mit den Wünschen für ein fröhliches Fest und dem Bedauern, daß sie ihm diesmal keine Bonbons geben könne.

Johanna beauftragt ihren »lieben Freund Arthur«, der in dem großstädtischen Hamburg allerlei kleinere Geschäfte für sie besorgen mag, mit den unmöglichsten Kleinigkeiten, wie Zeichenstifte, Kreiden, selbst einen Frühlingshut, modisch und passend. Arthur beim Hutkauf, assistiert von dieser oder jener Hamburger Mdlle. Er wird unsäglich gelobt. Von den Kreiden haben Goethe, Fernow, Kunscht–Meyer und die Bardua profitiert »und sie haben sich alle bedanckt, wovon auch ein Theil dir gebührt«, also fällt ein göttlicher Strahl der Dichtersonne auf den ahnungslosen Arthur in Hamburg, wo die Honoratioren und Senatoren in ein lautes Gelächter ausbrechen würden, meint Johanna, wenn sie wüßten, wie sie Goethe mit einer Nachtlampe versorgt und dafür einen Kasten mit transparenten Mondsteinen als Präsent empfängt, oder wenn sie mit Pinsel und Schere Schattenrisse für einen Ofenschirm basteln (»es ist eine herrliche Sache um solche gemeinschaftlichen Arbeiten die man mit Lust und Liebe gemeinschaftlich anfängt und ausführt; es giebt kein schönres, festres Band fürs gesellige Leben... als hinge das Wohl der Welt daran, am Ende wirds ein Ofenschirm...«) Ja, so ein Hamburger Bürgermeister würde ein recht christliches Mitleid mit diesen kindischen Seelen empfinden, »sähe er wie ich mit Meyer Papierschnitzel zusammenleimen, wie Göthe und die andern dabey stehen und eifrig Rath geben . . . aber das ist eben das Göttliche an der Kunst«.

In diesem göttlichen, von Genien bevölkerten Ardadien wandelt Johanna, glücklich und gelöst, frei und allseits bewundert, begehrte Gesellschafterin und weltbürgerlich amüsanter Mittelpunkt einer Gesellschaft der klassischen Dichtung und Musik, die nicht erhaben genug ist, sich über seltene Kreidestifte und echte Bogen Goldpapier zu erfreuen und einen eigenen Himmel unter dem Schicksalshimmel bunt auszustaffieren. Zu einem Konzert in ihrem Hause sangen die Bardua und der erste Sänger der Oper Duette, Arien und auch Lieder von Goethe zur Gitarre. »Dann waren noch 3 Musici von der Kapelle des Herzogs, alles dies kostet nichts als einige Gläser Punsch . . .« Arthur wird durch Johanna immer wieder mit Goethe konfrontiert und vor dem geistigen Auge wünschte sie ihn in der Realität Goethe selbst anzuschauen und dabei zu fühlen, wie unmöglich es sei gegen ihn sich anders als natürlich zu zeigen, der ganz Natur selbst »und seine hellen Augen benehmen alle Lust sich zu verstellen . . .«

Arthur berichtet ihr über die eigenen Abenteuer in Hamburg. Das lockere Leben mit seinem französischen Freund Anthime empfindet er zwiespältig, ohne daß er es aber der Mutter näher erklärte . . .

Sie ist froh, daß Anthime ihn ablenkt und sein mürrisches Wesen aufheitert, indem er das Leben recht vergnügt genießt und Arthur daran teilhaben läßt, »freue dich nur darüber und sey gutes Muthes«.

Katharsis

Das Klima der Korrespondenz zwischen dem in Hamburg seinen kaufmännischen Verpflichtungen widerwillig nachgehenden Arthur, der in freien Stunden lieber Vorlesungen über die Schädellehre hört, als Zahlen zu addieren, und der Mutter, die

eine unverhoffte gesellschaftliche Karriere im fernen Thü-
ringen als die Erfüllung ihres Lebens sieht, dieses Klima des
gegenseitigen Erlebnisaustauschens schlägt um in die entscheidende Frage der Zukunft Arthurs, die er nun in letzter Konse-
quenz in seinem Brief vom 4. März an die Mutter anklingen
läßt.

Sie versucht ihn zu beruhigen mit dem Geständnis, sie wünsche ihn oft zu sich, nennt die Beispiele einer späten Entwicklung in den Persönlichkeiten von Fernow und Schütze, die spät
zum Studium kamen und »etwas geworden sind«. So könnte es
auch Arthur ergehen, aber hier »wo niemand reich ist, sieht
man alles anders, bey euch strebt man nach Geld, hier denckt
niemand daran, nur leben will man... ich bin hier in einer ganz
anderen Welt, aber ich weiß wohl, daß die Welt in der du lebst,
auch seyn muß...«

Sie weicht also aus und lenkt ab, auf ihr anderes Leben, daß
sie bei dem geschäftigen Müßiggang nicht einmal ihre Brief-
schulden zu tilgen in der Lage sei, die Freunde kommen und
gehen, kaum einen Augenblick ist sie allein (was wäre wohl
auch schrecklicher als der Gedanke, allein zu sein?), so vergeht
ein Tag nach dem andern, die folgenden sind lediglich Variationen über dasselbe Thema, »es ist ein Leben wovon sich wenig
sagen läßt, aber es lebt sich gut, und man begreyft dabei nicht
wo die Zeit bleibt«.

Der Brief ist endlos, der einer wirklichen Lady of leisure, die
den Tag mit Nebensächlichkeiten, wenn auch in Gesellschaft
großer Geister füllt, sich schließlich aber wieder genötigt fühlt,
sich mit den Problemen ihres Sohnes auseinanderzusetzen:
»... du wirst bald mit dir selbst ins reine kommen, und dann
wird die Welt dir auch gefallen, wenn du nur immer Frieden mit
dir selbst zu halten weißt«. Sie vertröstet ihn, ihm werde in seiner isolierten Lage der Übergang ins wirkliche Leben schwerer
als andern, »und ich fehle dir gerade jetzt, da du ein Wesen an
das du dich mit vollem Vertrauen wenden kannst am nöhtigsten
hast, aber das ist nicht zu ändern«.

Arthur ist eben 19 Jahre alt geworden und sucht sich aus dem

34 *Haus des Großkaufmanns Jenisch in Hamburg*

Joch der Lehrzeit zu befreien, nur, die Mutter kann ihm nicht helfen, sie vertröstet ihn nicht nur auf eine ungewisse Zukunft mit dem Bild der schwindenden bunten Kinderwelt, dem Übergang von der Pubertät zur männlichen Reife und der Entscheidung über das eigene Leben: »Es komt dir jetzt vor als ob ich Unrecht hätte, auch das ist natürlich und wird sich auch geben, wenn dir vielleicht nach einem Jahr diese Zeilen wieder in die Hände fallen.«

Arthur wird in weniger als drei Wochen noch einmal in ernstem Ton ihr seine unglückliche Situation schildern.

»Ich weiß, was es sagen will, ein Leben zu leben welches unserm innern widerstrebt! Und wenn es möglich ist will ich dir, meinem geliebten Sohne diesen Jammer ersparen... Fernow meint wie ich, das es nicht zu spät sey wenn du nur würklich den unwiderstehlichen Trieb zur Wissenschaft und den Muht zur Ausdauer fühlst... Ich, mein Arthur, will wahrlich deinem Glücke nichts in den Weg legen, du selbst aber mußt dir den Weg suchen und wählen, dann will ich rahten und helfen, wo und wie ich kann.«

Die Wende für Arthurs ferneren Lebensweg zeichnet sich deutlich in zwei Briefen zwischen Mutter und Sohn ab.

In ihrem Brief an Arthur vom 28. April 1807 geht sie auf Arthurs an sie gerichteten Brief vom 28. März ein, nachdem sie seine prekäre Situation erkennt, im Zwiespalt zwischen dem Versprechen, das er dem Vater gegeben, als Kaufmann der Tradition der Familie Schopenhauer zu folgen, und dem inneren, unwiderstehlichen Drang zu dem erstrebten Gelehrtenberuf.

»Daß du mit deiner ganzen Situation unzufrieden warst wußte ich längst«, schreibt sie, wissend, wie wenig ihm vom frohen Sinn der Jugend gegeben war, und fährt fort mit dem gedanklichen Brückenschlag, den Weg seiner Umkehr behutsam aufbauend: »wieviel Anlage zu schwermüthigen Grübeleien du von deinem Vater zum traurigen Erbtheil bekamst, dies hat mich oft bekümmert, aber ändern konnte ich es nicht und so mußte ich eben mich zufriedenstellen und hoffen daß die Zeit die so viel ändert auch dich hierinn vielleicht ändern möchte. Dann kam dein Brief vom 28sten März, der ernste und doch gelassene tief aus dem Gemüth und ins Gemüth dringende Ton in dem du schriebst weckte mich aus der Ruhe, wäre es möglich daß du auf deinem jezigen Wege ganz deine Bestimmung verfehltest! So muß ich alles anwenden um dich doch wo möglich zu retten...«

Ihr Freund Fernow steht im Hintergrund und ist der Vertraute, an den sie sich in diesen entscheidenden Lebensfragen Arthurs wenden kann. Ihn fragt sie, und er meint, daß es nicht zu spät sei für Arthur, sich nun einem ganz anderen

Thema seines Lebens, der Wissenschaft zuzuwenden, »werde Arzt oder Jurist, aber ein Brodstudium mußt du dir wählen...«

Der Brief der Mutter erschütterte Arthur tief, wie lange kein Ereignis zuvor. Er brach in Tränen aus, und sein Wunsch Hamburg und die Kaufmannslehre aufzugeben, festigte sich zu dem Entschluß, unverzüglich mit der Vorbereitung für das erstrebte Studium auf dem Gothaer Gymnasium zu beginnen.

Epilog: Der Tag ist mein

Am 22. Februar, seinem 21. Geburtstag und der Volljährigkeit, entrichtete ihm die Mutter seinen väterlichen Erbteil von 20000 Reichstalern mit den sich aus der Verwaltung eines Anteils an der Schopenhauerschen Ländereien ergebenden Revenuen bei Danzig. In den »Aphorismen zur Lebensweisheit« philosophiert er später über die Vorteile vorhandenen Vermögens als eine der wichtigsten Sicherheiten im Leben:

»Vorhandenes Vermögen soll man betrachten als eine Schutzmauer gegen die vielen möglichen Übel und Unfälle; nicht als eine Erlaubnis oder gar Verpflichtung, die Pläsiers der Welt heranzuschaffen. Leute, die von Hause aus kein Vermögen haben, aber endlich in die Lage kommen, durch ihre Talente, welcher Art sic auch seien, viel zu verdienen, geraten fast immer in die Einbildung, ihr Talent sei das bleibende Kapital und der Gewinn dadurch die Zinsen. Leute, welche ererbtes Vermögen besitzen, wissen wenigstens sogleich ganz richtig, was das Kapital und was die Zinsen sind. Die meisten werden daher jenes sicherzustellen suchen, keines falls es angreifen, ja womöglich wenigstens ein Achtel der Zinsen zurücklegen, künftigen Stockungen zu begegnen. Sie bleiben daher meistens im Wohlstande... Von Hause aus so viel zu besitzen, daß man in wahrer Unabhängigkeit, d. h. ohne zu arbeiten, bequem leben kann, ist ein unschätzbarer Vorzug. Nur unter dieser Begünstigung des Schicksals ist man eigentlich als ein wahrer Freier geboren: Denn nur so ist man Herr seiner Zeit und seiner Kräfte und darf jeden Morgen sagen: Der Tag ist mein.«

VII. Gotha und Weimar

Gothaer Dissonanzen

»Jetzt ist nur ein Weg für uns und der geht vorwärts«, schreibt Johanna am 14. Mai an Arthur nach Hamburg, denn sein Entschluß stand nun fest, die Zelte in Hamburg abzubrechen. Er war nun entschlossen, ein Gelehrter zu werden. Dennoch wird die Mutter von Zweifeln geplagt. Wird er die Schwierigkeiten, die sich ihm zwangsläufig in den Weg stellen werden, meistern? Wird er genügend Ausdauer und Mut an den Tag legen und alle Kräfte aufwenden, um das lohnende Ziel zu erreichen? Nun, Freund Fernow, der Arthurs Brief gelesen hat, wird raten und helfen. In Gotha wird ein Quartier für Arthur bei Professor Karl Gotthold Lenz erwogen. Sie selbst wird mit Fernow nach Gotha fahren, um Arthur einzuführen. Privatstunden soll er bei dem Direktor des Gothaer Gymnasiums erhalten. Den Namen wird er sich merken. Es ist Dr. Friedrich Wilhelm Döring.

Aber noch ist es nicht so weit. Der Umzug von Hamburg mit seinen Möbeln: Bücher, Bett, Schreibpult, Notenpult, ist schwierig genug – mit einer Reisegesellschaft könnte er es versuchen oder »mit der ordinären« Post. In Kassel soll er wegen der Verschlechterung seines Gehörs noch operiert werden. Im kleinbürgerlichen Gotha wird er auf die Hamburger Ansprüche wohl verzichten müssen. Johanna ist weltläufig und welterfahren genug, um mögliche Diskrepanzen vorauszusehen und Arthur zu veranlassen, sich frühzeitig darauf einzustellen, sich anzupassen. Von großstädtischer Eleganz wird er in Gotha nur träumen können. Vorsichtig und auch ein wenig sarkastisch deutet sie an: »Wenn Du erst unter uns bist und das hiesige Leben siehst, wirst Du alles dieses für Philisterey halten.«

Sie hofft auch für sich, daß er in dem neuen Milieu seine ständige Verdrossenheit, die sie drückt, fahren lassen möge. Es ist, als rede sie sich selbst Mut zu, weil sie sich vor der schon oft erlebten Unverträglichkeit ihres Sohnes fürchtet: Kann alles nun besser werden in der Kleinwelt dieser Philister? Die Sorgen der Mutter sind begreiflich. Sind sie aber nicht übertrieben oder überhaupt gerechtfertigt?

Wenige Tage nachdem Johannas Brief in Arthurs Händen ist, tritt er seine Reise an und trifft Ende Mai 1807 in Weimar ein, um sich nach einem kurzen Aufenthalt in die Schulausbildung nach Gotha zu begeben. Im Privatunterricht lernt er bei Prof. Döring Latein und Griechisch. Der Lehrer ist überrascht von seiner Sprachbegabung. Im neuen Lebenskreis Gotha finden »Gegend, Park und Gesellschaft« seinen Gefallen. Nur die Tischsitten behagen ihm nicht. Zu den Mahlzeiten mit Mineralwasser sich zu begnügen ist nicht sein Geschmack. Die Mutter rät nachsichtig. Ein oder zwei Glas Wein möge er dann auf seinem Zimmer trinken und seinem Hausherrn Lenz wissen lassen, daß er von Jugend auf nicht an Wassertrinken gewöhnt sei. »Du fändest, es schade Deiner Gesundheit und verdürbe Dir den Magen!« Er könne sich ja auch von Zeit zu Zeit, um diesem Mißstand zu begegnen, eine Bouteille Würzbuger holen lassen. Zumindest sei Lenz aber verpflichtet, ihm bei Tische Bier anzubieten. Dabei kommen ihr schon gelegentliche Zweifel, ob er das richtige Quartier gewählt habe. Andere Pensionsmöglichkeiten böten sich in Liebenstein an. Die Sache werde sich finden. Zunächst verlebe sie jetzt ihre Sommerferien in der Nähe von Goethe in Jena, wo sie von Herrn Kniewel[57] aus Danzig Besuch erhält, der ihr auch von der Drangsal der französischen Besetzung berichtet und daß die »Almondis das schönste Haus der Stadt gebaut hätten, in dem Napoleon logiert habe«.

In Gotha sind neue Schwierigkeiten aufgetreten. Arthur fällt es schwer, mit seinem Geld auszukommen. Johanna meint, er habe aus Hamburg die Torheit mitgebracht, sich einer weisen Ökonomie zu schämen: »Es gefällt mir nicht recht, daß Du Dich an lauter Comtessen und Barons hängst...« Dies verleite nur zu größeren Ausgaben und sei doch nur »Jagd nach Flitter und Schein« und passe nicht zu ihm.

Im September hat Arthur sich zu einem überraschenden Besuch in Weimar angesagt, denn Johanna warnt ihn, er möge nicht erschrecken, wenn er bei ihr zum Teenachmittag Goethe antreffe. Übrigens hat die Theaterspielzeit bereits begonnen: »Montag, Mittwoch und Sonnabend wird gespielt«, läßt sie ihn

35 Zu dem Miniaturporträt von Karl Ludwig Kaaz (1809) bemerkte Arthur 1856 reflektierend: »Ich hatte keineswegs rötliches, sondern aschblondes Haar. Es ist hier die grüne Farbe geschwunden, die dem Rötlichen aufgetragen das Aschblond ergab.«

wissen, »richte danach mit deinem Herkommen.« Mit Frau von Goethe habe sie vereinbart, daß Arthur einen Ball in Goethes Haus besuchen könne, eine erste Gelegenheit, Goethe zu sehen, der auf dem Ball wenigstens für ein paar Augenblicke erscheinen werde. Den leidenschaftlichen Tänzer Arthur lockt sie mit dem Versprechen, »wunderhübsche Mädchen« würden dort sein, »noch besser als leztens«.

Mißklänge drohen schließlich Arthurs Aufenthalt in Gotha vorzeitig zu beenden. Es sind von Arthur verfaßte Spottverse auf die arge Philisterei in Gestalt des Gymnasialprofessors Christian Ferdinand Schulze, was seinen Lehrer Döring veranlaßte, die lateinischen Privatstunden prompt aufzukündigen. Johanna findet sich in ihren Befürchtungen über Arthurs Schwierigkeiten beim Einleben in dem kleinstädtischen Milieu bestätigt: »Was geschehen ist, sagte ich Dir vorher.« Es ist die erste Lektion, die die ihn umgebende Welt ihm erteilt.

Wie ein Wetterleuchten vor dem unvermeidbar sich entladenden Gewitter betrachtet sie den Eklat. Obgleich er doch alles in sich vereinige, was ihn zu einer Zierde der menschlichen Gesellschaft machen könne und sie wisse, daß wenige besser sind, liege das Übel in seinem Verhalten, denn er sei überlästig und unerträglich, »und ich halte es für höchst beschwerlich mit Dir zu leben«.

Der aufkeimende unüberbrückbare schwere Konflikt zwischen Mutter und Sohn deutet sich hier schon an, der für beide ein Zusammenleben unzumutbar machen wird.

Es ist das Wissen um die gesellschaftliche Unverträglichkeit, das Johanna veranlaßt, das bevorstehende Zusammenleben mit manchen Fragezeichen zu versehen und in weiser Voraussicht schon jetzt die Positionen zwischen Arthur und ihr abzustecken. Mutterliebe und Skepsis halten sich die Waage. Aber vielleicht ist es die innere Stimme, die zur Vorsicht rät, und alles deutet darauf hin, daß Johanna schon jetzt die Auseinandersetzungen mit ihrem Sohn kommen sieht und ins Auge faßt: »Du wirst für uns beyde zuträglich finden, daß ich dann unser gegenseitiges Verhältnis so einzurichten strebe, daß unsrer

beyder Freyheit kein Abbruch geschieht und ich in der zwang-
losen, friedlichen, unabhängigen Ruhe bleibe, die mich jetzt
erst recht eigentlich des Lebens froh werden läßt.«

Mit mütterlicher Fürsorge entwirft sie wieder einmal einen
Zukunftsplan für Arthur, in Altenburg oder Weimar seine
Schulausbildung fortzusetzen. Er gleicht eher dem Entwurf
eines Friedenspakts mit der deutlichen Abgrenzung der einzelnen Pflichten und Rechte, als dem freudig zu erwartenden Ein-
verständnis ihres Zusammenlebens. Es solle alles so bleiben,
wie es gegenwärtig für Johanna sich schickt, denn »ich bin in
dieser ruhigen Lebensweise so gewohnt, daß mir für alles graut
was eine Abänderung darin zuwege bringen könnte.« Auch ein
Wort des Trostes hat sie für ihn mit dem Hinweis auf Theaterbesuche und Gesellschaftsabende in ihrem eigenen Hause,
mit der Chance, Goethe nahe zu sein, aber mit anderen angenehmen gesellschaftlichen Verhältnissen dürfe er sich nicht
schmeicheln. Weimar sei eben kein reines Mekka des Vergnü-
gens für junge Leute. Bei aller Strenge ihrer um Abgrenzung
bemühten Gedanken mutet ihr Wunsch, aus Gotha einige
Spiele mitzubringen rührend an. Ein Schattenspiel möge er
kaufen, »aber kein lehrreiches, sondern eins nach der alten Art
wie es Dich so zu beglücken pflegte«.

Weimar aus der Vogelschau

»An einem Herbstnachmittag des Jahres 1775 zog das junge
weimarische Fürstenpaar, Herzog Carl August und seine Gemahlin Luise, eine Prinzessin von Hessen-Darmstadt, in Weimar ein. Wenige Wochen später, am 7. November, kam auch
der junge Goethe. Und nun entfaltete sich rasch das junge Weimar.

Gesellig und heiter war hier alles, die stillere Herzogin Luise
ausgenommen, für die zunächst drei Jahrzehnte hinaus eine
Schattenstellung begann. Jung, wie alle diese Menschen, war
noch die verwitwete Herzogin Anna Amalia, eine Tochter des

Herzogs Karl von Braunschweig und der Schwester Friedrichs des Großen. Sie hatte sich schon am väterlichen Hof der deutschen Literatur zugewandt und besaß so starken musikalischen Sinn, daß sie selbst komponiert hat; auch sonst hatte sie mannigfachen künstlerischen Hang und gesellige Talente, immer hell und beweglich, klein von Gestalt wie ihr königlicher Oheim, geschwind sprechend und in ihrem ganzen Wesen angenehm und gewinnend. Sie tanzte gern und war überhaupt vergnügungslustig. Wenn man aber bedenkt, daß sie mit 16 Jahren vermählt, mit 17 Jahren Mutter und mit 18 Jahren Witwe und Regentin wurde; wenn man ins Auge faßt, mit welcher Energie, obschon gestachelt von weiblichem Ehrgeiz und immer auch etwas Eitelkeit, diese junge Witwe nunmehr 16 Jahre lang die Regentschaft führte, so kann man ihr ein volles Maß von Achtung nicht versagen. Sie ist die recht eigentlich Erste jener großen Zeit und schuf durch ihr frisch zugreifendes, auch für Scherz und Humor offenes, ein derbes Wort nicht scheuendes Wesen die freie Atmosphäre, die jene Entwicklung ermöglichte. Anna Amalia war es, die Wieland als Erzieher des Erbprinzen berief; durch Knebels Mitwirkung wurde Goethe in Frankfurt besucht und für Weimar gewonnen; durch Goethe kam Herder ins Land; und zu diesem anziehenden Kreise gesellte sich der spätere Schiller.[58]«

Sie alle bildeten hier mit ihrem dichterischen Wirken und Werken in Weimar den Mittelpunkt der klassischen deutschen Literatur, der Zeit des »Sturm und Drang«. Zeitgleich entwickelten sich Verlage und Buchhandlungen, Zeitschriften, Zeitungen, Bibliotheken und Lesezirkel; ein der literarischen Dichte der Stadt angemessenes Medienzentrum. So veröffentlichte der Verleger Carl L. Hoffmann Werke Wielands, wie den »Oberon« (1780) oder Herders »Briefe, das Studium der Theologie betreffend«.

Neben der Hofbuchdruckerei behauptete sich Bertuch als Verleger und Editor von Zeitschriften, wie dem kulturhistorischen »Journal des Luxus und der Moden«, das sich von 1786 bis 1820 behauptete, redigiert auch von Heinrich Döring,

36 Tafelrunde bei Herzogin Anna Amalia

einem Landsmann Arthurs. Bertuch verlegte auch die geographische Ausgabe »Ephemeriden«, eine Periodica, die viele Reisebeschreibungen brachte, von 1798 bis 1822.

Zur Eröffnung des erneuerten Hauses des Hoftheaters wurden am 12. Oktober 1798 ein Prolog Schillers, »Wallensteins Lager« von Schiller und »Die Korsen« von Kotzebue[59] gespielt.

Die Residenzstadt Weimar, durch eine Hauptstraße mit Erfurt verbunden, zog durch Privilegien und Freiheitsbriefe Krämer und Handwerker an, sich hier anzusiedeln. Im 16. Jahrhundert besaß die Stadt nur 3000 Einwohner. Erst unter der Regierung Anna Amaliens und Carl Augusts wurde Weimar zu einem Hort der Gelehrsamkeit, der Wissenschaft und Künste, mit der Eröffnung einer Bibliothek und der Einrichtung des Hoftheaters. Eine Zeichenakademie wurde 1782 durch Goethe eröffnet. Im gleichen Haus wurde eine Gemäldesammlung aufgenommen. Die Anzahl der Einwohner erhöhte sich von 6000 im Jahr 1779 auf ca. 8000 um 1807.

»Außer den Künstlern und Handwerkern sind auch Acker-

264

bau, Brauereien und Straßenverkehr nicht unbedeutend, weil sich eine der Handelsstraßen durch die Stadt zieht, so wie auch die vielen Fremden, welche die Anstalten für Wissenschaften und Kunst, und ein Göthe mit anderen Gelehrten, herbeiziehen.«

Unter den »vielen Fremden«, die diese ihres gesellschaftlichen Reizes wegen anziehenden Stätte beeindruckte, hier »Hütten zu bauen« befanden sich auch Johanna Schopenhauer mit ihrer kleinen Adele, Fernow, Franz Passow[60] und Ottilie von Pogwisch, bevor Arthur Schopenhauer nach Weimar kam. Als Schriftstellerin war Johanna mit der Biographie von Arthur Schopenhauers Mentor Fernow ein erster Erfolg beschieden (Tübingen, 1810). Drei Jahre nach diesem literarischen Debut erschien in Rudolstadt das Reisejournal durch England und Schottland, mit dem sie einen an dieser Reiseliteratur der Gegenwart besonders interessierten Leserkreis zu fesseln verstand. Später folgten mehrere Romane, von denen Goethe besonders einen, »Gabriele«, hervorhob, sowie mehrere Bände mit Erzählungen, Taschenbücher und Aufsätze in Zeitschriften und Zeitungen.

Unterhaltungen und Vergnügungen bot neben den Gesellschaften, Konzerten, Bällen, Maskeraden oder großen Schlittenfahrten, an welchen auch Arthur Schopenhauer großen Gefallen fand, das Hoftheater. Zuerst befand es sich im Schloß selbst, als aber das Haus 1773 abbrannte, unternahm es der Hofjäger Hauptmann, der in Weimar damals eine rege Bautätigkeit entfaltete, 1779 ein Komödienhaus zu erbauen, das seit dem Jahr 1790 unter die Direktion Goethes gelangte, der wie ein Genius belebend und begeisternd auf Thaliens Söhne und Töchter wirkte. Iffland kam 1796 aus Mannheim und studierte Goethes »Egmont« hier ein. Goethe und Schiller fanden sich bei den Proben ein und wurden zu neuen Stücken inspiriert. Als Goethe 1818 die Theaterintendanz abgab, ging eine Ära zu Ende, in der die klassischen Werke Schillers und Goethes Triumphe gefeiert hatten.

Einer der wahrhaft dramatischen großen Künstler der Weimarer Bühne war der 1768 in Münster im Elsaß geborene Johann Jacob Graff, der zuerst an der Universität Straßburg sich zu einem Juristen ausbilden ließ. Im April 1793 wurde er in Weimar engagiert und trat hier zehn Jahre bis zu seiner Pensionierung auf. Schiller schrieb seinen Wallenstein ganz für seine Person.

Ein anderer bedeutender Mime, der Schiller zu weiteren dramatischen Stücken inspirierte, war Johann Michael Friedrich Haide, 1771 zu Mainz geboren, der zuerst Medizin studierte und 1793 nach Weimar kam. 1804 erhielt er ein lebenslängliches Anstellungs- und Pensions-Dekret. Ihm hat Schiller, wie er sich selbst ausdrückt, »den Tell und den Don Cäsar in der Braut von Messina, auf den Leib angemessen«. Auf Verlangen des Dichters mußte er in Maria Stuart die beiden Rollen des Mortimer und des Melvil; in »Wallensteins Tod« den Max Piccolomini und den Commandanten Gordon in derselben Aufführung in Doppelrollen spielen.

Im Stadthaus werden alle öffentlichen Bälle und Redouten gehalten. Zum geselligen Leben in Weimar gehören in der Zeit des Aufenthalts Johanna Schopenhauers und zum Teil auch während Arthurs Weimarer Jahren auch Picknicks, kleine Dinners und Soupers und Bälle. In geschlossenen Gesellschaften, deren älteste die Armbrustschützengesellschaft ist, finden sich die Staatsbeamten, Literaten und Künstler ein.

Von Goethe begründet wurde die Freitagsgesellschaft, die als Weimarer Gelehrtenverein bis 1797 bestand...

Ein hübsches Logis hat Johanna inzwischen für Arthur bei einem Hutmacher gemietet, wenn auch nicht, wie er hoffte, mit Aussicht auf den neu angelegten Park. Es ist der 13. Dezember. Am 23. erwartet sie ihn bei sich. Die Sorge um ein harmonisches Zusammensein bedrückt sie zusehends, und sie versichert ihn ihrer Zuneigung und mütterlichen Liebe. Aber zugleich sucht sie sich abzuschirmen: »Es ist zu meinem Glücke nothwendig zu wissen, daß Du glücklich bist, nicht aber ein Zeuge davon zu seyn.« Sie fürchtet, seinen Mißmut ertragen zu sollen und vor heftigen Szenen, die es jedesmal bei seinen Be-

266

suchen gegeben hat. Und »atmete ich erst frey, wenn Du weg warst, weil deine Gegenwart, Deine Klagen, Deine finsteren Gesichter, Deine bizarren Urtheile, die wie Orakelsprüche von Dir ausgesprochen werden, mich drückten...«

Von allen Gründen, die ihn veranlaßten, Weimar als seinen kommenden Aufenthalt zu wählen, könne sie nur einen erkennen, daß er gern hier sein wolle«, aber ein heimatliches Gefühl werde sich nicht oder erst mit der Zeit einfinden: »Du bist in Weimar nicht mehr als anderswo bis jetzt zu Hause...« Also auch nicht bei ihr selbst.

Ist es nicht gerade auch diese Erfahrung der Heimatlosigkeit und des frühen Verwaistseins, die ihn verleitet, über die dumme Welt und das menschliche Elend zu lamentieren? Zwei Jahre in Weimar stehen Arthur nun bevor, und er wird sie wie eine Brücke überschreiten, die ihn noch weiter wegführt von allen.

In seinem Lebenslauf hat Arthur über diese Weimarer Jahre einige bemerkenswerte Fakten selbst wissen lassen: »Vom Wissensdurst getrieben, habe ich in unermüdlichem Fleiße... ängstlich darauf hingearbeitet, die Lücken der vergangenen Zeit auszufüllen... Ich wohnte dabei nicht im Hause meiner Mutter, sondern im selben Hause mit Passow, sodaß ich den Lehrer stets bei der Hand hatte« (der ihn im Griechischen unterrichtete) »Weitaus am meisten beschäftigten mich die alten Sprachen... So verbrachte ich zwei Jahre in Weimar, nach deren Ablauf meine Lehrer mich für die Universität reif erklärten.« Im Lateinischen bildete ihn Gymnasialdirektor Chr. L. Lentz aus.

Nach Gotha hat Johanna an Arthur geschrieben, es habe ihr Spaß gemacht, daß er ordentlich geritten sei. Bilder der Erinnerung tauchen vor ihrem geistigen Auge auf, »mir ists noch wie gestern, daß ich als Mädchen am offenen Fenster stand und die hübschen Musjes, die mir in dem Augenblick recht vornehm und mächtig erschienen vorbey ziehen sah...« Und sie kam sich noch größer vor, erinnert sie sich, wenn sie unterm Fenster hielten und heraufgrüßten und die Anführer ehrerbietig den Degen senkten. Im Weimar gab es am Paradeplatz, der Ilm gegenüber, nicht weit vom Großherzoglichen Schloß ein Reithaus, das Arthur als begeisterter Reiter sicherlich in Augenschein genommen haben wird oder von wo aus er auch Ausritte unternommen haben mag, nach Ettersburg, wo Goethe im Freien Aufführungen inszenierte, oder nach Tiefurt, längs der Ilm und vielleicht auch nach Ossmannstedt, zum Sommersitz Wielands?

Vor der Abreise Arthurs nach Weimar läßt Fernow ihn bitten, in der Gothaer Bibliothek sich nach einigen Buchtiteln zu erkundigen. Johanna bittet ihn, Geschenke für Adele, die sich auf Arthurs Ankunft in Weimar freut, zum bevorstehenden Weihnachtsfest mitzubringen. »Du weißt, wie Kinder sind, die eigennützigsten Kreaturen der Welt. Da weder das Schattenspiel noch der Guckkasten viel kosten und an beyden ihr Herz hängt so bringe nur beydes mit...«

Über eine Begegnung mit dem Dichter Zacharias Werner,[62] den Johanna schon in ihrer Korrespondenz mit Arthur erwähnte, weil sie seine Bekanntschaft machen möchte, berichtet Arthur. »Er war mir gewogen und sprach oft mit mir, sogar ernsthaft und philosophisch.«

In dieser Weimarer Zeit entstanden Arthurs erste Aufzeichnungen über philosophische Themen, die er meist in die Form seiner später zuerst seinen Namen verbreitenden Aphorismen zur Lebensweisheit kleidete. Im Kapitel I. teilt er die Güter des menschlichen Lebens in Analogie zur Philosophie des Aristoteles, auf drei »Grundstimmungen ein: »Was einer ist«; »Was einer hat« und »Was einer vorstellt«. Er formuliert als eine der ersten Erkenntnisse unter den bekannten Ausspruch, den Sokrates beim Anblick zum Verkauf ausgelegter Luxusartikel getan haben soll, wie Vieles giebt es doch, was ich nicht nöthig habe, »Für unser Lebensglück ist demnach das, was wir sind, die Persönlichkeit, durchaus das ERSTE und WESENTLICHSTE«.[63]

Fragmente aus diesen Weimarer Jahren, »die für die Bildungs- und Formgeschichte von Schopenhauers Denken be-

zeichnend sind«, zitiert Arthur Hübscher als Beispiele: »tief im
Menschen liegt das Vertrauen, daß etwas außer ihm sich seiner
bewußt ist wie er selbst; das Gegenteil lebhaft vorgestellt, neben der Unermeßlichkeit, ist ein schrecklicher Gedanken.«
Oder ein anderes der vorgestellten Fragmente: »Nehmen wir
aus dem Leben die wenigen Augenblicke der Religion, der
Kunst und der reinen Liebe, was bleibt als eine lange Reihe
trivialer Gedanken?«

Von Goethe wird er oft inspiriert, jedenfalls zitiert er ihn
vorzüglich und aus manchem Anlaß trefflich:

»Wie an dem Tag, der dich der Welt verliehen,
Die Sonne stand zum Gruße der Planeten,
Bist alsobald und fort und fort gediehen,
Nach dem Gesetz, wonach du angetreten.
Su mußt du seyn, dir kannst du nicht entfliehen,
So sagten schon Sibyllen, so Propheten;
Und keine Zeit und keine Macht zerstückelt
Geprägte Form, die lebend sich entwickelt.
GÖTHE.«[64]

Der verliebte Arthur

Aber Arthur hatte nicht nur Gedanken für Latein und Griechisch, Geschichte und Literatur griechischer und lateinischer
Schriftsteller, die ihn in die Kenntnis des Altertums einführten,
die seinen Ausdruck und Stil im Gebrauch des Deutschen un-
gemein förderten, auch dem Theater erwies er sich als aufge-
schlossener und eifriger Jünger Thaliens, als junger Weltmann,
nicht zuletzt in der Person der Darsteller und ihrer Künste.
Eine von jenen, die es ihm besonders angetan haben mochte,
war die gefeierte Schauspielerin und Opernsängerin Karoline
Jagemann,[65] dem Haus Goethe durch eine herzliche Beziehung zu Christiane und Goethe selbst verbunden...

Dieser gefeierten Weimarer Darstellerin, die zwölf Jahre äl-

ter ist als er, die der Herzog als seine Geliebte erwählt, widmet
der Zwanzigjährige sein einziges in seinem Leben verfaßtes
Liebesgedicht, nachdem er sie bei seinen häufigen Theaterbe-
suchen in der Verkörperung glänzender Rollen bewundern
konnte, sich unsterblich in sie verliebte und von der er gestand:
»Diese Frau würde ich heimführen, und wenn ich sie Steine
klopfend an der Landstraße fände.«

Der Chor zieht durch die Gassen,
Wir stehn vor deinem Haus;
Mein Lied würd' mir zu Freuden,
Sähst du zum Fenster aus.

Der Chor singt auf der Gasse
Im Wasser und im Schnee:
Gehüllt im blonden Mantel
Zum Fenster auf ich seh.

Die Sonne hüllen Wolken,
Doch deiner Augen Schein,
Er flößt am kalten Morgen
Mir Himmelswärme ein.

Dein Fenster hüllt der Vorhang:
Du träumst auf seid'nem Pfühl
Vom Glücke künft'ger Liebe.
Kennst du des Schicksals Spiel?

Der Chor zieht durch die Gassen:
Vergebens weilt mein Blick;
Die Sonne hüllt der Vorhang:
Bewölkt ist mein Geschick.

Nach dem Zeugnis der Karoline Jagemann verbrachte Christiane Vulpius, Goethes Frau, ihre Kindheit in dem ältesten,
winkligsten Weimar, abseits von dem nahe vorübereilenden

Verkehr, in der Luthergasse 5, an der Stelle, wo diese sich zu einem winzigen Platze erweitert.

»»Das bescheidene, einstöckige Haus fand ich freundlich und gepflegt... Aus den Fenstern des ersten Stockes blickt man auf den Garten des Kirms-Krackow-Hauses, der zu Christianes Zeiten so liebevoll bestellt wurde wie kein zweiter in Weimar: Hier wurden die Rosen größer und voller, der Lack dunkler, stärker und würziger, alle Früchte saftiger und wohlschmekkender als bei anderen Leuten.« Mit diesen Worten hat Karoline Jagemann den Garten der Brüder Kirms beschrieben. Das Haus ihres Vaters, des Bibliothekars der Herzogin Anna Amalia, stieß unmittelbar an dasjenige, in dem der Amtsarchivar Vulpius mit seiner kinderreichen Familie wohnte.

Sofort nach der Trauung führte Goethe seine Frau in die Weimarer Gesellschaft ein, und zwar in das offene, gewissermaßen neutrale Haus der Hofrätin Johanna Schopenhauer. Er täuschte sich nicht in der vorurteilsfreien, gescheiten und warmherzigen Danzigerin. »... Er hat sie noch zu niemandem als zu mir in Person geführt. Als Fremden und Großstädterin traut er mir zu, daß ich die Frau so nehmen werde, als sie genommen werden muß...«

Ein Urteil über Christianens Benehmen nach der großen Standeserhöhung schalten wir hier um so lieber ein, als es von Karoline Jagemann stammt, die ihr nicht gerade freundlich gesinnt war: »Man muß es ihr nachsagen, daß sie darum den Kopf nicht höher trug und ihre Gewohnheiten nicht veränderte; geistiger und poetischer wurde sie freilich auch nicht, nur daß die unbedeutenden Schauspieler und Schauspielerinnen ihr umso devoter den Hof machten.«

Christiane nahm von nun ab ziemlich häufig an den Plauder- und Leseabenden bei Johanna Schopenhauer teil.

271

Begegnungen Arthurs mit Goethe

Die frühe Begegnung Arthurs mit Goethe hat ein Leben lang fortgewirkt und ist in vielen Zitaten selbst in sein philosophisches Werk eingegangen. Im Kapitel 30 Band 2 reflektiert er über das Leben und den Unterschied zwischen Wille und Vorstellung mit einem Beispiel aus Goethes Dichtung: »Das Leben ist NIE schön, sondern nur die Bilder des Lebens sind es, nämlich im verklärenden Spiegel der Kunst oder der Poesie, zumal in der Jugend, als *wo wir es noch nicht kennen.*

Warum wirkt der Anblick des Vollmondes so wohlthätig, beruhigend und erhebend? Weil der Mond ein Gegenstand der Anschauung, aber nie des Wollens ist:

›Die Sterne, die begehrt man nicht,
Man freut sich ihrer Pracht.‹ – G.

Ferner ist er erhaben, d. h. stimmt uns erhaben, weil er, ohne alle Beziehung auf uns, dem irdischen Treiben ewig fremd, dahinzieht, und Alles sieht, aber an nichts Antheil nimmt.« (Kapitel 30: Vom reinen Subjekt des Erkennens.)

Goethe hatte schon im Jahre 1808 in einem Brief an Knebel über die Donnerstags- und Sonntagsgesellschaften der Hofrätin Schopenhauer berichtet, welchen er Interesse und Gefallen abgewinne. Wie er über den jungen Arthur dachte, erhellt eine Anekdote, nach der Goethe zu den am Teetisch weilenden jungen Mädchen, die sich kichernd über den mürrisch am Fenster abseits stehenden Schopenhauer mokierten, gesagt haben soll: »Kinderchen, laßt mir den dort in Ruhe, der wächst uns allen nocheinmal über den Kopf.« Goethe erkannte, wie auch Wieland, in dem vierzig Jahre jüngeren Mann das in ihm angelegte Genie eines pessimistischen Weltverächters, er achtete die Selbständigkeit seines Denkens und die überlegene Sicherheit und Klarheit seines Stils.

In einem Brief an Fr. A. Wolf vom 28. September 1811, schrieb Goethe: »Sein Name ist Schopenhauer, seine Mutter ist die Frau Hofrat Schopenhauer, welche sich schon mehrere Jahre bei uns aufhält. Er hat eine zeitlang in Göttingen studiert, und so viel ich, mehr durch andere, als durch mich weiß, hat er sich's ernst sein lassen...« An Knebel richtet er einen Brief vom 24.11.1813: »Der junge Schopenhauer hat sich mir als einen merkwürdigen und interessanten jungen Mann dargestellt... er ist mit einem gewissen scharfsinnigen Eigensinn beschäftigt, ein Paroli und Sixleva in das Kartenspiel unserer neuen Philosophie zu bringen. Man muß abwarten, ob ihn die Herren vom Metier in ihrer Gilde passieren lassen, ich finde ihn geistreich und das übrige lasse ich dahingestellt.«

Goethe bot dem jungen Freunde an, die Farbenlehre gemeinsam zu studieren und schickte ihm seine Apparate und die zur Produktion der Farben erforderlichen Geräte (die sich heute im Goethemuseum in Düsseldorf befinden), weil Schopenhauer die zunächst unbestrittene »Wahrheit« seiner Lehre erkannte. In vielen Gesprächen, die sich über den Winter hinzogen, und zahlreichen Briefen bewies der Schüler seine Aufnahmefähigkeit, aber auch eine sich von Goethe und seiner Theorie über die Farben immer deutlicher distanzierende Eigenständigkeit. Diese sich immer stärker herausschälenden gegenteiligen Auffassungen verdrießten Goethe, der dann auch in einem Sinnspruch sagte:

»Trüge gern noch länger des Lehrers Bürden,
Wenn Schüler nur nicht gleich Lehrer würden.«

Goethes Erinnerungen an Schopenhauer

In seine Sammlung von Unterhaltungen und Gesprächen mit Goethe trägt Johann Peter Eckermann gewissenhaft einen Dialog über den »Egmont« vom 19. Februar 1829 ein, welchem sich ein Gedankenaustausch über Goethes Farbenlehre anschließt, über die er mit dem jungen Schopenhauer in eine engere per-

sönliche Verbindung und in eine längere Korrespondenz einge-
treten war. Eckermann berichtet: »Goethe erkundigte sich
dann nach der Farbenlehre, und ob ich seinem Vorschlage, ein
Kompendium zu schreiben, weiter nachgedacht. Ich sagte ihm,
wie es damit stehe, und so gerieten wir unvermutet in eine Dif-
ferenz, die ich bei der Wichtigkeit des Gegenstandes mitteilen
will.«

Ja, es war wie mit dem jungen Schopenhauer vor vierzehn
Jahren. Eckermann mußte bekennen, daß er nach seinen Beobachtungen in einigen Punkten von Goethes Farbenlehre ab-
weiche. Goethes erhaben–heiteres Wesen verfinsterte sich unverzüglich, und er entgegnete Eckermann verbittert: »Es geht
mir mit meiner Farbenlehre gerade wie mit der christlichen Religion. Man glaubt eine Weile treue Schüler zu haben, und ehe
man es sich versieht, weichen sie ab und bilden eine Sekte...
Mit den trefflichsten Menschen bin ich wegen bestrittener
Punkte in der Farbenlehre auseinandergekommen.«

Er nannte Eckermann einige bedeutende Namen, darunter
jenen des jungen Schopenhauers. Über seine Farbenlehre
konnte Goethe, im Gegensatz zu seinem dichterischen Werk,
keine Widersprüche vertragen, weil dieses naturwissenschaftliche Werk ihm nichts als Tadel und Mißbilligung eingebracht
hatte. Wie sehr er sich darin überschätzte, läßt sein Bekenntnis
ahnen: »Auf alles, was ich als Poet geleistet habe, bilde ich mir
garnichts ein. Es haben treffliche Dichter mit mir gelebt, es
lebten noch trefflichere vor mir und es werden ihrer nach mir
sein. Daß ich aber in meinem Jahrhundert in der schwierigen
Wissenschaft der Farbenlehre der einzige bin, der das Rechte
weiß, darauf tue ich mir etwas zugute und ich habe daher ein
Bewußtsein der Superiorität über viele.«

Als Schopenhauer Goethe gegenüber fand, daß die Sinnen-
welt nichts sei als in unserer Vorstellung, und das Licht nicht
wäre, wenn wir es nicht sähen, entgegnete ihm Goethe, für den
die Natur die Offenbarung des Göttlichen war, nur mitleids-
voll: »Das Licht solle nur dasein insofern Sie es sähen? Nein,
Sie wären nicht da, wenn das Licht Sie nicht sähe!«

Von Dresden aus sandte Schopenhauer das Manuskript seiner ersten Schrift im Juli 1815 an Goethe: »Über das Sehn und die Farben«, ohne daß Goethe es mit einem Zeichen seiner Aufmerksamkeit würdigte. Goethe blieb als eine letzte Notiz über die Begegnung mit Schopenhauer nur die resignierende und zugleich die endgültige Trennung besiegelnde Äußerung: »Dr. Schopenhauer trat als wohlwollender Freund an meine Seite. Wir verhandelten manches übereinstimmend untereinander, doch ließ sich zuletzt eine gewisse Scheidung nicht vermeiden, wie wenn zwei Freunde, die bisher miteinander gegangen, sich die Hand geben, der eine jedoch nach Norden, der andere nach Süden will, da sie denn sehr schnell einander aus dem Gesichte kommen.«

Alles geht in einem Flusse vor uns vorbei. (Kant)

Im Februar 1809 wurde Arthur volljährig und erhielt aus diesem Rechtsgrund ein Verzeichnis über das Schopenhauersche Familienvermögen ausgehändigt. Johanna meint, es käme ihr selbst »wunderlich vor so mit Dir zu rechnen, ist unser Interesse nicht eins?«

Der Anteil Arthurs von einem Drittel beläuft sich auf 19 Tausend Taler Leipziger Stadtobligationen, 6 Tausend Taler Weimarische Kammer-Obligationen und 3 Tausend Taler in bar oder in Wechseln.

Am 9. Oktober 1809 läßt Arthur sich an der Universität Göttingen als Student der Medizin immatrikulieren. Im Jahr 1811 beginnt er in Berlin Philosophie zu studieren, hört aber auch naturwissenschaftliche Vorlesungen, und bei Schleiermacher Geschichte der Philosophie zur Zeit des Christentums oder bei Wolf über die Geschichte der griechischen Literatur, über Aristophanes und Plato.

Im Frühsommer verläßt er wegen nahender Kriegswirren überstürzt Berlin und reist zu seiner Mutter nach Weimar. In Rudolstadt schreibt er zurückgezogen seine Dissertation mit dem Titel »Über die vierfache Wurzel des Satzes von zureichenden Grunde«. Im November kehrt er nach Weimar zurück und wohnt bei seiner Mutter in ihrem Haus am Theaterplatz. Von hier war es nicht weit über die Esplanade, vorbei am Gänsemännchenbrunnen und dem Schillerhaus zu Goethes Haus am Frauenplan. In seinen Tagebüchern vermerkt Goethe sorgfältig, wie oft er den Salon »von Mad. Schopenhauer« zu unterhaltsamen Gesellschaftsabenden besuchte.

In einem Scheidebrief vom 17. Mai erhebt Johanna schwere Vorwürfe gegen ihren Sohn mit den Worten: »Die Thüre, die Du gestern nach dem Du Dich gegen Deine Mutter ungeziemend betragen hattest so laut zuwarfst fiel auf immer zwischen mir und Dir...«

Unter dem rechtlichen Vorbehalt seiner Ansprüche auf den großväterlichen Grundbesitz der Ländereien in Ohra bei Danzig verläßt Arthur am 21. Mai 1814 Weimar endgültig und wird seine Mutter nie mehr wiedersehen.

Arthur Schopenhauers Lebenslauf

Der von Arthur Schopenhauer am 31. Dezember 1809 bei dem Dekan der philosophischen Fakultät der Universität Berlin eingereichte Lebenslauf:

»Die Aufgabe, über meinen Lebenslauf zu berichten, bringt mir Vieles mehr, dessen zu erwähnen ist, vor die Erinnerung, als bei der gleichen Arbeit Anderer wohl der Fall zu sein pflegt. Es rührt dies daher, daß mir den Beruf, dem ich folge, die gelehrte Thätigkeit, der ich mich hingegeben habe, nicht wie den Meisten der Zufall entgegengebracht noch die berechnende Fürsorge Anderer angewiesen, sondern die eigene freie Wahl allein zugetheilt hat, und daß mir der Weg, auf welchem ich dahin, wo ich bin, gelangte, nicht allein nicht gebahnt und geebnet, sondern behindert und versperrt gewesen, ja daß ich ihn anfangs nicht einmal kannte.

Ich stamme aus Danzig, wo ich am 22. Februar 1788 das Licht erblickte. Mein Vater war Heinrich Floris Schopenhauer, meine noch lebende, durch eine Reihe von Schriften bekannte Mutter ist eine geborene Johanna Henriette Trosiener. Wenig aber fehlte, so wäre ich Engländer geworden; denn erst da ihre Niederkunft schon nahe bevorstand verließ meine Mutter England, um in die Heimath zurückzukehren. Mein vortrefflicher Vater war ein wohlhabender Kaufmann und Königlich polnischer Hofrath, obwohl er nie gestattete daß man ihn so nannte. Er war ein gestrenger heftiger Mann, aber von tadelloser Unbescholtenheit, Rechtlichkeit und unverbrüchlicher Treue, dabei in Handelsgeschäften mit vorzüglicher Einsicht begabt. Wie viel ich ihm verdanke, vermag ich kaum in Worten auszudrücken: denn, wenn auch die Laufbahn, die er mir zu eröffnen beschlossen hatte, in seinen Augen freilich die beste, meinem Geiste nicht angemessen war, daß ich frühzeitig in nützliche Kenntnisse eingeweiht wurde, daß mir dann die Freiheit, die Muße und alle Hülfsmittel zur Verfolgung des Ziels, für das allein ich geboren

Schopenha[uer]

Erasmus "Schuffenhauer", 1427 Bg., 37. Ältermann d. Goldschm[iede]

Salomon (*1550), 1580 Hofbes. in Fürstenau b. Tiegenhagen, Dzg.

Simon "Fürst. ca. 1580, † Petershagen b. Tiegenhagen IV. 1660, 807, Hofbes. (2.) ∞ (1625) Sara Hintz aus Rückenau b. * (T. d. Schulzen Jak.) † Pe[ter]

Joh. * Petershg. (1630), † ebd. I. 1701, Hofbes. ebd.   Simon II.   Ada seit 1697 Schulze, ∞ (1660) Maria Pfeiler aus Elbg.   1683†   ∞Bg., S[ch]

Joh. I. *Petershg. (1670), † Dzg. vor V. 1728, seit 1695 Bg. in Dzg. als Kfm., zahlt 1708-24, mit Bruder Simon Städt. Pächter v. Stuthof mit Brauerei u. B. ∞ St. Cathar. 10. 5. 1707 Maria Elisab. Lessig (Td. Kfm. Andreas), † Vor 10. 5[.

Joh. Leo *1711, †1741, vor 15.4, led   Adelgd. *4. 12. 1713, 1741†   Andreas " alle erhalten I. 1728 d. Vormünder: Salom. u. Andr. II. Lessig u. Gabr. Janzen u   seit 1745 Bg. u. Gro kauft 18. 4. 1739 Hof in Stegen,   Jopengs. 54 u. Bg. Ge erbt 1741 Andreas   silen bei Kirchenfens
                                                                                  ∞ St. Kat. 29. 7. 1745
                                                                                  Von denen 1804 u[

Joh. Heinr.   Heinr. Floris 276. 1747, † Hbg. 20. 4. 1805,   Joh. Friedr. J *6. 6. 1746   stürzt sich aus seinem Speicher ins Heet,   *25. 8. 1748 Re †klein   1770 Großkfm. in Dzg. in gemeinsamer Fa. mit Bruder,   J. kauft 1784 Bg. Feistgs. 114 besaß Landhaus in   lebt 1804 le Oliva; als Dzg. preuß. wurde, zog er 1793 nach Hbg. u. Joh.   ∞ St. ∞ D. 16. 5. 1785 Johanna Henriette Trosien (T. d. Joh. Christian)   1779 *1766, † Weimar 1838, begabte Schriftstellerin   Joh F

Arthur *22. 2. 1788, † Ffm. 21. 9. 1860   Louise Adelaide Lavinia * Stud. med. 1809 Göttingen   †Bo[

37 Stammbaum der Schopenhauers

278

chope"-Holzkelle zum Bier ausfüllen)
erks in Dzg. (v. Czihak, S. 47, Nr. 49)

„damals zu Elbg gehörig)"   Anton in Dzg ∞ (1575) Christina, Pd St. Petri

        Joh. al. Friedr., + Schönbaum/Neltg. 1661 Lehrer u. Orga-   Annā 17.1. 1576
1666   nist, 1653 in Bohnsack¹⁾ ∞ Anna Rohl, 1661 Wo., 4 Kd.

1652 Bg. in Dirschau (Kloß, Bg.-Buch)   Abrah., Joh., Jak. u. Justina erhalten
651-Eva Elenrich (T. d. Hich. aus Tarewitz/Herder   von d. Mutter 1661 Erbvergleich

40 R. Strafe als Lediger,   Simon III. (?1660) Hofbes. u. Schulz in Petershg., 1708 Mit-
2)   pächter u. Stutthof, 1714, ∞ vor 1690 NN.
u. Guthof

Dzg-Ohra 23.12.1793 u. ebd. 2.1.94, 7347. (2. KB)   Simon IV. wird 1717 Bg. in
ittel. Erbteil auf d. Hof d. Joh. Bruhn in Poppau;   Marienburg
Fa. Soermans e Schopenhauer besaß d. Häuser
u. 12 Dorf Ohra, legt Stärke- u. Kraftmehlfabrik an,
Bankier u. Kunstsammler
enate Soermans (T. d. Heur.)* 1736, +9.4.1804, 15 Kd,
ne u. 1 Tochter lebten, ~ St. Marien

Anna Clar. 23.11.1751   Carl Gottfr. 16.8.1761,   Joh. vor 1760 Schöffe, 66.
* Sabine ~58.1755   +9.1795 Led, Charles   Ratsh. in Marienburg
H Gottlieb 27.2.1757   gen. Stud. 1782 Rbg. Lpz;   (Toeppen, Altpr. Monatsschft,
kich. Andt. 20.4.58   Wittenbg., Göttingen,   38. Bd, Rbg. 1901, S. 244)
Lorenz Carl. 27.3.60   führte Stammbuch
Carl. Levina   (Dzg. sch. Beiträge, 1934,
~5.5.1763   S. 92)

8.1849   1) X. Jahrbuch d. Schopenhauerges. Heidelbg. 1921, S. 81 ff.
         2) J. Müll. Gesch z. Westpr. Gütergesch. I, Dzg 1925, S. 51 ff.
         4 Heimatbl. d. W. Heimatbundes, 5. Jg. Dzg. 1928, H. 14.

279

war, zur Gelehrten-Ausbildung nicht fehlten, daß mir endlich auch später, in reiferen Jahren, ohne mein Zuthun Vortheile zu Theil wurden, deren die Wenigsten meiner Art und Anlage sich zu erfreuen gehabt haben, nämlich freie Zeit und eine vollkommen sorgenlose Existenz, kraft deren es mir gestattet war, eine Reihe von Jahren hindurch Studien, die in Hinsicht auf Gelderwerb die unfruchtbarsten sind, Untersuchungen und Meditationen der allerschwierigsten Gattung ausschließlich nachzuhängen und zuletzt, was ich erforscht und durchdacht, durch nichts abgezogen oder gestört, niederzuschreiben – das Alles danke ich einzig jenem Manne:

Denn kein Kaiser hat uns diese Muße bereitet.

Deshalb werde ich, so lange ich lebe, diese unaussprechlichen Verdienste und Wohlthaten des besten Vaters immer im Herzen bewahren und dessen Gedächtniß heilig halten.

Als im Jahre 1793 der König von Preußen, des wohlregierenden allerhöchster Vater, die *Stadt Danzig* seiner Herrschaft unterwarf, ertrug mein Vater, dessen Herz nicht weniger warm für die Freiheit als für die Vaterstadt schlug, den Anblick des Untergangs der alten Republik nicht; wenige Stunden vor der Besetzung der Stadt durch die preußischen Truppen verließ er deshalb diese mit Weib und Kind, blieb die Nacht über in seinem Landhause und reiste am folgenden Tage in Eiltouren nach Hamburg ab. Aber nicht ohne große Vermögenseinbuße kaufte er sich allein mit den Seinigen von dem Geschicke Danzigs los; denn abgesehen von dem für den Kaufmann höchst nachtheiligen Ortswechsel und der in so ungünstigem Zeitpunkt nicht ohne Schaden zu bewerkstelligenden Veräußerungen mußte er auch noch den zehnten Theil seiner gesammten Habe dem Fiscus abgeben, wogegen er dann von jeder Verbindlichkeit gegen die Stadt frei und entbunden erklärt wurde. *So ward ich schon in zarter Kindheit, ich stand damals im fünften Jahre, heimathlos; auch habe ich seitdem eine neue Heimath niemals erworben.* Denn wennschon mein Vater von jener Zeit an bis zu seinem Ende seinen Wohnsitz in Hamburg hatte und daselbst eine Handlung betrieb, so wollte er doch nie unter die

Zahl der Bürger aufgenommen werden, sondern wohnte dort nach dem daselbst gültigen Rechte der Ausländer als Beisasse.

Über mich aber, seinen einzigen Sohn und damals alleinigen Erben, meine Schwester ist zehn Jahre nach mir geboren, hatte er beschlossen, daß ich ein tüchtiger Kaufmann und zugleich ein Mann von Welt und feinen Sitten werden sollte. Zu diesem Zweck hielt er vor allem nöthig, daß ich vollkommen französisch lernte. Als er daher 1797 eine Vergnügungsreise nach Frankreich und England antrat, nahm er mich, der ich damals im zehnten Jahre stand und bis dahin in einem Privatinstitut in den üblichen Fächern Unterricht genossen hatte, mit sich. Nachdem wir Paris gesehen, führte er mich nach Havre, wo er mich, damit aus mir wo möglich ein ganzer Franzose werde, bei einem Geschäftsfreund zurückließ. Dieser, ein lieber guter sanfter Mann, hielt mich ganz wie seinen zweiten Sohn und ließ mich mit seinem eignen mir gleichalterigen Sohne gemeinsam erziehen. So wurden wir von zu uns kommenden Privatlehrern in allen, jenem zarten Lebensalter angemessenen Kenntnissen und Fertigkeiten unterrichtet, so daß ich neben der französischen Sprache vieles Andere dort lernte, auch einige Anfangsgründe im Lateinischen, diese jedoch mehr, damit davon die Rede sein könne, und überhaupt nur in der Absicht, damit ich, wenn mir einmal ein lateinisches Wort aufstieße, nicht ganz befremdet sei. In jener freundlichen an der Seinemündung und der Meeresküste gelegenen Stadt verlebte ich so den weitaus frohesten Theil meiner Kindheit.

Nach einem mehr als zweijährigen Aufenthalt vor Vollendung meines zwölften Jahres fuhr ich allein zu Schiff nach Hamburg zurück. Unbändig freute sich mein guter Vater, als er mich plaudern hörte wie wenn ich ein Franzose wäre: die Muttersprache dagegen hatte ich dermaßen verlernt, daß man sich darin mir nur mit größter Schwierigkeit verständlich machen konnte. In Hamburg nun kam ich in eine von den Söhnen der höherstehenden und vermögenderen Hamburger besuchte Privat-Erziehungsanstalt, deren Vorsteher Dr. phil Runge, auch Verfasser einer pädagogischen Schrift, war. Unter der Leitung dieses vortrefflichen Mannes sowie der anderen in dessen Anstalt thätigen Lehrer lernte ich Alles gründlich was einem Kaufmanne von Nutzen ist und dem Gebildeten wohl ansteht. Dem Lateinischen aber wurde nur eine einzige Stunde in der Woche und auch das nicht ernstlich, nur zum Schein gewidmet. Diesen Unterricht genoß ich fast vier Jahre lang. Lange vor Ablauf dieser Zeit jedoch erfaßte mich eine starke Neigung zur Gelehrtenlaufbahn, und ich ging meinen Vater mit inständigen Bitten an, mir in dieser Beziehung den Willen zu thun und mich nicht Kaufmann werden zu lassen. Dieser aber hegte hiergegen den größten Widerwillen und ließ sich, da er, nach seinem Dafürhalten einzig meinen Vortheil im Auge hatte, nicht erweichen. Da ich jedoch, durch keine Fehlbitte abgeschreckt noch ermüdet, ihm stets mit dem nämlichen Anliegen in den Ohren lag, und auch Dr. Runge mir das Zeugniß gab, daß ich andere und höhere Geistesfähigkeiten besitze, als welche der Kaufmann braucht, so wurde endlich der überaus feste Sinn meines Vaters soweit gebrochen, oder doch wankend gemacht, daß er sich, obwohl widerstrebend, einzuwilligen geneigt zeigte und davon sprach, mich dem Gymnasium zu übergeben. Da seiner väterlichen Liebe mein Wohl vor allem am Herzen lag und in seiner Ideenverbindung die Begriffe Gelehrtenthum und Dürftigkeit unzertrennlich verknüpft waren, so glaubte er vor Allem dafür sorgen zu müssen, daß dieser drohenden Gefahr bei Zeiten vorgebeugt werde. Er beschloß deshalb, mich zum hamburger Canonicus zu machen und begann sich mit den dazu erforderten Bedingungen zu beschäftigen. Indem er jedoch über die, in der That hohe Einkaufssumme nicht sofort einig wurde, verzögerte dies die ganze wegen der Veränderung meines Lebensplans zu treffende Entscheidung. Aus diesem Aufschube schöpfte mein Vater neue Hoffnung mich von meinem Gedanken abzubringen. Daß er dies nicht mit Gewalt durchsetzte, davon hielt ihn die ihm angeborene Achtung vor der Freiheit jedes Menschen zurück. Aber mich mit List zu versuchen nahm er keinen Anstand. Er wußte, daß ich sehr begierig war die Welt zu sehen sowie daß ich mich lebhaft sehnte, wieder einmal nach Havre und zu meinen theuren Freunden dort zu kommen. Deshalb eröffnete er mir, daß er im nächsten Frühjahre mit seiner Frau eine länger andauernde Vergnügungsreise durch einen großen Theil von Europa unternehmen werde und daß ich diese herrliche Tour, auf der ich Gelegenheit haben würde, auch Havre wiederzusehen, mitmachen könne, wenn ich ihm nur versprechen wolle, mich nachher ganz dem Kaufmannsstande zu widmen; wolle ich dagegen auf dem Vorhaben der Gelehrten-Laufbahn bestehen, so müsse ich, um Lateinisch zu lernen, in Hamburg bleiben. Die Wahl stehe bei mir.

Einer solchen Versuchung widerstand das jugendliche Herz nicht: nachdem ich mir seinem Verlangen gemäß die Sache überlegt hatte, leistete ich das Versprechen. So verließ ich im Frühling des Jahres 1803, nachdem ich das sechzehnte Jahr angetreten hatte, mit den Eltern Hamburg. Wir sahen zuerst Holland und fuhren dann von Frankreich nach England hinüber. Nachdem wir in London einen Aufenthalt von anderthalb Monaten gemacht hatten, setzten meine Eltern die Reise in das Innere von England und nach Schottland fort; während ich bei einem in der Nähe Londons wohnenden Geistlichen zurückgelassen wurde, damit ich die englische Sprache gründlich erlerne, was ich in den drei daselbst verlebten Monaten gut zu Wege brachte. Nach der Rückkehr meiner Eltern nach London schloß ich mich ihnen wieder an und nachdem wir nochmals anderthalb Monate daselbst zugebracht hatten, fuhren wir wieder nach Holland, von wo wir uns durch Belgien nach Paris begaben, um daselbst den größten Theil des Winters zu verweilen. Von dort besuchte ich auch Havre wieder. Darauf sahen wir Bordeaux, Montpellier, Nimes, Marseille, Toulon und die Hierischen Inseln. Nachdem wir auch Lyon besucht hatten, traten wir in die Schweiz ein. Als diese ganz durchreist war, gingen wir nach Wien, von dort nach Dresden und Berlin, *endlich nach Danzig*. Nachdem *wir so auch* die alte Heimath wiedergesehn, kehrten wir in den *ersten Tagen des Jahres 1805* nach fast *zweijähriger Abwesenheit* nach Hamburg zurück.

Es leuchtet ein daß mir durch diese lang andauernde Reise

38 Blick auf St. Marien mit Jopengasse

zwei Jugendjahre, welche sonst zur Erlernung der klassischen Lehrfächer und Sprachen verwendet zu werden pflegen, in dieser Hinsicht gänzlich nutzlos verstrichen, und dennoch zweifle ich heute noch, ob nicht eine Frucht jener Reise mir zu gut gekommen ist, die jenen verlorenen Vortheil vollständig ausgleicht, ja überwiegt. Denn gerade in den Jahren der erwachenden Mannbarkeit, in welchen die menschliche Seele sowohl Eindrücken jeder Art am meisten offen steht, als nach der Aufnahme und Erkenntniß der Dinge am stärksten verlangt und neugierig ist, wurde mein Geist, nicht, wie gewöhnlich geschieht, mit leeren Worten und Berichten von Dingen, von denen er noch keine richtige und sachgemäße Kenntniß haben konnte, angefüllt und auf diese Weise die ursprüngliche Schärfe des Verstandes abgestumpft und ermüdet; sondern statt dessen durch die Anschauung der Dinge genährt und wahrhaft unterrichtet und lernte daher, was und wie die Dinge seien, früher als er die über ihre Beschaffenheit und Veränderung fortgepflanzten Meinungen in sich aufgenommen hatte. Besonders erfreue ich mich dessen, daß mich dieser Bildungsgang frühzeitig daran gewöhnt hat, mich nicht mit den bloßen Namen von Dingen zufrieden zu geben, sondern die Betrachtung und Untersuchung der Dinge selbst und ihre aus der Anschauung erwachsende Erkenntniß dem Wortschalle entschieden vorzuziehen, weshalb ich später nie Gefahr lief, Worte für Dinge zu nehmen.

Somit lasse ich mir diese Reise mit nichten leid sein.«

Anhang

Anmerkungen

1 Die alte Kirche wurde 1807 bei der Belagerung Danzigs durch Bonaparte zerstört. Im Jahre 1823 wurde die neue Kirche von Ohra nach Plänen Schinkels errichtet. Zimmermeister Halbritter wölbte die Decke aus Holz, und der Maler Gregorovius entwarf für die Kanzel und den Altar die Zeichnungen gotischen Schnitzwerks.

2 Labes, Johannes, *Danzig, 29. 8. 1754; †ebd., 8. 7. 1809. »Nach Ausbildung und Tätigkeit als Kaufmann und einer 1786 mit seinem Bruder Friedrich, später Prediger zu St. Jakob in D. († 17. 4. 1809) nach England und den Niederlanden unternommenen Reise wurde er alleiniger Inhaber der nach dem Tode des Vaters (1765) unter dem Namen »Kaspar Labes Erben« geführten Reederei- und Großhandelsfirma. Alsbald widmete er sich auch den öffentlichen Angelegenheiten, wurde 1787 Vorsteher des Kinderhauses und des Lazaretts, 1789 Mitglied der Dritten Ordnung. Daneben übte er eine großartige private Wohltätigkeit. 1807 berief ihn der Generalgouverneur Rapp zum Senator der Freien Stadt Danzig... L. war Besitzer eines Teils des Jäschkentaler Waldes... Sein Sohn Karl Wilhelm D. Kaufm., war der Bevollmächtigte Johanna Schopenhauers in D.«
Schwarz, Altpreußische Biographie.

3 Zierenberg (Czierenberg), Johannes III. †1642. »Z. kam 1603 in den Schöffenstuhl, wurde 1615 Ratsherr, 1630 Bürgermeister, 1636 Burggraf. Der Danziger Rat bediente sich seiner vielfach in Verhandlungen mit Schweden und Polen in der Zeit des ersten schwedisch-polnischen Krieges. Er erscheint unter den Protoscholarchen des Danziger Gymnasiums und galt als Kunstfreund und Kunstkenner... Charles Ogier, der französische Gesandtschaftssekretär im Gefolge des Grafen d'Avaux, der 1635 zur Vermittlung der schwedisch-polnischen Friedensverhandlungen in Danzig weilte, schildert ihn in seinem bekannten Tagebuch. 1636 war er Besitzer von Ohra und des Hoeneparks. Seine Tochter Konstantia (geb. 1605, gest. 1635 als Witwe des Ratsherrn Sigismund Kerschenstein) nennt Ogier ›die schönste Dame der Stadt‹ und ›in allen Kunstfertigkeiten geübt, die Frauen zur Zierde gereichen‹; sie war sehr musikalisch und verstand es, sich in deutscher, lateinischer, polnischer, italienischer, französischer und schwedischer Sprache zu unterhalten.«
Ernst Bahr, Altpreußische Biographie.

4 »Aus dem alten Danzig. Ein vergessenes Besitztum der Familie Schopenhauer«, von Jerzy Samp, in: »Gazeta Gdańska« v. 10. Mai 1991.

5 Die erste Ansiedlung der aus den Niederlanden nach Ost- und Westpreußen geflüchteten Täufer, die später nach ihrem geistigen Führer Menno Simons, »Mennoniten« genannt wurden, entsteht um 1527 in Preußisch-Holland.
Nachdem der Rat der Stadt Danzig die einheimischen Bewohner vergebens zum Deichbau für ein durch Deichbrüche zur Wasserwüste gewordenes Areal aufgerufen hatte, wird 1547 sich anbietenden Holländern versuchsweise das Dorf Landau, alsdann Scharfenberg und der Sperlingsdorfer Bruch zur Entwässerung übergeben. Mit der weiteren Zuweisung

von Reichenberg noch im selben Jahr beginnt der fortlaufende Zuzug von flüchtigen Niederländern.

Otto Regier, »Land, dem Wasser abgerungen. Die Mennoniten im Wechsel-Nogat-Delta«, in: »Die neue Gedana«, Heft 3. 2. Jg., 1980, Lüneburg.

6 Greifs Erzähler, 1838, Band I.

7 Danzig-Westpreußischer Kirchenbrief, Nr. 22, September 1953, Lübeck.

8 Während des Zweiten Weltkrieges (1939–1945) wurde mit der Errichtung eines Konzentrationslagers der Nationalsozialisten in Stutthof das wohl traurigste Kapitel in der Geschichte des Dorfes geschrieben. Dem Andenken an das Martyrium der Opfer ist das auf dem Gelände des Konzentrationslagers eingerichtete Museum gewidmet.

9 Löschin, Geschichte Danzigs, II, S. 128. Er fügt hinzu: »Daß die oft wiederholte Anekdote nur Erfindung ist, hat Gralath höchst glaubwürdig gemacht.« Aber was sind denn Anekdoten anderes als Erfindungen?

10 In Danzig, wie auch in den anderen größeren preußischen Städten hatte man seit der herrschenden Unordnung im Münzwesen keine Silbermünzen mehr geprägt, sondern sich neben den Dukaten, die fortwährend geschlagen wurden, fremder Geldsorten bedient. Da nun aber das Münzschlagen in Polen und Litauen für eine Zeitlang aufgehört hatte, begann man in Danzig wieder mit dem Ausprägen von Silbermünzen und machte 1755 mit Drei-Groschen-Stücken, deren man für 150000 fl. preußisch schlug, den Anfang, worauf dann fünf Jahre später mit 30000 fl. Achtzehn-Groschen-Stücke und 1761 für 60000 fl. Sechser folgten.

H. G. Siegler, »Danzig: Chronik eines Jahrtausends.« Droste, Düsseldorf 1990.

11 »Nicht für immer blieb der tüchtige Kaufherr...« »Wacht im Osten«, Bd. 1, 1933/34. Darin: Hermann Haßbargen, Vorfahren Arthur Schopenhauers.

12 Uphagen, Johann, *Danzig, 9.2.1731; †ebd., 17.11.1802. »Mehrere Träger dieses Namens sind gegen Ende des 16. Jahrhunderts aus den spanischen Niederlanden nach Westpreußen gekommen, um den Religionsverfolgungen zu entgehen... Um dieselbe Zeit kommen in Danzig mehrere U.s vor, deren Verwandtschaft untereinander nicht festgestellt ist. 1746 wird Carl U., Sohn des Weinhändlers Wilhelm Heinrich I. U., Schöffe der Rechtstadt. Dessen Sohn Peter U. war Mitvorsteher der Englischen Armenkasse, Kunstsammler, wurde 1758 zum Ratsherrn gewählt und starb 1775. Der ältere von Peters beiden Söhnen war Johann U. Dieser war 1792 ebenfalls zur Ratsherrnwürde aufgestiegen, war 1754 Mitbesitzer von Buschkau, hatte 1769 Abigail von Borckmann geheiratet und ließ 1776 durch den Baumeister Johann Benjamin Dreyer jenes über Danzigs Grenzen weit hinaus bekannte schöne Patrizierhaus Langgasse 12 errichten. Dieses Haus stand bis zu seiner Zerstörung im Jahre 1945 als stiller Zeuge einer früheren Zeit inmitten seiner geschäftigen Nachbarschaft einer hastig lebenden und schnell sich wandelnden Zeit, durch eine Stiftung des aus Danzig stammenden Bankiers Karl Fürstenberg in seinem früheren Zustande erhalten, gepflegt und der Öffentlichkeit zugänglich gemacht.« Ernst Bahr, Altpreußische Biographie.

13 Das Haus wurde 1706 von der englischen Gemeinde, der die in Danzig seit Jahrhunderten ansässigen englischen Kaufleute angehörten, erworben und durch eine Zusammenlegung zweier Stockwerke ein Kirchenraum, neben der Wohnung des Geistlichen, geschaffen. Die neugotische Form der Hausfassade wurde erst 1861 errichtet. Noch bis zum Zweiten Weltkrieg wurde das Gotteshaus von der englischen Gemeinde unterhalten und von

der Witwe des letzten englischen Pfarrers. Mrs. Martha Dunsby, bewohnt, die auch als Übersetzerin tätig war.

14 Der nach dreißigjähriger Abwesenheit in seine Geburtsstadt zurückkehrende Künstler findet in seiner Mutter eine hochbetagte Greisin wieder, die aber immer noch ihre französische Tracht und auch ihre zierliche, aufrechte Haltung beibehielt. Der von ihr begründeten Kleinkinderschule aber stand sie selbst nicht mehr vor. Sie saß nur aufmerksam dabei, wenn ihre Töchter vor den Stuhlreihen lehrend und beaufsichtigend auf und ab gingen.

15 Nach einem großen Speicherbrand hatte der Rat der Stadt Danzig eine Feuerordnung erlassen und die Stadt in vier Quartiere des Feuerschutzes eingeteilt, das Koggen-, Hohe-, Breite- und Fischerquartier. Die Führung der jeweiligen Quartiere lag in den Händen von je zwei Ratsmannen und einem Schöffen, denen die Bekämpfung der Brände unterstand.

16 »Daß das Land, daß die Stadt, in welcher wir geboren und erzogen werden, auf die Bildung unseres Geistes, wie überhaupt auf die Entwicklung unseres ganzen Wesens, den mächtigsten Einfluß üben, ist eine fast unbestrittene Tatsache. Bei mir aber tritt noch überdem der beinah unglaubliche Fall ein, daß beides, ja ich möchte sagen, der Gang, den das Leben später mit mir genommen, von dem unbedeutenden Umstande abhing, daß das Haus meiner Eltern gerade an der Stelle und an keiner andern stand. Einige Häuser höher hinauf oder tiefer herunter, sogar in der nämlichen Straße, wahrscheinlich wäre alles anders gekommen, und ich selbst eine ganz andere geworden.«

Johanna Schopenhauer über den Standort ihres Elternhauses in der Heiligengeiststraße neben der englischen Kirche, in: »Jugendleben und Wanderbilder.«

17 »raaren«: Das aus den Tiefen aufsteigende Atmen der See.

18 Seit Diderot sie befahren hat, lebt diese einsame Nehrungsstraße in seinem Gedicht »Die Post von Königsberg nach Memel« in dem wunderbaren Schauspiel des Meeres weiter, das er in unmittelbarer Nähe zum Wasser erlebt, geplagt von der Furcht vor einem Unglück und voller Zorn auf den Kutscherknecht, der den Postwagen tollkühn, aber mit sicherer Hand, über den harten Flutsaum jagt. »Auf meinem Strand das eine Rad, das andere in den Wellen«, bemüht er Pindar und Homer, ».. . der Ilions Unglücksschicksal herrlich singt«, um dem Meeresgott Neptun zu huldigen.

19 Almonde, Cornelius von, *um 1770, †um 1844. »Die Familie von Almonde kam Ende d. 17. Jh. aus den Niederlanden nach Danzig. Bekannt ist ein Abraham de Almonde, Bürgermeister von Delft (geb. 1533). Cornelius v. A. war als Inhaber einer Getreide- und Holzhandelsfirma zu ansehnlichem Vermögen gekommen. In seinem Hause logierte Napoleon auf seiner Durchreise durch Danzig 1807. Er war auch niederländischer Generalkonsul und Besitzer des Gutes Artschau. Seine Tochter Marianne Angelica (geb. 9. Okt. 1804) ist die »anmuthigste Danzigerin«, wie Zelter in seinem Brief an Goethe vom 14. April 1823 diese seine Schülerin nennt.«

Schwarz, Altpreußische Biographie.

20 Die Schilderung der Umstände des Preußeneinmarsches und der Huldigung ist dem Buch von Pawlowski, Verlag A. W. Kafemann, Danzig: »Geschichte der Provinzial-Hauptstadt Danzig«, entnommen.

21 Im Hamburger Adreßbuch 1796 heißt es denn auch: Schopenhauer, Flor. Heinr. Altst. Neuenweg no. 76 P. bis Ostern, alsdann im neuen Wandrahm no. 92.C.7.

22 »Die Welt als Wille und Vorstellung«, II, Kap. 31.

23 Caroline Jänisch, Gottfrieds Mutter.

24 Die kleine Flöte bereicherte die Ausstellung der Staatsbibliothek Preußi-

scher Kulturbesitz in Berlin und der Stadt- und Universitätsbibliothek Frankfurt am Main zu Schopenhauers 200. Geburtstag 1988 und ist im Ausstellungskatalog »Die Schopenhauer-Welt« zu sehen. Aus dem Nachlaß des Komponisten Robert von Hornstein (1833–1890) gelangte sie 1953 ins Schopenhauer-Archiv nach Frankfurt am Main.

25 Der französisch abgefaßte Brief von Colette Gregoire findet sich in dem von Carl Gebhardt herausgegebenen Briefwechsel (Schopenhauers Sämtl. Werke, Deussensche Ausgabe, XIV. Band, München 1929).

26 Der junge Arthur Schopenhauer wollte ursprünglich Arzt werden. Schon zu Beginn der Kaufmannslehre bei dem Hamburger Senator Jenisch, Anfang des Jahres 1805, hörte er bei dem berühmten Phrenologen Gall Vorlesungen über Schädellehre.

Erst später konnte er seinen Jugendtraum wahr machen und belegte an der Universität Göttingen das 1. Semester Medizin, bevor er sich dann für die Philosophie als der eigentlichen Lebensaufgabe entschied.

27 Przemysl, nach der Sage der Gemahl der Libussa und der Stammvater der Dynastie der Przemysliden, die geschichtlich zu Anfang des 10. Jh. erscheint, 1198 die erhebliche Königswürde erwarb und 1306 ausstarb. Diesem Geschlecht gehörte u. a. an: Wenzel der Heilige, Boleslaw I., II. und III., Bretislaw I., Wladyslaw II., Ottokar I. und II. und Wenzel I., II. und III.

28 »Der Roman vereinigt rousseausche Empfindsamkeit mit der exaltierten Erotik der freigeistigen Literatur der Zeit, die in Laclos' Liaisons dangereuses (1782) ihr großes Vorbild fand. Im Gegensatz zu Laclos' Werk fehlt es jedoch hier an der psychologischen Motivierung des Geschehens, sodaß der Roman zwar ein ziemlich lebendiges, doch nur sehr äußerliches Bild der eleganten und frivolen Lebenssitten des 18. Jhs. vermittelt.«
Kindlers Literatur Lexikon, Zürich 1965.

29 Vor Abukir, einem ägyptischen Küstenort nordöstlich Alexandriens vernichtete am 1. 8. 1798 Nelson die französische Flotte der ägyptischen Expedition Bonapartes. Der Sieg ließ England freie Hand im Mittelmeer, hatte aber auch den 2. Koalitionskrieg zur Folge (1798–1801), Englands, Österreichs, Rußlands, der Türkei, Neapel u. dem Kirchenstaat gegen Frankreich. Am 25. Juli 1799 schlug Bonaparte die Türken unter Mustafa Pascha.

Am 8. März 1801 landeten die Engländer bei Abukir und besiegten die Franzosen unter Menou.

30 Pisa, Karl; siehe Bibliographie.

31 Die italienische Große Oper: das große Theater am Haymarket, bis 1714 The Queen's, nachher The King's Theatre genannt. 1789 abgebrannt, 1791 neu eröffnet (dieses Haus stand in seiner Größe kaum der Mailänder Scala nach), 1867 wieder abgebrannt und 1891 abgerissen, da niemand mehr Geldmittel für dieses kostspielige Theater aufbringen wollte. (Narciß/Plakolb).

32 Englische Kaufmannsfamilie in Danzig. Von der Witwe des Bürgermeisters Reyger erwarb der Engländer Solly im Jahr 1790 den Ohraer Park für 4000 Taler. Wie Heinrich Floris Schopenhauer vor den Preußen, mußte Solly unter Aufgabe der Handelsfirma Solly & Gibsone, 1807 vor den herannahenden Franzosen fliehen. Er ließ den Park verwalten, der jedoch bei den Belagerungen Danzigs in den Jahren 1807 und 1813 schweren Schaden erlitt. Nach Abzug der Franzosen erwarb der Kommerz- und Admiralitätsrat Hoene im Jahr 1814 das Grundstück. Der Park trug nach ihm bis zum Jahr 1945 den Namen »Hoene-Park«.

33 »Wir sind aus solchem Stoff, wie der zu Träumen / Und dieses kleine Leben umfaßt ein Schlaf.«

(The Tempest, IV, 1)
»Der Sturm« ist Shakespeares letztes Stück, das im Epilog den Sinn des Lebens in Frage stellt, der in einem offensichtlichen Grundton der Skepsis menschlicher Existenz eine nachhaltige Wirkung auf Arthur kaum verfehlen konnte.

34 Gay, John (1685–1732), engl. Dichter. Seine parodistische Posse Beggar's opera wurde als Dreigroschenoper von Bert Brecht aktualisiert. Gay schrieb auch Fabeln im Stil von Lafontaines Fables (1727).

35 Alexander Pope (1688–1744), engl. Dichter, von Jugend auf verkrüppelt und zeitlebens kränklich, war Repräsentant einer Zeit, deren Weltbild in einem flachen Rationalismus aufging. Auf preziöse Schäferdichtung und sentimentale Naturbeschreibung folgte das kleine komisch-heroische Epos The rape of the lock (Lockenraub). In »Essay on critism« bekannte er sich zur Herrschaft der Vernunft und der Alten in der Dichtung.

36 Herschel, Friederich Wilhelm (1738–1822). Astronom. H. war zunächst Musiker und ging als Organist nach England. Die Musiktheorie führte ihn zur Mathematik und Optik. Seit 1766 begann er mit solchem Erfolg Spiegel selber zu schleifen, daß nicht weniger als 400 seine Werkstatt verließen. 1781 entdeckte er den Planeten Uranus und fand später die beiden äußeren Uranusmonde und die beiden inneren Saturnmonde. Seine Beobachtungen von Doppelsternen, Nebelflecken und Sternhaufen erschlossen der Astronomie neue Gebiete.
Der große Brockhaus, 1954.

37 Im großen Seemannsspital von Greenwich sind auch die Marineakademie (Royal Naval College) und ein Marinemuseum mit Bibliothek untergebracht. Der durch das bekannte Observatorium führende Merian ist als Null-Meridian allgemein bekannt.

38 Poschen: Aus geräumigen Taschen bestehende leichte Reifröcke.

39 Das Hôtel des Invalides bewohnen 4000 Invaliden der Großen Armee. Napoleon schenkte ihnen eine Bibliothek, »wo man die Invaliden den ganzen Tag lesen sieht«.

40 Saint Cloud ist Schauplatz des Staatsstreichs Napoleons (1799) und dessen Kaiserproklamation (1804). Bei der Belagerung von Paris (1870) wurde es in Brand geschossen und im Jahr 1893 abgetragen.

41 Bequeme Schnellpostkutsche.

42 Vgl. »Die Welt als Wille und Vorstellung«, Bd. 2, »Vom Genie«: »Die so häufig bemerkte trübe Stimmung hochbegabter Geister hat ihr Sinnbild am Mont-Blanc, dessen meistens bewölkt ist: aber wann bisweilen, zumal früh Morgens, der Wolkenschleier reisst und nun der Berg vom Sonnenlichte roth, aus seiner Himmelhöhe über den Wolken, auf Chamouni herabsieht; dann ist es ein Anblick, bei welchem Jedem das Herz im tiefsten Grunde aufgeht.«

43 Das Schopenhauerzitat weicht in dichterischer Freiheit vom Originaltext ab; der lautet: »Cry woe, destruction, ruin and decay; The worst is death, and death will have his day.« In der Schlegel-Tieckschen Übersetzung: »Ruft Weh, Zerstörung, Fall! Der ärgste Schlag Ist doch nur Tod, und Tod will seinen Tag.«
König Richard II., III, 2

44 Kurz vor seinem Tode, der ihn 1814 im Alter von knapp 55 Jahren dahinraffte, beschloß er, einen Fundus zur Förderung der kaufmännischen Ausbildung der Danziger Jugend zu gründen. In seinem Testament vermachte er seiner Stadt nicht nur seine umfassende Büchersammlung, die sich heute im Besitz der Danziger Staatsbibliothek befindet, sondern auch die Kunst-

sammlung, von welcher ein beträchtlicher Teil heute im Nationalmuseum bewundert werden kann.

In den dreißiger Jahren des vorigen Jahrhunderts nahm dank der Schenkung Kabruns die Handelsakademie in der Hundegasse 80 ihre Tärigkeit auf. Eine besondere Zierde stellte die dort untergebrachte Galerie von Bildern und Graphiken aus dem Hause Kabrun dar. Sie setzte sich zusammen aus nahezu 340 Ölgemälden, 1950 Aquarellen und Zeichnungen, mehr als zehntausend Kupferstichen und Hunderten von Lithographien und Holzschnitten. Die Hochrangigkeit dieser Kollektion läßt sich am besten an den Namen der Künstler ablesen: Rembrandt, van der Velde, de Hoogh, Carpaccio, van Dyck.

45 Johann Friedrich Abegg (1765–1840) Prediger, Professor und Rektor der Universität Heidelberg. Tagebuch einer Reise von Boxberg nach Königsberg vom 25. April bis 10. August 1798. Die Reise von Boxberg bei Würzburg führt über Weimar, Jena, Leipzig und Berlin nach Danzig, Elbing und Königsberg, mit Begegnungen interessanter Zeitgenossen und Berühmtheiten aus Literatur und Philosophie der Klassiik und des Idealismus.

46 »Die Welt als Wille und Vorstellung«, 3. Buch, Kap. 30.

47 Blech, August Abraham Friedrich (1762–1830), Danziger Theologe und Historiker. Pfarrer an St. Marien (1802). Prof. f. Geschichte am Danziger Akademischen Gymnasium. Von Blechs historischen Schriften ist die bekannteste: »Geschichte der siebenjährigen Leiden Danzigs von 1807–1814.« Dramen: »Stanislaus Leczcynski oder die Belagerung Danzigs«, »Heinrich IV., König von Frankreich«, »Konradin von Schwaben«, Königsberg 1803.

48 Im Originaltext: »Die Welt als Wille und Vorstellung«, Bd. 2, Kap. 34: »Über das innere Wesen der Kunst«, heißt es: »Vor ein Bild hat Jeder sich hinzustellen, wie vor einen Fürsten, abwartend, ob und was es zu ihm sprechen werde.«

49 Kopitzsch, Franklin; siehe Bibliographie.

50 Soltau, Heide; siehe Bibliographie.

51 Falk, Johannes Daniel (1768–1826), Schriftsteller u. Philanthrop. Werke u. a.: »Goethe aus näherem persönlichem Umgang dargestellt« (1832), »Auserlesene Werke«, 1819, »Geheimes Tagebuch«, Neuaufl. 1964, Calwer Verlag, Stuttgart.

Wie mit Ottilie von Pogwisch (die 1817 Goethes Sohn August heiratet) und deren Mutter Henriette, freundete sich Johanna mit ihrem Danziger Landsmann Johannes Falk an, von dem Goethe einmal gesagt haben soll: »Was der Falk kann, das können wir alle nicht.« Oft unterhält man sich über den Privatgelehrten und Menschenfreund Falk, denn selbst der Geheime Rat Goethe verkehrt in dessen Haus und wird Taufzeuge einer seiner Töchter. Falk ist eine der wirklichen Nobilitäten Weimars, und dies nicht ohne eigenes Tun. Der Ehrentitel Legationsrat wurde ihm für sein mutiges, unerschrockenes Einstehen für die wehrlose Bevölkerung bei der Besetzung Weimars durch die napoleonischen Truppen, vom Großherzog verliehen.

52 Fernow, Karl Ludwig (1763–1808), Kunstschriftsteller, lebte 1794–1797 in Rom, wo er Vorlesungen über Kunst hielt, die, durch Kant bestimmt, den Klassizismus neu begründeten. 1802 Prof. der Philosophie an der Universität Jena, Bibliothekar der Herzogin Anna Amalia in Weimar. Mit Johanna Schopenhauer befreundet, die ihr Literaturdebut mit einer Biographie Fernows wagte.

Schriften: Über den Bildhauer Canova u. dessen Werke (1806); Leben des Künstlers Carstens (1806), Römische Studien, 3 Bde. (1806–1808).

53 Die napoleonische Belagerungsarmee stand mit 38 000 Mann vor den Toren der Stadt. Von den Verteidigern (15 000 Mann) wurden die Vororte Petershagen und Neugarten niedergebrannt und die Weichseldämme durchstochen, um die Danziger Niederung unter Wasser zu setzen, um so das Vordringen gegen die Stadt von Osten zu unterbinden. Der siebzigjährige Generalfeldmarschall von Kalckreuth übernahm den Oberbefehl über die Danziger Truppen (10. März 1807). Bei einem Ausfall der Verteidiger nach Langfuhr wurden Kirche und Hospital »Zu allen Engeln« vor dem Olivaer Tor durch Brand zerstört. Hier waren die Eltern Arthurs am 16. Mai 1785 getraut worden.

Am 24. Mai mußten die Verteidiger der Stadt kapitulieren.

54 Bardua, Caroline: Doppelportrait Johannas mit Adele vor der Staffelei, Weimar 1806.

55 Friedenthal, Richard, siehe Bibliographie.

56 Brieffragment Arthurs an Johanna. Von Gwinner überliefert. Wahrscheinlich Nov. 1806, in: »Die Schopenhauers. Der Familienbriefwechsel«, hg. von L. Lütkehaus, Haffmans Verlag, Zürich 1991.

57 In den Tagebüchern Adele Schopenhauers findet sich eine Anmerkung zu einem Gedicht Gerstenbergks, im zweiten Band von Johanna Schopenhauers verfaßten Roman »Gabriele«, in der es heißt: »Vertont von Dr. Kniewel in Danzig.«

Es ist der 1783 in Danzig geborene Theodor Friedrich Kniewel. Im Jahr 1807 besucht er Weimar und verkehrt auch im Goethekreis. Der als Komponist dilettierende Arzt wurde ob seiner Vielseitigkeit 1810 Rektor der Danziger Marienschule. Er vertonte neben Eichendorffliedern auch Goethes »Zauberlehrling«. Im Goethe-Schiller-Archiv zu Weimar finden sich einige Briefe Johanna Schopenhauers an Goethe, von welchen einer auch über den Besuch des Danzigers Dr. Kniewel in Weimar berichtet.

58 Gräbner, Karl, siehe Bibliographie.

59 Kotzebue, August Friedrich Ferdinand (1761–1819). Vater herzoglicher Legationsrat am Hof zu Weimar. Nach Jurastudium Sekretär beim Generalgouverneur in Petersburg und Assessor in Reval. 1785 Präsident des Gouvernementsmagistrats der Provinz Estland. Theaterdichter in Wien und Weimar. Deportation nach Sibirien bei einem Besuch Rußlands. 1814 in Königsberg russischer Generalkonsul. Stirbt in Mannheim durch einen Dolchstoß des Studenten Sand. Biograph Heinrich Döring, Weimar. Außer zahlreichen dramatischen Werken, Gedichten und Reisebeschreibungen, Paris, Neapel, Rom, »Preußens ältere Geschichte«, Riga (1809). »Geschichte des teutschen Reichs.«

60 Franz Passow ist aus Mecklenburg gebürtig. Er genoß den ersten Unterricht auf dem Gymnasium zu Gotha, dann studierte er in Leipzig. Im Jahr 1807 wurde er Professor an dem Gymnasium zu Weimar, aber schon 1810 erhielt er den Ruf an das Jenkauer Conradinum bei Danzig, das als Unterrichtsanstalt aus dem Vermächtnis des Herrn von Conradi zu Beginn des Jahrhunderts gegründet wurde. Als Alt-Philologe gab er zahlreiche Schriften heraus, u. a. Longos Daphnis und Cloé, Griechisch und Deutsch, Leipzig 1811 und »Grundzüge der Griechischen und Römischen Literaturgeschichte«, Berlin 1816.

61 »Musjes«: Die jungen Herren der vornehmen Danziger Gesellschaft, abgeleitet von »Monsieur«.

62 Zacharias, Werner (1768–1823). Ein unstetes Wanderleben nach Beamtenstationen im preuß. Warschau (ETA Hoffmann), Königsberg und Berlin, führte ihn nach Weimar. 1810 trat er in Rom zur kath. Kirche über und wurde Priester. Werke: »Das Kreuz an der Ostsee« (1806). »M. Luther

oder die Weihe der Kraft« (1807), »Attila, König der Hunnen« (1808), »Wanda, Königin der Sarmaten« (1810). Seine einzige Tragödie »Der vierundzwanzigste Februar« wurde 1810 von Goethe in Weimar uraufgeführt.

63 Arthur Hübscher, »Schopenhauer. Biographie eines Weltbildes«, Reclam-Verlag, Stuttgart 1952.

64 Urworte. Orphisch. *Dämon*. (Goethe. Ausgewählte Werke, ausgewählt u. eingeleitet von Oskar Daehnert.) Erster Band, Leipzig, Schlüter, Vertriebsges., MCMXXIX. Lyrik.

65 Karoline Jagemann wurde 1776 in Weimar geboren. Schon in ihrer Jugend entwickelte sich ihr Talent für Musik. Herzogin Anna Amalia schickte die Siebzehnjährige nach Mannheim, wo Iffland damals das Theater zu hoher Blüte brachte. Nach einigen Jahren (1797, zuerst als Oberon) trat sie als Sängerin und Schauspielerin in Weimar mit großem Beifall auf und bildete sich unter Goethes Direktion zur gefeierten Künstlerin. Außer in der Oper trat sie im Schauspiel in den Rollen einer Iphigenie, Maria Stuart, einer Sappho, Dorothea oder Medea auf. Seit 1828 gab sie die Bühne auf und zog sich auf das ihr vom Großherzog Carl August geschenkte Rittergut Heygendorf zurück.

Bibliographie

Abenroth, Walter: Schopenhauer in Selbstzeugnissen und Bilddokumenten. Rowohlt 1967

Abramowski, Dr.: Schopenhauers Geburtshaus, in »Das deutsche Danzig« 2.1938, Heft 3

Böhmer, Otto A.: Vom jungen und vom ganz jungen Schopenhauer. Werner Classen Verlag, Zürich 1987

Ders.: Geld allein ist das absolut Gute, in »DAS MAGAZIN«, Beilage zum Tages-Anzeiger und Berner Zeitung, Nr. 37, 15./16. September 1989

Borch, Rudolf: Schopenhauer. Sein Leben in Selbstzeugnissen, Briefen und Berichten. Propyläen Verlag, Berlin 1941

Bracker, Jörgen: Hamburg. Von den Anfängen bis zur Gegenwart. Wendemarken einer Stadtgeschichte. Ernst Kabel Verlag, Hamburg 1987

Carossa, Hans: Aus unveröffentlichten Tagebüchern. Hrsg. von Eva Kampmann-Carossa. Insel Verlag, Frankfurt 1986

Chodowiecki, Daniel: Künstlerfahrt von Berlin nach Danzig. Comenius-Bücher 6, Hrsg. von Willibald Franke. Verlag Grethlein & Co., Leipzig–Berlin, ohne Jahrgang

Cüsow, Hans: Arthur Schopenhauer und das Erbe seiner Ahnen in: »Der Deutsche Osten« 1, 1938

Detemple, Siegfried: Die Schopenhauer-Welt. Verlag W. Kramer, Frankfurt a. M. 1988 (Ausstellungskatalog)

Div. Hrsg.: Kindlers Literaturlexikon. Kindler Verlag, Zürich 1965

Dworetzki, Gertrud: Johanna Schopenhauer. Ein Charakterbild aus Goethes Zeiten. Droste Verlag, Düsseldorf 1987

Eigner, Anton: Schopenhauer, Urwille und Welterlösung. Bertelsmann, Gütersloh 1958

Erenz, Benedikt: Eine Reise durch Leben, Werk und Zeit des Philosophen. Und besser als schlafen, ist todt seyn. Die Schopenhauer-Welt, alle in: Über die große Ausstellung in der Berliner Staatsbibliothek, »DIE ZEIT«, Nr. 14, 1. April 1988

Friedenthal, Richard: Goethe. Sein Leben und seine Zeit. Piper, 1963

Frost, Laura: Johanna Schopenhauer. Verlag Klinkhardt & Biermann, Leipzig

Goethe, Johann Wolfgang von: Ausgewählte Werke Band 1. Schlüter Vertriebsgesellschaft, Leipzig 1929

Gräbner, Karl: Die Großherzogliche Haupt- und Residenzstadt Weimar, Erfurt 1830, Reprint Leipzig 1987

Gwinner, Charlotte (Hrsg.): Arthur Schopenhauer, Reisetagebücher aus den Jahren 1803–1804. F. A. Brockhaus, Leipzig 1923

Haßbargen, Hermann: Danziger Vorfahren Schopenhauers in: »Das deutsche Danzig«, 1.1938, Heft 3

Ders.: Vorfahren Arthur Schopenhauers in: »Wacht im Osten«, Bd. 1, 1933/1934

Ders.: 13 bisher unbekannte Briefe Schopenhauers in: »19. Jahrbuch der Schopenhauer-Gesellschaft« Frankfurt am Main 1928

Huebscher, Angelika (Hrsg.): Arthur Schopenhauer. Insel Verlag, Frankfurt a. M. 1987

Jochmann, Werner/Hans-Dieter Loose (Hrsg.): Hamburg. Geschichte der Stadt und ihrer Bewohner. Hoffmann und Campe, Hamburg 1982

Klessmann, Eckart: Geschichte der Stadt Hamburg. Hoffmann und Campe, 1981

Kopitzsch, Franklin: Sozietäten und Literatur in der Hamburger Aufklärung in: Inge Stephan/Hans-Gerd Winter (Hrsg.), Hamburg im Zeitalter der Aufklärung. Reimer-Verlag, Hamburg–Berlin 1989

Krollmann, Christian (Hrsg.): Altpreußische Biographie. Gräfe und Unzer Verlag, Königsberg 1936/1942

Lienhard, F.: Das klassische Weimar. Verlag von Quelle und Meyer, Leipzig 1926

Lütkehaus, Lutger (Hrsg.): Die Schopenhauers. Der Familien-Briefwechsel von Adele, Arthur, Heinrichs Floris und Johanna Schopenhauer. Haffmans Verlag, Zürich 1991

Ders.: Arthur Schopenhauer, Reisetagebücher. Haffmans Verlag, Zürich 1988

Mamuska, Franciszek: Oliwa, Krajowa Agancja Wydawnicza, Gdansk 1985

Nitzscke, Bernd: Die Männer in Reih und Glied kommen aus dem Tritt. Über die neueste (Um-)Stimmung im Osten: Schopenhauer und Nietzsche in der DDR in:»DIE ZEIT«, Nr. 13, 25. März 1988

Pfeiffer, Johannes (Hrsg.): Kant-Brevier. Deutsche Buchgemeinschaft, Berlin–Darmstadt, C. A. Kochs Verlag, Berlin

Pisa, Karl: Schopenhauer, Geist und Sinnlichkeit. Paul Neff Verlag, Wien––München 1977 (zugleich Heyne-Biographien)

Reichow, Hans: Alte bürgerliche Gartenkunst. Ein Bild des Danziger Gartenlebens im XVII. und XVIII. Jahrhundert. Verlag der Gartenschönheit, Berlin-Westend 1927

Rub, Otto: Die dramatische Kunst in Danzig 1615–1893. Verlag Theodor Bertling, Danzig 1894

Safranski, Rüdiger: Schopenhauer oder die wilden Jahre der Philosophie. Eine Biographie. Carl Hanser Verlag, München–Wien 1987, Lizenzausgabe für Büchergilde Gutenberg, Frankfurt a. M., Olten, Wien

Samp, Jerzy: Gdansk Prawie nie znyni (Danzig fast unbekannt). Stella Maris, Gdansk 1993

Schellenberg, Ernst L.: Besinnliches Weimar. Engelhardt-Reyer-Verlag, Gotha 1942, Reprint Verlag Graphicum, München 1977

Schirnding, Albert von: Das bessere Bewußtsein – vor 200 Jahren wurde Arthur Schopenhauer geboren in: »Süddeutsche Zeitung«, Nr. 42, 20./21. Februar 1988

Schmidt, Alfred: Unbestechlicher Blick ins Herz der Welt. Zum 200. Geburtstag Arthur Schopenhauers in: FAZ, Nr. 43, 20. Februar 1988

Schmidt, Raymund: Schopenhauer-Brevier. Dieterich'sche Verlagsbuchhandlung, Wiesbaden 1953

Schneider, Reinhold: Schopenhauer. Deutsche Buchgemeinschaft, 1956

Schneider, Walther: Schopenhauer. Eine Biographie. Verlag Werner Dausien. Nachdruck der ersten Auflage, Verlag Fischer-Bermann, Wien 1937

Schopenhauer, Arthur: Werke in 5 Bänden. Haffmans Verlag, Zürich 1988

Schopenhauer, Johanna: Promenaden unter südlicher Sonne. Die Reise durch

Frankreich 1804. Hrsg. von Gabriele Habinger, Promedia Verlag, Wien 1993

Dies.: Jugendleben und Wanderbilder mit einem Nachwort von Willi Drost. Velox Verlag, Tübingen 1958

Dies.: Sämtliche Schriften (24 Bände). Leipzig–Frankfurt a. M. 1830/1831

Soltau, Heide: Verteufelt, verschwiegen und reglementiert. Über den Umgang der Hanseaten mit der Prostitution in: Inge Stephan/Hans-Gerd Winter (Hrsg.). Hamburg im Zeitalter der Aufklärung. Reimer-Verlag, Hamburg--Berlin 1989

Vulpius, Wolfgang: Christiane. Verlag Kiepenheuer, Weimar 1956

Weber, Rolf (Hrsg.): Johanna Schopenhauer. Im Wechsel der Zeiten. Im Gedränge der Welt. Jugenderinnerungen, Tagebücher, Briefe. Winkler Verlag, München 1986

Wiegler, Paul (Hrsg.): Schopenhauer. Briefe, Aufzeichnungen, Gespräche. Verlag Ullstein & Co., Berlin–Wien 1916

Zint, Hans: Schopenhauer als Erlebnis. E. Reinhardt, München–Basel 1954

Biographien bei Droste

Gustav Sichelschmidt
Wilhelm Busch
Der Humorist der entzauberten Welt.
Eine Biographie
310 Seiten mit zahlr. Abb., Efalin mit Schutzumschlag
ISBN 3 7700 0966 5

Heinz Gärtner
Worpswede war ihr Schicksal
Modersohn, Rilke und das Mädchen Paula
272 Seiten mit zahlreichen Abbildungen,
gebunden mit Schutzumschlag
ISBN 3 7700 1016 7

Cecilia von Studnitz
Mit Tränen löschst du das Feuer nicht
Maxim Gorki und sein Leben
192 Seiten mit zahlreichen Abbildungen,
Efalin mit Schutzumschlag
ISBN 3 7700 1004 3

Corinne Pulver
Mouche
Heinrich Heines letzte Liebe
270 Seiten mit zahlreichen Abbildungen,
gebunden mit Schutzumschlag
ISBN 3 7700 1010 8

Corinne Pulver
George Sand, Genie der Weiblichkeit
Eine Biographie
508 Seiten, Efalin mit Schutzumschlag
ISBN 3 7700 0711 5

Erich Maletzke

Poeten
in ländlicher
Idylle

Erich Maletzke hat Schriftsteller
in Norddeutschland besucht,
mit ihnen Gespräche geführt
und ihre ganz persönlichen
Lebensumstände kennengelernt.
Jurek Becker, Wolf Biermann,
Günter Grass, Helmut Heißenbüttel,
Walter Jens, Walter Kempowski,
Sarah Kirsch, Günter Kunert,
Siegfried Lenz, Peter Rühmkorf,
das Ehepaar Zornack / Heise
und Eckart Cordes
waren seine Gastgeber.
Erich Maletzkes ebenso informativen
wie amüsanten Eindrücke von den
Pocten in ländlicher Idylle
werden durch Fotos von Astrid Boelter
einfühlsam ergänzt.

Erschienen im
Verlag H. Lühr & Dircks

Die Flut kommt

Unheimliche und abenteuerliche
Nordseegeschichten von 9 verschiedenen
Autoren, die auf spannende und
literarische Weise beeindruckende Szenen
vom Leben an der Küste vermitteln.
Zusammengestellt und herausgegeben
wurde die Sammlung von
Hans-Heinrich Lüth.

Nordsee Sturm

Eine Sammlung von Geschichten und
Erzählungen über die oft tobende Nordsee
und ihre sturmgepeinigten Küsten.
9 verschiedenen Autoren erzählen von
den entfesselten Gewalten des Meeres!
Zusammengestellt und herausgegeben
wurde dieses Buch von Dietmar Damwerth.

Erschienen im
Verlag H. Lühr & Dircks

Biographien bei Droste

Wilhelm Raabe
Schriftsteller
Eine Biographie von Cecilia von Studnitz
346 Seiten mit zahlreichen Abbildungen,
Efalin mit Schutzumschlag
ISBN 3 7700 0778 6

Cecilia von Studnitz
Mit Tränen löscht du das Feuer nicht
Maxim Gorki und sein Leben
192 Seiten mit zahlreichen Abbildungen,
Efalin mit Schutzumschlag
ISBN 3 7700 1004 3

Corinne Pulver
Mouche
Heinrich Heines letzte Liebe
270 Seiten mit zahlreichen Abbildungen,
gebunden mit Schutzumschlag
ISBN 3 7700 1010 8

Corinne Pulver
George Sand, Genie der Weiblichkeit
Eine Biographie
508 Seiten, Efalin mit Schutzumschlag
ISBN 3 7700 0711 5

Berndt W. Wessling
Meyerbeer
Wagners Beute – Heines Geisel
Eine Biographie
320 Seiten und 16 Seiten Abbildungen,
Efalin mit Schutzumschlag
ISBN 3 7700 0652 6